Lk 11/140

(Macé Descartes est le pseudonyme de M. Henry d'Escamps. Renseignement fourni par l'auteur.)

HISTOIRE ET GÉOGRAPHIE

DE MADAGASCAR.

Corbeil, imp. de CRÉTÉ.

HISTOIRE ET GÉOGRAPHIE
DE MADAGASCAR

Depuis la découverte de l'île, en 1506, jusqu'au récit des derniers événements de Tamatave;

PAR

M. MACÉ DESCARTES,

Membre Titulaire de la Société Orientale de Paris.

Ouvrage écrit d'après les publications officielles les plus récentes et accompagné d'une carte nouvelle de Madagascar et de ses dépendances.

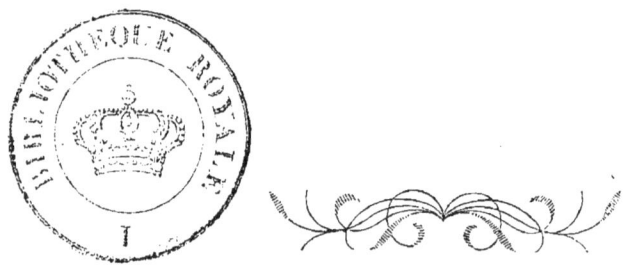

PARIS,

P. BERTRAND, ÉDITEUR,

LIBRAIRE DE LA SOCIÉTÉ GÉOLOGIQUE DE FRANCE,

Rue Saint-André-des-Arcs, 65.

1846

PRÉFACE.

L'auteur de l'*Histoire* et de la *Géographie* de Madagascar s'occupait depuis longtemps de réunir les matériaux du livre qu'il offre aujourd'hui au public, lorsque les derniers événements de Tamatave sont venus ajouter un nouveau degré d'intérêt à la question de Madagascar.

L'auteur n'en a pas moins continué son œuvre ainsi qu'il l'avait commencée, comme une étude purement scientifique, et sans aucune préoccupation de parti, *sine irâ aut studio*, selon la belle expression du plus grand des historiens. Il a essayé sans espérance d'un succès complet, il le déclare ici, de donner à la science géographique un ouvrage utile qui lui a manqué jusqu'à ce jour.

En effet, il n'existait en Europe aucune histoire, aucune géographie de la grande île africaine, lorsque, par suite de l'inévitable enchaînement des faits politiques qui se sont succédé dans cette contrée, l'attention publique s'est fixée, brusquement et pour ainsi dire malgré elle, sur l'île de Madagascar, sur ce beau fleuron de l'ancienne couronne coloniale de la France. L'absence des documents principaux, qui n'étaient présentés nulle part avec ensemble et méthode sur cette importante matière, explique l'ignorance presque complète dans laquelle se sont trouvées les Chambres, lorsque cette question si neuve a surgi tout à coup dans le Parlement.

Dans cette situation étrange, si l'on excepte les publicistes et les hommes d'État qui s'occupent habituellement de la politique extérieure de la France, il est arrivé que le Gouvernement seul savait la question, parce que seul il l'avait étudiée.

En effet, depuis 1830 surtout, le Gouvernement du Roi n'a cessé de réunir, avec une bonne foi qu'on ne saurait trop louer, les plus précieux documents sur la grande île africaine, si l'on en juge du moins par les publications qu'il a éditées à ce sujet. En 1836, M. l'amiral Duperré a initié les Chambres et le pays à toutes les dépêches ministérielles, à tous les actes diplomatiques dont Madagascar a été l'objet depuis 1642 jusqu'à nos jours, et particulièrement pendant la période de la Restauration. Ce curieux et instructif travail, qui a paru en brochure sous le titre : *Précis historique sur les Etablissements français de Madagascar,* peut être regardé comme le dossier général de la question, au point de vue de cette époque. En 1841, M. le capitaine de corvette Jehenne, commandant *la Prévoyante,* a visité le groupe des Comores et a publié à son retour dans les *Annales Maritimes,* recueil officiel, d'intéressantes observations nautiques et géographiques sur les îles du canal de Mozambique. Enfin, en 1843, M. le capitaine de corvette Guillain a accompli, à bord de la corvette *la Dordogne,* une mission analogue, avec ordre d'étudier, dans toute son étendue et dans tous ses détails, la côte occidentale de Madagascar. Les résultats de l'exploration de M. Guillain ont été consignés par lui dans un remarquable volume récemment publié par l'Imprimerie royale.

C'est à ces excellentes et consciencieuses publications que l'auteur doit les éléments les plus nombreux de son livre. Il a complété son travail en puisant, mais avec réserve et circonspection, dans l'ouvrage anglais où William Ellis a retracé l'histoire des tentatives infructueuses faites à Madagascar par les Missionnaires de Londres. L'auteur a enfin consulté, dans ses minutieuses investigations, tous les livres en général, anciens ou modernes, anglais, espagnols et portugais, qui ont traité de la géographie ou de l'histoire de l'île de Madagascar. Il a cru devoir se conformer pour l'orthographe malegache, tout en les contrôlant les unes par les autres, aux opinions des hommes compétents qui, en petit nombre, et tels que MM. Vincent Noël, Freeman, etc., paraissent avoir approfondi cette matière.

La Carte qui accompagne l'*Histoire* et la *Géographie de Madagascar* a été construite avec un soin tout particulier et dans le but spécial d'établir une parfaite conformité entre ses indications linéaires et le contenu du livre. Elle a été dressée d'après la grande Carte officielle du Dépôt général des cartes et plans de la marine, sur laquelle ont été ajoutés les résultats de toutes les reconnaissances et explorations contemporaines dont Madagascar a été l'objet. Le profil des côtes par Owen et Bérard, la position de Tananarive, le tracé des routes qui conduisent à cette capitale par le Nord et par l'Est, font partie des données qui appartiennent aujourd'hui à la géographie positive.

L'auteur ne terminera pas cette préface sans adresser des remerciements à M. Mac-Carthy, fils de l'illustre géographe de ce nom, et géographe distingué lui-même, qui a bien voulu l'aider dans ses recherches relatives à la partie géographique de cet ouvrage. Il le prie de recevoir ici le témoignage affectueux de sa gratitude, pour l'excellente assistance qu'il en a reçue en cette occasion.

Puisse l'auteur de ce livre recueillir le fruit de ses travaux, en voyant les Chambres et le pays étudier, comme elle mérite de l'être, la question de Madagascar, et reconnaître un jour avec impartialité toutes les ressources de premier ordre que présenterait à la France, comme point militaire et comme débouché commercial, cette grande et belle île, que les écrivains anglais ont nommée avec raison, à cause de son étendue, de son importance et de sa situation, la Grande-Bretagne de l'Afrique, *the Great Britain of Africa!*

Paris, 15 février 1846.

LIVRE PREMIER.

HISTOIRE POLITIQUE DE MADAGASCAR.

CHAPITRE Ier.

SOMMAIRE. — Découverte de l'île de Madagascar par les Portugais, en 1506.—Fernan Suarez. Dom Ruy Pereira. Tristan d'Acunha. Diégo Lopez de Siqueyra. — Les Arabes, les Portugais, les Français. — Premiers établissements français fondés en 1642.—Formation de la *Société de l'Orient*. — Pronis et Fouquembourg. — Fondation du fort Dauphin. — M. de Flacourt. — Formation de la *Compagnie Orientale*. — L'île prend le nom d'île Dauphine. — Edits constitutifs de 1664 et 1665. — M. de Beausse. — M. de Champmargou.— M. de Mondevergue.— Ruine de la *Compagnie Orientale*. — Causes de cette ruine. — L'île de Madagascar est réunie au domaine de la couronne de France par un arrêt du conseil d'État de juin 1686 et par des édits de mai 1719, juillet 1720 et juin 1725. — L'amiral de La Haye. — Son départ pour Surate.— M. de La Bretesche. — Explorations de M. de Cossigny et de M. de La Bourdonnais. — Cession de l'île Sainte-Marie à la France. — Gouvernement du comte de Maudave. — Il rétablit le fort Dauphin. — Son départ en 1769.

Dans les premières années du seizième siècle, en 1506, une flotte portugaise, composée de huit vaisseaux et revenant des Indes à Lisbonne, sous la conduite de Fernan Suarez, fut jetée brusquement par la tempête « sur une terre de grande étendue, habitée par une population nombreuse, de mœurs très-douces et qui n'avait point encore entendu prêcher la religion du Christ [1]. »

Cette terre inconnue était l'île de Madagascar.

Les commentateurs des géographes anciens ont successivement reconnu Madagascar dans toutes les îles de la mer Érythrée, sans qu'il y ait lieu de déterminer si elle fut, en effet, la *Cerne* de Pline ou la *Menuthias* de Ptolémée. Il est plus que probable que les notions très-bornées des anciens sur les îles occidentales de la mer Erythrée ne leur ont pas permis de connaître d'une manière bien positive la géographie et même l'existence de la grande île Malegache.

On peut dire qu'il n'en est pas ainsi des Arabes dont la proximité explique facilement la science relative, en ce qui touche les îles de l'océan Indien. Leurs ouvrages géographiques attestent d'une manière certaine qu'ils faisaient un commerce considérable sur la côte orientale d'Afrique et dans les îles qui l'avoisinent. Ce fut vers le septième siècle qu'ils s'établirent dans les îles Comores et sur la côte nord-ouest de Madagascar. Le géographe Edrisi,

---

[1] « Fernan Suarez descubriò la gran isla de San Lorenço que tendra docientas y setenta leguas de largo, y noventa de ancho, habitada de mucha gente, y muy domestica, mas nunca se ha predicado en ella la Fe de Jesu Christo. » (*Compendio de las historias de los descubrimientos de la India oriental y sus Islas, por Martinez de la Puente*, page 155.) *En Madrid.* 1681. in-8°.

qui vivait au treizième siècle, a donné une description de la grande île et de son archipel, sous le nom de Zaledj. Il rapporte « que, lorsque l'état
« des affaires de la Chine fut troublé par les rébel-
« lions et que la tyrannie et la confusion devinrent
« excessives dans l'Inde, les habitants de la Chine
« transportèrent leur commerce à Zaledj et dans
« les autres îles qui en dépendent, entrèrent en
« relations et se familiarisèrent complétement avec
« les habitants de ces pays. »

Les relations des Arabes et des Chinois avec Madagascar sont confirmées par les récits du célèbre Marco Polo qui recueillit de leur bouche des détails curieux publiés depuis par lui, à son retour de Chine, en 1298. Il est le premier géographe qui ait donné à la grande île le nom de *Madeigascar*, sous lequel elle est connue aujourd'hui.

Ce fut donc seulement quelques années après que Vasco de Gama eut, en 1497, doublé le cap de Bonne-Espérance, que les Portugais, dont les flottes se rendaient pourtant chaque année dans l'Inde, rencontrèrent la grande île de Madagascar, par le seul effet d'une tempête qui les détourna de leur route ordinaire.

Quelques mois après cette découverte, Dom Ruy Pereira, capitaine de l'un des vaisseaux qui composaient la flotte de Tristan d'Acunha, fut, lui aussi, poussé à son tour par la tempête sur les côtes de Madagascar où il aborda, comme l'avait fait avant lui Fernan Suarez. La fertilité de l'île de Madagascar fit une telle impression sur Dom Ruy Pereira, qu'il se dirigea immédiatement vers Mozambique où il espérait retrouver Tristan d'Acunha, pour engager l'amiral portugais à aller visiter cette terre nouvelle dont il vantait avec enthousiasme les riches productions. L'amiral s'y rendit en effet, parcourut la côte occidentale, l'étudia dans tous ses détails avec le plus grand soin, et dessina lui-même la carte de ses découvertes. La côte orientale avait déjà été l'objet d'une exploration semblable de la part de Fernan Suarez, de telle sorte qu'on put avoir, dès cette époque, une esquisse hydrographique à peu près complète de la grande île. L'amiral Tristan d'Acunha, ainsi que nous l'avons dit, avait fait une étude approfondie de la contrée, sous le rapport de ses productions et des mœurs de ses habitants. Cette circonstance lui valut l'honneur de la découverte même de l'île qui lui fut attribuée par quelques historiens, et l'éloge d'un grand poète, le Camoëns. L'auteur de la *Lusiade*, au dixième chant de son poème, met en effet les paroles suivantes dans la bouche d'une de ses *nymphes*: « Mais quelle clarté extraordinaire resplendit, là, « sur la mer de Mélinde teinte du sang des peuples « de Lamos, d'Oja, de Brava? C'est Cunha, dont « le nom vivra éternellement sur toute cette partie « de l'Océan qui baigne les îles du midi, sur les ri- « vages que le sud éclaire de ses feux et auxquels « saint Laurent a donné son nom. » Antonio Galvao dit en parlant de Tristan d'Acunha « qu'il fut

« le premier qui découvrit l'île de Madagascar [1]. »

Le roi Emmanuel de Portugal, ayant reçu de ses officiers des rapports merveilleux sur l'île de Madagascar, y envoya, en 1509, Diégo Lopez de Siqueyra, afin de vérifier la réalité de ces récits et d'y rechercher, notamment, les mines d'argent qu'on y supposait en abondance. Il se fit, l'année suivante, une nouvelle expédition pour Madagascar. Le commandement de cette flotte fut confié à Juan Serrano. Ce navigateur fut chargé de prendre une connaissance exacte du pays, des avantages que le commerce pouvait en retirer et d'y organiser un établissement de traite.

Les opérations engagées à cette époque par les Portugais se développèrent lentement et ne prirent même jamais une grande importance commerciale ou maritime. Ces opérations se bornaient à l'exportation d'un petit nombre d'esclaves qu'ils achetaient des Arabes. Quelques prêtres vinrent plus tard s'établir dans ses comptoirs. Ils essayèrent de civiliser les indigènes ; mais ils n'eurent aucun succès dans leurs tentatives et furent massacrés par ceux qu'ils voulaient convertir.

Il était réservé à la France de fonder à Madagascar des établissements sérieux, et des postes importants, des colonies à la fois commerciales et militaires, destinées à durer près de deux siècles, mal-

---

[1] « Tristao Da Cunha que foy o primeiro capitaõ que alli invernara. » (*Tratado dos descobrimentos antigos e modernos composto pel o famoso* ANTONIO GALVAO, *page* 40.) *Lisboa*. 1561. *in*-4°.

gré les difficultés de toute nature contre lesquelles ces établissements devaient avoir à lutter par la suite.

Cette île si considérable par son étendue, par la sûreté et la beauté de ses ports, et surtout par sa situation politique et maritime, devait naturellement attirer l'attention de l'Europe. Les avantages d'une telle position passèrent cependant longtemps inaperçus. Les Anglais et les Hollandais se disputaient alors la possession du commerce de l'Inde, et ne prêtèrent qu'une attention distraite à la découverte fortuite de Fernan Suarez.

Ce ne fut qu'en 1642 que la France y créa ses premiers établissements et qu'une compagnie industrielle, *la Société de l'Orient,* à la tête de laquelle se trouvait le capitaine de marine Rigault, se forma dans ce but, sous le patronage du cardinal Richelieu, *chef et surintendant général de la marine, navigation et commerce de France.* Cette compagnie obtint le 24 juin 1642, des lettres patentes qui lui furent confirmées par Louis XIV, le 20 septembre de l'année suivante, et enregistrées au greffe de son conseil d'État. Ces actes accordaient à la société la concession de l'île de Madagascar et des îles adjacentes « pour y ériger colonies et commerce, dit « Flacourt, et en prendre possession au nom de Sa « Majesté Très-Chrétienne. » Cette concession octroyait de plus aux sociétaires le droit exclusif de commercer à Madagascar pendant dix années.

Pronis et Fouquembourg, agents de la Compagnie, partirent de France avec douze personnes seulement et reçurent à peine arrivés à Madagascar, un renfort de soixante-dix hommes. La colonie eut le malheur de s'établir, dès le début, dans un des endroits les plus malsains de l'île, à Sainte-Luce. Ajoutez à cela que cette première expédition importante arriva dans le pays précisément à la fin de l'hivernage, c'est-à-dire au moment même où les fièvres commencent à sévir contre les Européens. Pronis avait pris possession à la fin de 1643, au nom du roi, de Sainte-Marie et de la baie d'Antongil. En 1644, il établit des postes à Fénériffe et à Manahar, puis, la fièvre lui ayant fait perdre, en peu de temps, le tiers de ses gens, il transporta le siége de la colonie sur la presqu'île de Tholangare, où il bâtit un fort qu'on a successivement agrandi depuis et qui fut nommé le fort Dauphin. Ce fut là que les administrateurs de la colonie nouvelle prodiguèrent inutilement l'or et le sang de la France, dans des guerres souvent injustes contre les naturels, dans des dissipations odieuses, dans des discordes intérieures.

Le chef de la compagnie, Pronis lui-même, ne craignit pas de dissiper, pour ses plaisirs, plus encore que pour ses besoins, les approvisionnements de l'établissement; « de telle sorte, dit Flacourt, que
« les Français étaient le plus souvent, tantôt sans
« riz et ne mangeaient que de la viande, tantôt
« sans viande et ne mangeaient que du riz. »
Une détention cruelle qui ne dura pas moins de

six mois et que ses subordonnés lui infligèrent, punit sévèrement Pronis de ses dilapidations criminelles. Il fut rendu à la liberté et reçut d'Europe un renfort nouveau en hommes; mais une seconde sédition ne tarda pas éclater contre lui. Le résultat fut, cette fois, en faveur de Pronis, qui fit arrêter douze des plus mutins et les fit déporter à la *grande Mascareigne* dont Flacourt changea plus tard le nom en celui d'île Bourbon, « ne pou-« vant, dit-il, trouver un nom qui pût mieux ca-« drer à sa bonté et fertilité et qui lui convînt « mieux que celui-là. » Vingt-deux des autres insurgés, craignant le même sort, se réfugièrent de l'autre côté de l'île, dans la baie Saint-Augustin.

Le 4 décembre 1648, l'un des directeurs de la compagnie, M. de Flacourt, arriva au fort Dauphin, en remplacement de Pronis, avec le titre de commandant général de l'île de Madagascar. C'était encore le moment de l'hivernage et des fièvres, la *hors-saison,* comme il le dit lui-même. Tristes auspices sous lesquels, comme par une inexplicable fatalité, toutes les expéditions arrivèrent à Madagascar.

En effet aucune de ces opérations, comme on le verra par la suite, ne fut faite dans la saison favorable.

Estienne de Flacourt était un homme énergique et éclairé. Ses vues générales étaient sages et prudentes. Les exilés de l'île Bourbon et les réfugiés de la baie de Saint-Augustin furent rappelés par lui, au bout de trois ans d'absence et amnistiés. Il savait, beaucoup mieux que son prédécesseur, faire respecter en lui le représentant de l'autorité du roi. Son système, comme gouvernement et comme administration, aurait certainement amené dès le début, la prospérité dans la colonie, si la compagnie lui avait expédié, avec exactitude, les secours qu'elle s'était engagée à lui fournir ; mais elle n'en fit rien. Son caractère fut cependant à la hauteur des circonstances si difficiles qui se présentèrent à lui pendant les sept années, durant lesquelles il demeura sans communication avec la métropole. Privé de ressources, au milieu d'une population que la triste situation des Français épuisés rendait plus menaçante et plus redoutable, accusé à tort et sans relâche par ses malheureux administrés que la misère rendait aveugles, il fit tête à tous les obstacles. Il apaisa le mécontentement, fournit aux subsistances nécessaires, et fit en outre entreprendre, dans l'intérieur du pays et le long des côtes, plusieurs voyages d'exploration qui lui servirent à bien reconnaître la contrée et plus tard à écrire, avec l'aide de ses propres observations, la curieuse peinture qu'il nous a laissée de la grande île Malegache.

Ce fut en 1664 que fut fondée par Colbert, sous la dénomination de *Compagnie Orientale* une nouvelle société de commerce qui obtint la cession à son profit des droits concédés à la précédente sur Madagascar. Son capital ne s'élevait pas à moins de 15 millions de livres. L'édit d'août 1664, qui lui conférait ces droits, s'exprimait ainsi dans son article 29 : « Nous avons donné, concédé et octroyé, « donnons, concédons et octroyons, à ladite com-« pagnie, l'île de Madagascar ou Saint-Laurent, « avec les îles circonvoisines [1], forts et habita-« tions qui peuvent y avoir été construits par nos « sujets; et, en tant que besoin est, nous avons su-« brogé ladite compagnie à celle ci-devant établie « pour ladite île de Madagascar, pour en jouir « par ladite compagnie à perpétuité, en toute pro-« priété, seigneurie et justice. »

Le roi avait accordé les plus grandes faveurs à la société des Indes orientales. Des honneurs et des titres furent promis à ceux qui se distingueraient au service de la compagnie. Sa Majesté avait même pris un intérêt d'argent dans cette importante opération de commerce. Son exemple fut imité par tous les princes du sang et par tous les souverains de l'Europe. Jamais entreprise ne fut organisée sous de plus brillants auspices. L'émission des actions de la compagnie n'était pas encore terminée, ses prospectus circulaient encore dans le royaume que déjà les syndics commençaient à travailler aux

---

[1] « Les îles de France et de Bourbon, sur lesquelles la France « *n'a jamais exercé d'autre prise de possession* et qui furent rendues « à la couronne en 1770 moyennant une rente de 1,200,000 livres « stipulée en faveur de la compagnie, de même que Madagascar lui « avait été rétrocédée juste un siècle auparavant, aussi moyennant « certaines stipulations. » (*Notes mises à la fin de la brochure de M. Laverdant sur la colonisation de Madagascar, par M. Lepelletier de Saint-Remy.*)

préparatifs d'une flotte pour Madagascar. « Cette
« île, dit Charpentier, qui est possédée par les
« Français seuls, étant considérée par la compa-
« gnie comme un lieu propre à y faire un puissant
« établissement, elle résolut de commencer par là
« son grand commerce. »

La concession faite par l'édit du mois d'août 1664
fut corroborée par un nouvel édit du 1er juillet 1665
qui prescrivit de nommer désormais *île Dauphine*
l'île de Madagascar qui, depuis sa découverte par
les Portugais, avait porté le nom d'île Saint-Laurent. Les uns affirment que ce nom lui fut donné
en honneur de Dom Lorenço de Almeyda, premier
vice-roi aux Indes orientales, pour Emmanuel de
Portugal ; d'autres assurent que ce fut parce que la
flotte de Fernan Suarez y aborda le jour de la Saint-Laurent.

On trouve, dans le nouvel édit de 1665, le passage suivant relatif aux droits de la France sur
Madagascar mentionnés plus haut, dans l'édit de
concession : « Le principal établissement de la
« compagnie doit être dans l'île appelée jusqu'à
« présent île de Madagascar, que nous avons con-
« cédée à ladite compagnie, par notre déclaration
« du mois d'août 1664, aux conditions y men-
« tionnées, Nous étant le seul souverain qui y ait
« présentement des forteresses et des habitations. »
La même déclaration accorda à la compagnie le
droit de bâtir des châteaux forts avec pont-levis et
le droit de haute, moyenne et basse justice. Toute-

fois, le roi se réserva le droit de justice souveraine, l'une des attributions de sa suzeraineté royale, à l'égard de la nouvelle colonie française.

Le fort Dauphin devint alors le chef-lieu de l'île de Madagascar, à laquelle on donna le beau nom de *France orientale*. M. de Beausse y arriva en 1665, en qualité de gouverneur général pour le roi. Un conseil souverain fut établi dans la colonie et la métropole y fit des envois considérables d'hommes et de matériel. M. de Beausse fut en même temps choisi pour dépositaire des sceaux du roi à Madagascar. Le grand Sceau, au rapport de Charpentier, représentait le roi en manteau royal, la couronne en tête, le sceptre dans une main, et la main de justice dans l'autre. On lisait, autour de ce grand Sceau, la légende suivante : Ludovici XIV Franciæ et Navarræ Regis Sigillum , ad usum supremi consilii Galliæ Orientalis.

Tandis que cette opulente compagnie s'organisait en France, les successeurs de Flacourt, qui n'avaient hérité ni de sa fermeté ni de ses talents, luttaient à Madagascar contre les difficultés de leur position. Parmi eux, M. de Champmargou se fit remarquer honorablement. Sa persistance et son énergique volonté étaient faites pour de meilleures circonstances. Ce fut sous son gouvernement que le père Étienne, directeur de la Mission, mu par un dévouement inconsidéré, essaya de convertir au christianisme un chef influent de la province, partisan chaleureux des Français. Cette tentative fit perdre la vie à l'ardent missionnaire, à la fois apôtre et martyr, et à ses compatriotes un appui d'autant plus précieux que dans ce moment la trahison décimait les rangs de nos infidèles alliés. Un Français, le sieur La Case, mécontent de voir ses services méconnus, s'était retiré chez le chef de la vallée d'Amboule, dont il avait épousé la fille. Il était devenu l'idole des indigènes de cette contrée. Loin de chercher à se venger, cet homme aussi intelligent que généreux, dont la tête avait été mise à prix, n'usa de son influence que pour secourir et aider ses anciens amis. Il rétablit la paix compromise avec les chefs des environs et rendit de grands services à la colonie dans la guerre désastreuse qui fut le résultat de la conduite impolitique du père Étienne. On l'en récompensa dignement en le nommant officier, puis major de l'île.

Ce fut le 11 juillet 1665, au matin, qu'eut lieu la prise de possession faite au nom du Roi et pour le compte de la compagnie des Indes orientales, de l'île de Madagascar, qui, selon la volonté de Louis XIV, devait être le pivot des opérations de la compagnie dans les mers de l'Inde. M. de Rennefort, secrétaire d'État de la France orientale, nous en a conservé les souvenirs dans la relation qu'il a publiée de son voyage. « Je me fis conduire immédia-
« tement, dit-il, chez le gouverneur, M. de Champ-
« margou. Tenant en main un original de la
« déclaration du roi pour l'établissement de la
« compagnie des Indes orientales en l'île de Mada-

« gascar, de laquelle Sa Majesté faisait don à la-
« dite compagnie, je lui dis que je venais pren-
« dre possession de ladite île, au nom du roi. Le
« gouverneur dit que, le lendemain, il remettrait
« l'île de Madagascar entre les mains du porteur
« des ordres de Sa Majesté. »

En 1669, M. le comte de Mondevergue débarqua au fort Dauphin. Il arrivait en qualité de gouverneur général ou vice-roi et amenait avec lui une flotte composée de dix vaisseaux.

La Compagnie royale avait mal dirigé ses opérations, mal choisi ses postes et ses agents. Elle ne tarda pas à chanceler, malgré ses immenses ressources. Ces ressources elles-mêmes, si considérables, si abondantes, furent une cause indirecte de ruine, dans un temps où les entreprises commerciales étaient si peu formées à la balance de leurs revenus et de leurs dépenses, où ces colossales expéditions financières étaient confiées la plupart du temps à des aventuriers sans pudeur ou à des gentilshommes ruinés, peu habitués, les uns et les autres, au sage maniement des capitaux qui leur étaient alors confiés pour le bien de la France. Le gaspillage s'était installé dès l'origine, au sein de la Compagnie. Les millions du roi, les millions de la France, au lieu de concourir au grand but politique qui les réclamait, entretinrent et alimentèrent pendant quelque temps les plus odieuses dilapidations. Il fallut renoncer aux espérances les plus légitimes. Notre premier établissement sérieux et de grande proportion fut compromis de la manière la plus désastreuse. Si l'on ajoute à ces causes déjà si tristes d'autres ferments de dissolution, on verra, qu'en dehors du gaspillage financier, cette grande entreprise était sourdement minée par plusieurs autres sujets de ruine dont un seul eût suffi pour la perdre. C'était la mésintelligence des chefs de la colonie, les hostilités fréquentes des naturels, la détestable administration intérieure et enfin la discorde qui divisa bientôt les directeurs de la compagnie elle-même. Malgré un secours de deux millions qu'elle reçut, en 1668, du roi de France, la compagnie, jetée par les causes que nous avons énumérées dans les plus graves embarras, fut obligée de faire, en 1670, remise de ses droits sur Madagascar entre les mains de Sa Majesté.

Le roi supprima le conseil souverain du fort Dauphin, par arrêt du 12 novembre 1670. La situation de la colonie ne fit alors que péricliter, et les Français se retirèrent successivement de l'île.

Malgré l'abandon de ses sujets, le roi de France ne cessa pas un instant de considérer l'île de Madagascar comme appartenant au domaine de la couronne, auquel un arrêt du conseil d'État, de juin 1686, réunit formellement cette île dans les termes suivants : « Tout considéré, Sa Majesté
« étant en son conseil, vu la renonciation faite par
« la compagnie des Indes orientales à la propriété
« et seigneurie de l'île de Madagascar, que Sa Ma-

« jesté a agréée et approuvée, a réuni et réunit à
« son domaine ladite île de Madagascar, forts et ha-
« bitations en dépendant, pour par Sa Majesté en
« disposer en toute propriété, seigneurie et justice. »
Des édits de mai 1719, juillet 1720 et juin 1725,
consacrèrent les mêmes droits de propriété de la
couronne de France sur l'île de Madagascar.

Lors de cette réunion de l'île au domaine de la couronne de France, M. de Mondevergue eut le choix de rester gouverneur de cette possession ou de retourner en France. Il prit ce dernier parti, et ce brave officier qui avait administré le pays avec sagesse et rétabli la paix dans la colonie, ayant été calomnié par son successeur, fut emprisonné au château de Saumur où il succomba sous le poids du chagrin.

L'amiral de La Haye lui avait succédé en 1670. Il était arrivé au fort Dauphin muni de pouvoirs illimités, avec une nouvelle flotte de neuf vaisseaux armés en guerre et appartenant au roi. Le sieur Dubois, dans son voyage aux îles *Dauphine* et *Mascareigne,* raconte ainsi l'arrivée à Madagascar de l'amiral de La Haye : « Le 24 novembre, M. de La
« Haye descendit à terre, accompagné des officiers
« de l'escadre et de ceux de sa maison. Il trouva
« toute l'infanterie sous les armes pour sa récep-
« tion. Ils furent en la maison de M. de Monde-
« vergue, lors encore vice-roi ou gouverneur de
« l'île, en présence duquel et de M. de Champ-
« margou, lieutenant général, de M. de l'Espi-

« nay, receveur général, et de plusieurs officiers et
« personnes notables, M. de La Haye fit ouverture
« des paquets du roi, et fit faire lecture de ses
« commissions.

« Le jeudi, 4 décembre, les préparatifs ayant
« été faits pour la réception de M. de La Haye, en
« qualité d'admiral gouverneur et lieutenant gé-
« néral pour le roi, la chose fut exécutée ainsi.
« Les troupes d'infanterie, tant de l'île que celles
« de la flotte du sieur admiral étant sous les ar-
« mes et les Français, habitants en l'île, et plu-
« sieurs originaires qui avaient été mandés estant
« présents, Monsieur l'admiral sortit de son logis
« accompagné de Messieurs de la Mission, et de
« M. de Gratteloup, maréchal de camp, de M. de
« La Raturière, aide de camp, de M. de Champ-
« margou, lieutenant général, du sieur La Case, de
« plusieurs officiers, garde et maison de M. l'ad-
« miral. Ils furent jusque sous la porte du fort,
« où était dressée une espèce de throsne. Chacun
« y prit son rang selon sa qualité. L'on imposa le
« silence et le secrétaire du conseil lut les com-
« missions du roi données en faveur de M. de La
« Haye, par lesquelles il parut que Sa Majesté, vou-
« lant maintenir les pays orientaux et peuples
« d'iceux qui sont ou seront sous son obéissance,
« a trouvé ne pouvoir faire un meilleur choix que
« celui de la personne de M. de La Haye, ès
« qualités sus-dites, lui donnant Sa Majesté pou-
« voir de commander en toutes choses, régir,

« gouverner, faire et ordonner tout ainsi que le-
« dit sieur de La Haye le jugerait à propos pour
« le bien et avantage de Sa Majesté ; mesme pou-
« voir d'exercer la justice souveraine ès dits pays
« obéissants, tant sur les ecclésiastiques que sur
« toutes autres personnes en général. Ensuite de
« quoi les officiers prêtèrent serment de fidélité
« à Sa Majesté et d'obéissance à M. de La Haye.
« Le mesme jour, M. l'admiral prit possession de
« l'isle au nom du roy. »

Sous le gouvernement du comte de Mondevergue, comme sous celui de l'amiral de La Haye, M. de Champmargou avait continué à résider au fort Dauphin. Il y jouait le principal rôle dans la direction des affaires, par suite de sa triple et essentielle connaissance des hommes, des choses et des lieux. Un chroniqueur affirme, sans que rien puisse faire juger de la vérité de son assertion, qu'il fit échouer à dessein une expédition dirigée contre un des chefs indigènes, par ordre du dernier gouverneur général, dans le but de dégoûter celui-ci d'un pays, où lui-même regrettait de ne plus occuper que le second rang, après y avoir possédé si longtemps le premier. Quoi qu'il en soit, l'insuccès éprouvé par M. de La Haye fit en effet sur lui une impression de telle nature qu'il prit la résolution de quitter le fort Dauphin et de porter ses forces à Surate. Le départ de l'amiral fut suivi de la mort de La Case et de celle de M. de Champmargou. M. de La Bretesche, qui succéda à ce dernier, était le gendre de La Case, mais il n'en avait ni les talents ni la considération. Il désespéra de se maintenir dans l'île avec les débris de la colonie, affaiblie chaque jour par les guerres contre les indigènes et les discordes intestines. L'exemple de M. de La Haye le gagna et, profitant du passage d'un navire qui se rendait à Surate, il abandonna le pays ; à peine était-il à bord avec sa famille et quelques amis qu'il aperçut un signal de détresse qui arrivait de la terre qu'il venait de quitter. On mit immédiatement à la mer la chaloupe qui fut assez heureuse pour arriver à temps et pour recueillir, au pied du fort Dauphin, les malheureux qui venaient d'échapper au massacre des Français par les indigènes. Ce tragique événement, suite de la longue irritation produite par l'imprudent fanatisme religieux du père Étienne, eut lieu à la fin de l'année 1672. Le Gentil, dans son *Voyage dans les mers de l'Inde*, raconte que les Français furent surpris sans défense, dans leur église située hors du fort, pendant la messe de minuit, et que ceux qui purent s'en échapper, allèrent, avec quelques femmes du pays, chercher asile à l'île Bourbon où ils s'établirent.

L'île Bourbon n'avait, à cette époque, que fort peu d'habitants. A part les douze hommes qui y furent déportés par Pronis et qui en revinrent, dit Flacourt, « bien sains et gaillards, » elle ne reçut, à cette époque, aucun explorateur. M. de Flacourt y envoya, en 1654, huit blancs accompagnés de six nègres, pour l'occuper et la reconnaître. Cette

petite colonie y vécut heureuse et dans la plus grande abondance pendant quatre ans ; mais se trouvant sans communication régulière avec l'extérieur, ils profitèrent du passage d'un navire anglais pour se rendre dans l'Inde. L'île Bourbon était encore inhabitée, lorsque vers 1665, selon le rapport de l'abbé Raynal, elle servit encore de refuge aux Français échappés du fort Dauphin. « La santé, l'ai-
« sance, la liberté dont ils jouissaient détermine-
« rent plusieurs matelots des vaisseaux qui allaient
« y prendre des rafraîchissements à se joindre à
« eux. » On peut donc dire que la colonie de Bourbon fut en quelque sorte la fille de celle de Madagascar. Aujourd'hui Bourbon fait entendre des paroles éloquentes en faveur de la grande île Malegache et lui rend, ainsi que nous le verrons plus loin, l'hommage que mérite l'ancien berceau de ses aïeux.

Au commencement du dix-huitième siècle, l'attention de la France fut de nouveau attirée par l'importance politique et maritime de Madagascar. L'ingénieur de Cossigny y fut envoyé en 1733 pour explorer la baie d'Antongil.

En 1746, le général de La Bourdonnais va également examiner et étudier le pays.

La compagnie des Indes cherchait depuis longtemps à fonder un établissement dans l'île Sainte-Marie. Elle en trouva bientôt l'occasion. Le 30 juillet 1750, cette île fut cédée à la France par Béti, fille de Tamsimalo, dernier souverain décédé de Foulepointe et de toute la côte comprise entre ce lieu et la baie d'Antongil. Cette cession fut faite également par les grands chefs du pays [1].

[1] Voici l'acte qui constate cette cession :
« L'an des Français 1750, sous le règne de Louis *le Bien-Aimé,*
« *quinzième du nom, roi de France et de Navarre*, Béti, fille et
« héritière du royaume et de tous les droits de feu Tamsimalo (ou
« Ratzimilaho), son père, en son vivant roi de Foulepointe et des
« autres pays de la côte de l'est de Madagascar, depuis 18° 30' de
« latitude méridionale, en remontant vers le nord, jusqu'à la baie
« d'Antongil, située par 15° 30' de latitude aussi méridionale, sou-
« verain de tous les pays et îles adjacents,
   « A tous les princes de son sang, à tous les grands de son royaume,
« chefs de village, commandant pour lui dans ses États, à tous
« autres, ses sujets quelconques, aux habitants de l'île Sainte-
« Marie, et à toutes les nations du monde qui ont et peuvent avoir
« commerce avec la partie de l'île de Madagascar qui forme son
« royaume,
   « Fait savoir et notifie, par ces présentes, que feu Tamsimalo, son
« père, et elle-même, depuis plusieurs années, ayant eu dessein,
« pour le bien de ses États et de tout son peuple, de faire leur pos-
« sible pour attirer la nation française dans leur pays, par préfé-
« rence aux autres cantons de Madagascar, ils ont requis, à diverses
« reprises, les capitaines des vaisseaux de la compagnie des Indes
« de France, qui viennent traiter annuellement chez lui des vivres,
« et pour bestiaux et esclaves, de demander en son nom et pour lui,
« à Sa Majesté Louis quinzième, roi France et de Navarre, et à la
« compagnie, qu'il protège l'établissement d'un comptoir français
« sur les terres de sa dépendance en l'île de Madagascar ; qu'ils ont
« chargé récemment le sieur Gosse, officier, qui a fait plusieurs
« traités pour la compagnie dans les escales de son royaume, de
« solliciter messire Pierre-Félix-Barthélemi David, écuyer, gouver-
« neur général pour le roi et la compagnie des îles de France et
« de Bourbon, de consentir qu'il soit procédé à l'établissement pour
« lequel ils ont conjointement offert, promis et se sont obligés, et
« elle s'offre, promet et s'oblige, de céder, abandonner, livrer et
« bailler, pour en être mis en pleine jouissance et possession, à sa

Héritière du royaume de son père, Béti voulut témoigner aux Français la satisfaction qu'elle éprouvait de les voir venir former un établissement per-

« MAJESTÉ LOUIS QUINZIÈME, et à la compagnie française des Indes,
« le terrain qui lui serait nécessaire.

« Le décès de TAMSIMALO, son père, étant arrivé dans l'intervalle du
« retour dudit sieur GOSSE, ELLE, héritière du royaume de feu son père
« et de tous ses droits, a su, à l'arrivée du sieur GOSSE, depuis peu de
« retour dans une des escales de son royaume, et chargé des ordres,
« volontés et pouvoirs de messire Pierre-Félix-Barthélemi DAVID,
« qu'il ne peut s'établir de comptoir français sur les terres de son
« royaume qu'au moyen qu'il soit fait un abandon entier, et sans
« aucune restriction, de l'île de SAINTE-MARIE, de son port et de
« l'îlot qui le ferme.

« En conséquence de quoi, et pour mettre à exécution le projet,
« à jamais avantageux à son peuple et à son royaume, de faciliter
« un établissement chez ELLE, et d'y maintenir les Français,

« ELLE, BÉTI, reine de Foulepointe, avec toute sa famille, assistée
« des grands de son royaume, des chefs et des commandants des
« villages qui lui appartiennent, s'est embarquée sur le vaisseau de
« la compagnie de France, *le Mars*, pour se rendre à l'île de SAINTE-
« MARIE, où, étant en présence des sieurs ADAM DE VILLIERS, capi-
« taine dudit vaisseau, du sieur GOSSE, officier chargé de traiter de
« l'acquisition de SAINTE-MARIE, et d'arborer le pavillon français
« pour y faire l'établissement qu'elle demande; des sieurs VIZÉZ,
« premier lieutenant; NAGEON, second lieutenant; DAMAIN et DE
« RAVENEL, tous deux premiers enseignes, et MAINGAUD, écrivain
« dudit vaisseau *le Mars*, et des soussignés, grands, chefs, comman-
« dants des villages de son royaume, et ses sujets, par elle appelés
« pour être témoins de la cession et de l'abandon qu'elle fait au sieur
« GOSSE, à ce présent et acceptant pour S. M. LE ROI DE FRANCE,
« LOUIS QUINZIÈME, et la NATION FRANÇAISE,

« ELLE *déclare*, veut et entend, qu'à commencer de ce jour, l'île
« SAINTE-MARIE, située par le 16° de latitude méridionale, deux à trois
« lieues à l'est de la côte orientale de Madagascar, cesse de faire partie
« de ses États, qu'elle a hérités de ses pères, et qu'elle doit laisser à
« ses successeurs; mais, au contraire, soit et demeure toujours ap-

manent dans son pays en leur cédant en toute propriété l'île de Sainte-Marie. Legentil rapporte qu'à son retour de l'île de France, Béti fit une seconde

« partenant, avec son port et l'îlot qui le ferme, à S. M. Louis Quinze,
« roi de France et de Navarre, pour servir au commerce de la com-
« pagnie des Indes, cédant, abandonnant, livrant et transportant
« tous ses droits quelconques sur ladite île et ses dépendances audit
« seigneur roi de France et à sa compagnie des Indes, pour par ledit
« seigneur roi de France et sa compagnie des Indes en être pris pos-
« session et pleine jouissance de ce moment, et y rester à perpé-
« tuité, comme maîtres pleins, puissants et souverains seigneurs
« d'icelles, sans être tenus de payer à elle, Béti, ni à aucun de ses
« successeurs, aucuns droits et rétributions pour cause de ladite ac-
« quisition; reconnaissant, elle, Béti, S. M. Louis XV, et sa compa-
« gnie des Indes, pour souverains maîtres et seigneurs indépendants
« de ladite île et de son port, pour en jouir et disposer comme il leur
« avisera bon être: promettant, elle, Béti, reine, sa famille, les
« grands de son royaume, les chefs et commandants de ses villages,
« à ce présents et consentant, pour les droits du royaume et particu-
« liers, soutenir, protéger, maintenir, défendre contre tout trouble
« et empêchement de la part des naturels de l'île de Madagascar ou
« autre nation qui voudraient interrompre ou s'opposer à leur établis-
« sement, les sujets de S. M. le roi de France et les employés de la
« compagnie des Indes, en pleine paix et jouissance et entière posses-
« sion de l'île Sainte-Marie et de ses dépendances ;

« Veut pareillement et entend, ladite reine Béti, que la concession
« et l'abandon qu'elle fait aujourd'hui, de son plein gré et de son
« mouvement volontaire, pour le bien de ses peuples et de son
« royaume, soit et demeure stable, à perpétuité, sans que, pour
« quelque motif que ce puisse être, aucun de ses héritiers, sujets
« ou autres nations, pour raison d'aucuns droits ou cessions parti-
« culières, puisse prétendre à en débouter la nation française, au-
« jourd'hui en possession de ladite île et de ses dépendances. »

« Reconnaissant, par ces présentes, ladite reine Béti, qu'elle a
« reçu du sieur Gosse, de la part de S. M. le roi de France et de la
« compagnie des Indes, à titre de compensation, dédommagement
« échange, une certaine quantité d'effets à elle propres et conve-

donation de l'île Sainte-Marie aux Français qui en reprirent possession en 1754.

En 1758, le gouverneur de l'île de France, Du-

« nables, dont elle est contente, ainsi que les grands du royaume, à
« ce présents et acceptant, comme chargés des intérêts de leur reine
« et de sa couronne,

« Déclare, Béti, à tout le royaume de Foulepointe, à ses alliés et
« aux rois de Madagascar, ses voisins, que les Français sont et de-
« meurent quittes à perpétuité, envers tous les rois de Foulepointe,
« ses descendants, et autres qui pourraient y prétendre ; et qu'elle
« veut et entend qu'ils soient reconnus, par tous les peuples de Ma-
« dagascar, pour seuls maîtres et souverains de l'île Sainte-Marie,
« son port et l'îlot qui le ferme ;

« Veut que copie du présent acte soit déposée dans son trésor,
« pour demeurer et passer à ses descendants ; qu'il soit envoyé des
« courriers dans les principaux établissements de son royaume,
« pour donner avis à tous ses sujets, même aux peuples voisins et
« ses alliés, de la prise de possession de ladite île par les Français.

« Et a signé ladite reine Béti, de sa marque et de son cachet,
« qu'elle a fait reconnaître par les grands de son royaume.

« Et ont aussi signé les sieurs acceptant et témoins de la prise de
« possession, dans le port de l'île de Sainte-Marie, en la partie orien-
« tale de l'île de Madagascar, le 30 juillet 1750. »

« *Gosse, Adam de Villiers, J. Vizèz, Nageon de l'Estang,
Kerostain, de Ravenel, Maingaud.* »

En marge est une empreinte en cire rouge, suivie de ce signe †, et apostillée de ces mots : « *Cachet et marque de* Béti, *reine de Fou-*
« *lepointe, fille du défunt roi, seule héritière de ses biens ;* »

Et une autre empreinte de cire, suivie de ce même signe et de ces mots : « *Marque de la Reine, mère de Béti.* »

Suivent les marques (✝) de *Bécalanne,* beau-père du roi, chef à Fénériffe et de *Diennesenhar,* petit-fils du roi ; *Quintade,* chef de Foulepointe ; *Vomaisse,* chef de Foulepointe ; *Ponerif,* chef de Fou-lepointe ; *Ratssora,* chef de Fénériffe ; *Youlousara,* chef de la baie d'Antongil ; *Tempenendric,* chef de Foulepointe ; *Mananpiré,* chef de Foulepointe ; *Diamanette,* chef de Mahambou ; *Natte,* chef de Massi-néranou ; *Fatara,* chef à Foulepointe ; *Rafizimoine,* chef de Foule-

mas, réserva par un décret, pour le compte du roi, le privilége du commerce sur toute la côte. Vers 1761, des établissements de commerce appartenant à des Français embrassaient la côte orientale de Madagascar dans sa plus grande étendue depuis le fort Dauphin jusqu'à la baie d'Antongil. On voit, quelques années plus tard, en 1767, le gouvernement français reprendre ses anciens projets et revendiquer officiellement le privilége exclusif du commerce malegache et faire de Foulepointe le centre de ses opérations.

Enfin, en 1768, M. le comte de Maudave est chargé d'aller relever à Madagascar le fort Dauphin dont il venait d'être nommé commandant pour le roi. Grâce à sa modération personnelle et à un système bien entendu d'économie, M. de Maudave serait peut-être parvenu à faire prospérer la colonie, sans les continuels changements de politique qui se succédaient dans la métropole et qui entravèrent nécessairement ses projets. La jalousie permanente des administrateurs de l'île de France fut également

---

pointe; *Lahaibé*; *Sivouguaorrac*, chef à Maenbou ; *Meaboloulou*, chef de Maenbou; *Rambonne*, chef à Maenbou ; *Ynenguisse*; *Malélaza*, chef du Banivoul; *Ramamamou*, chef du Banivoul; *Dianperavola*, chef à Foulepointe ; *Rafinoine*, chef à Foulepointe; *Ratcisagay*, chef de la grande île Sainte-Marie ; *Ramansouyanne*; *Bérigny* ; *Racaca*, chef de Sainte-Marie, résidant sur Loquay (îlot situé à l'entrée du port); *Diamanharé*, chef de Laivande, île Sainte-Marie ; *Tanpenendienne*, chef de la grande île Sainte-Marie; *Embousenga*, chef de la grande île Sainte-Marie ; *Rambonnevoulou*, chef de la grande île Sainte-Marie.

pour lui un grand obstacle. M. de Maudave, renonçant au système militaire, avait proposé au gouvernement un plan nouveau de colonisation « pour le seul objet de commerce. » Dès les premiers mois, les subsides lui manquèrent pour l'installation même de sa colonie et la métropole lui refusa bientôt tout secours. Il avait obtenu des chefs du pays la cession spéciale d'une étendue de neuf à dix lieues de terre sur les bords de la rivière de Fanzahère où il essaya de former un établissement, mais il fut, faute de ressources, forcé d'abandonner bientôt ce premier essai. M. le comte de Maudave quitta la colonie en août 1769.

La France absorbée alors par la guerre d'Amérique renonça, pour le moment, à toute opération militaire ou commerciale sur la grande île africaine.

CHAPITRE II.

SOMMAIRE. — Gouvernement du comte de Benyoswki. — Jalousie du gouvernement de l'île de France.—Le nouveau gouverneur général acquiert une grande influence dans le pays.—Il reste trois années sans recevoir de nouvelles de la métropole. — Son courage et sa fermeté. — Le 16 septembre 1776, les chefs lui offrent la souveraineté de l'île. — Arrivée des commissaires royaux à Madagascar. — Le comte de Benyowski leur remet sa démission. — Il se considère dès lors comme Chef suprême de l'île. — Grand Kabar. — Discussion de la constitution malegache. — Départ de Benyowski pour la France. — Il passe en Amérique. — Son retour à Madagascar. — Expédition dirigée de l'île de France contre lui. — Sa mort. — Son portrait.—Considérations générales.—Abandon des établissements formés par lui.—Explorations de Lescalier, de M. Bory Saint-Vincent. — Le général Decaen envoie à Tamatave M. Sylvain Roux avec le titre d'agent général. — Les Anglais s'emparent, en 1810, de Tamatave et de Foulepointe. — Capitulation de M. Sylvain Roux. — Occupation momentanée par les Anglais du port Louquez. — Interprétation du traité de Paris. — Reprise de possession de nos établissements par les administrateurs de l'île Bourbon, en mars 1817.

Ce fut en 1773, que le comte polonais Maurice de Benyowski reçut du gouvernement français la mission de fonder un grand établissement dans la baie d'Antongil. Après sa merveilleuse évasion du Kamtschatka, le comte de Benyowski s'était rendu à l'île de France, où il avait conçu l'idée d'un établissement pour Madagascar.

Il vint en France, en 1772, exposa ses plans, et obtint le commandement d'une expédition considérable; mais, à l'île de France, ses projets rencontrèrent tant de malveillance qu'il ne put venir mouiller, dans la baie d'Antongil, que le 14 février 1774. Il prit possession de l'île de Madagascar au nom du roi de France et en fut reconnu pour gouverneur général. Il débarqua au fond de la baie d'Antongil, sur les bords de la rivière Tungumbaly, dans un endroit qu'il nomma Louisbourg. Les chefs et les députés des districts environnants vinrent immédiatement s'engager par serment à coopérer, en ce qui dépendait d'eux, à la réalisation des plans de prospérité conçus par le chef hardi de la nouvelle expédition. Benyowski s'empressa de construire des forts et d'établir des postes de défense le long de la côte orientale à Angontzy, dans l'île Marosse, à Fénériffe, à Foulepointe, à Tamatave, à Manahar et à Antsirak.

Dès les premiers mois de son gouvernement, la colonie fut paisible. Une seule peuplade, les Zaffi-Rabé, ayant rompu leurs serments et menaçant la tranquillité de l'île, Benyowski leur acheta leurs villages et sut plus tard échapper à une tentative d'empoisonnement qu'avaient essayée contre lui ces ennemis acharnés. Poussé à bout, il les contraignit par la force à se réfugier dans les forêts de l'île. Dans la suite, les peuplades qui s'attachèrent à Benyowski se chargèrent de la répression des Zaffi-Rabé et de ses autres ennemis. Mais la fièvre avait fait autour de lui de grands et irréparables ravages. Atteint lui-même par le mal, il se fit transporter dans l'île Marosse où l'air lui avait paru moins insalubre qu'à Louisbourg, puis dans une plaine située à neuf lieues environ dans l'intérieur, où règne une température bienfaisante, et que, dans leur langage pittoresque, les Malegaches appellent la Plaine de la santé.

Cependant la haine jalouse des gouverneurs de l'île de France poursuivait sans relâche l'établissement de Madagascar, et son nouveau gouverneur général. Un intendant lui fut envoyé de l'île de France. Cet émissaire avait reçu des ordres secrets qui eussent paralysé et ruiné de fond en comble la colonie nouvelle, sans l'infatigable vigilance de son chef. Ces obstacles, quelle qu'en fût la portée, ne découragèrent pas le comte de Benyowski. Par ses ordres, des interprètes qu'il avait soin d'accréditer, parcouraient le pays, pénétraient dans les provinces les plus reculées, contractaient des marchés et nouaient, en son nom, des alliances avec ceux d'entre les chefs qui n'avaient pu assister à la grande assemblée et prêter le serment d'usage. Faisant partager ses vues d'avenir et ses travaux par les indigènes, il perçait de tous côtés des routes et des canaux, construisait des forts des bâtiments de tout genre.

Chaque jour arrivaient, à Louisbourg, des députés envoyés par les naturels, soit pour offrir à Benyowski des secours contre les Zaffi-Rabé, soit pour solliciter de lui des traités d'alliance et d'amitié. Dans une excursion que Benyowski fit à Foulepointe, les Bétanimènes, les Fariavahs et les Betsimsaracs le prirent pour arbitre des différends qui les divisaient. Ces peuplades écoutèrent et suivirent avec respect les conseils du gouverneur français et conclurent une paix qui devait avoir les résultats les plus heureux pour la prospérité de la colonie. Le *kabar* ou grande assemblée générale où fut discutée cette importante affaire, était composé d'environ vingt-deux mille naturels.

A son retour à Louisbourg, Benyowski apprit que les Zaffi-Rabé, au nombre de trois mille, avaient paru en armes dans les environs, et demandaient à présenter leurs plaintes au gouverneur. Celui-ci n'hésita pas à se rendre au milieu d'eux, accompagné seulement d'un interprète. Là, il écouta les plaintes des chefs et leur répondit avec succès. Mais à peine avait-il achevé son discours qu'il se vit entouré et menacé sérieusement par cette peuplade barbare. Il allait succomber, lorsque cinquante Malegaches, conduits par un officier européen, arrivèrent à son secours et attaquèrent les Zaffi-Rabé. Dans cette circonstance, Benyowski échappa à la mort par un miracle qu'il dut à son sang-froid et à sa rare présence d'esprit. Obligé de se défendre avec son épée seulement, et de se faire jour dans la mêlée, il fut couché en joue à bout portant par un indigène. Ne pouvant éviter le coup, Benyowski lui cria avec force, dans la langue du pays : « *Coquin, ton fusil ne partira pas !* » Le hasard ayant accompli cette prédiction, le naturel jeta son arme à terre et s'enfuit avec ses compagnons, en poussant des cris et en disant : « Nous sommes perdus, c'est un ampoumchave, un sorcier. »

Trois années s'écoulèrent ainsi, sans qu'aucune nouvelle arrivât d'Europe pour aider et encourager la nouvelle colonie. Benyowski aurait infailliblement succombé dans une telle position, contre les attaques des Sakalaves du Nord, sans les secours que lui prêtèrent les peuplades de la côte orientale qui prirent les armes en sa faveur et repoussèrent plusieurs fois l'ennemi. Abandonné par la métropole, poursuivi sans relâche par les incroyables intrigues du gouvernement de l'île de France, le comte de Benyowski fut amené alors peu à peu à profiter d'une circonstance que le hasard avait fait naître et qui devait influer étrangement sur la fin de la carrière publique de cet homme singulier.

Vers le commencement de l'année 1775, il avait appris qu'une vieille femme malegache, nommée Suzanne, qu'il avait ramenée avec lui de l'île de France, disait avoir été vendue aux Français en même temps que la fille de Ramini, dernier chef suprême de la province de Manahar. Elle déclarait, en outre, qu'elle reconnaissait en Benyowski le fils de cette princesse, et, par conséquent, l'héritier des Ampandzaka-bé, dignité souveraine qui s'était éteinte par la mort de Ramini. Les paroles de la vieille Malegache avaient produit une révolution parmi les chefs des environs. Ils s'étaient assemblés plusieurs fois et après s'être consultés, ils avaient déclaré qu'ils n'attendaient que le moment favorable pour honorer en Benyowski le sang de Ramini. A cette même époque, un vieillard de Manahar qui se disait inspiré, prédisait que des changements considérables allaient avoir lieu dans le gouvernement de l'île, et que le descendant de Ramini se ferait bientôt connaître. Il n'en fallut pas davantage chez un peuple superstitieux comme le sont tous les peuples dans l'enfance. Les esprits furentvivement agités par ces prophéties.

Le 16 septembre 1776, un cortége, composé de douze cents hommes environ, et précédé des grands chefs, se présenta devant la maison de Benyowski, en demandant à lui faire une communication importante. Lorsque les saluts furent échangés, Rafangour, chef de la nation des Sambarives, se leva, et s'adressant au gouverneur, lui dit avec solennité : « Béni soit le
« jour qui t'a vu naître! Bénis soient tes parents
« qui ont pris soin de ton enfance! Bénie soit
« l'heure où tu posas ton pied sur le sol de notre
« île! — Les chefs malegaches ayant entendu dire
« que le roi de France avait l'intention de te retirer
« de ce pays et qu'il était fâché contre toi, parce
« que tu as refusé de faire de nous des esclaves, se
« sont réunis et ont tenu des kabars pour aviser à

« ce qu'il fallait faire, si ces rapports étaient vrais.
« Leur amour pour toi m'oblige en ce jour à te ré-
« véler le secret de ta naissance et de tes droits sur
« cette immense contrée, dont tous les habitants
« t'adorent. Oui, moi, Rafangour, le seul survivant
« de la famille de Ramini, je renonce à mes
« droits sacrés pour te déclarer l'unique héritier
« légitime de Ramini. Zanaar, le bon génie qui
« préside à nos kabars, a inspiré à tous les chefs la
« volonté de te reconnaître pour leur ampandzaka-
« bé[1], et de jurer que loin de t'abandonner jamais,
« ils protégeront au contraire ta personne, au péril
« de leur vie, contre les violences des Français. »
D'autres discours empreints des mêmes sentiments furent prononcés par les principaux chefs, et en quittant leur nouvel ampandzaka-bé, ils lui donnèrent, en se prosternant devant lui jusqu'à terre, les marques d'un respect qui n'est dû à leurs yeux qu'au représentant de la puissance souveraine.

Quand cette manifestation des chefs malegaches fut terminée, trois officiers de la garnison coloniale, accompagnés d'un détachement de cinquante hommes, vinrent trouver le comte de Benyowski et lui déclarèrent fermement que les déloyales intrigues de l'administration de l'île de France les avaient décidés à unir leur sort au sien et qu'ils étaient ré-

---

[1] Le mot malegache *Ampandzaka* signifie. *prince,* comme Audrian signifie *noble*. Le titre d'ampandzaka est donné aux membres de la famille royale, et à tous ceux qui tiennent par le sang au souverain.

solus à ne l'abandonner jamais. Benyowski crut devoir leur adresser des remontrances pleines de sagesse, auxquelles ils répondirent qu'ils s'étaient entendus avec les chefs de la province et qu'aucune considération ne les ferait renoncer à leur projet. Un grand kabar eut lieu le lendemain. Les chefs renouvelèrent leur déclaration de la veille et engagèrent Benyowski, au nom du peuple malegache, à quitter le service du roi de France et à indiquer la province qu'il désirait choisir pour lieu de sa résidence, afin qu'on y bâtît une ville. Benyowski répondit que son intention était bien de se démettre des fonctions de gouverneur général; mais qu'il croyait devoir attendre l'arrivée des commissaires français qui viendraient, dans peu de temps, visiter la colonie et entre les mains desquels seulement il pouvait se dégager de ses serments envers la France. Il ajouta que, quant à la ville dont on souhaitait la fondation, l'emplacement le plus convenable serait le centre de l'île. Il développa à cette occasion le plan de gouvernement qu'il lui paraîtrait convenable d'adopter. Quand il eut fini, un des chefs reçut des indigènes de l'assemblée l'ordre de veiller à ce qu'aucune tentative ne fût commise contre la vie ou la liberté de leur ampandzaka-bé.

Les commissaires royaux dont avait parlé Benyowski, MM. de Bellecombe et Chevreau, envoyés par le gouvernement jaloux de l'île de France, arrivèrent le 21 septembre 1776, et, jusqu'au 27, ils s'occupèrent à visiter toutes les parties de l'établissement colonial. Ils remirent à Benyowski un certificat constatant la parfaite régularité de son administration, et reçurent de lui la démission de sa charge. Ces formalités accomplies, ils se rembarquèrent précipitamment dans la crainte de subir les atteintes de la fièvre et ne se firent pas faute à leur retour de déprécier les actes de ce gouverneur général.

Dès ce moment, Benyowski se considéra comme le chef suprême de Madagascar.

Il convoqua, le 10 octobre, un kabar général des peuples malegaches et remplit toutes les cérémonies du grand serment. Le 11 du même mois, l'acte solennel et définitif qui constatait son élévation à la dignité d'ampandzaka-bé fut lu trois fois à haute voix et signé par trois des plus puissants chefs de l'île qui étaient Javi, roi de l'Est, dont Foulepointe était le chef-lieu; Lambouine, roi du Nord, et Rafangour, chef des Sambarives, habitants des environs de la baie d'Antongil. Les grands chefs de toute la côte orientale, depuis le cap d'Ambre jusqu'au cap Sainte-Marie, s'étaient rendus à cette assemblée dans laquelle plus de cinquante mille Malegaches vinrent se prosterner devant leur nouveau souverain. La constitution malegache fut discutée et acceptée dans les trois séances du 13, du 14 et du 15 de ce mois. Cette constitution contenait dans son premier et principal article l'institution d'un conseil suprême composé de vingt-deux membres, choisis parmi les chefs des diverses nations.

Ce fut alors que Benyowski crut le moment venu de faire connaître aux chefs assemblés la nécessité de conclure un traité avec la France ou tout autre pays, afin d'assurer l'exportation des produits de l'île. Il ajouta qu'il avait l'intention de partir pour accomplir ce projet. Le vieux chef Rafangour s'écria que c'était courir à sa perte et engagea l'assemblée à ne pas consentir à un tel dessein. Après une longue et orageuse délibération, il fut arrêté que l'ampandzaka-bé se rendrait, ainsi qu'il le souhaitait, en France ou dans un autre pays, avec de pleins pouvoirs pour traiter, au nom de la nation malegache, mais qu'il prendrait, avant de partir, l'engagement de revenir à Madagascar, soit qu'il réussît, soit qu'il échouât dans son entreprise. Enfin, le 10 décembre de cette même année 1776, Benyowski s'embarqua à Louisbourg sur un brick qu'il avait frété. En s'éloignant des rivages de Madagascar, il put voir avec émotion l'immense concours de naturels qui s'y étaient rassemblés pour lui souhaiter un heureux voyage et pour conjurer les maléfices du mauvais génie, s'il tentait de s'attaquer à lui [1].

A peine arrivé en France, Benyowski eut de longues conférences où il expliqua au gouvernement métropolitain quelle avait dû être sa con-

---

[1] Tous ces faits sont consignés dans les curieux Mémoires qui ont été laissés par le comte de Benyowski, et qui furent publiés pour la première fois en anglais à Londres, en 1790; puis, traduits en français et édités à Paris, en 1791, 2 vol. in-8°.

duite. Il reçut une épée en récompense de ses services qui, du reste, avaient déjà trouvé en Benjamin Franklin un avocat chaleureux. Ce fut vainement toutefois qu'il offrit ses projets de traité à la France d'abord, puis à l'Autriche et à l'Angleterre.

Le comte de Benyowski, d'après les conseils de Franklin, passa alors en Amérique où il sut persuader et intéresser la jeune république, en lui parlant de ses succès, de ses forts, de ses villes malegaches, et de sa grande route royale d'Antongil à Bombetok. Les Américains lui fournirent quelques subsides pour consolider ces opérations, mais sans toutefois y attacher un caractère officiel. Son absence dura ainsi jusqu'en 1785. Le nouveau souverain du Madagascar se décida enfin à reprendre la mer et, le 7 juillet, il arriva à l'île de Nossi-bé, dans la baie de Passandava. Il se rendit par terre à la baie d'Antongil. Le roi du Nord, et une foule d'autres chefs l'accueillirent avec le plus vif enthousiasme, ce qui démontrait qu'une absence aussi longue n'avait rien changé à leurs bons sentiments pour lui.

Pendant que le nouveau souverain fortifiait le village d'Ambodirafia dont il avait fait sa capitale, qu'il établissait des postes à Manahar et dans d'autres villages de la province, une expédition destinée à revendiquer notre droit de possession sur Madagascar se préparait contre lui à l'île de France.

Le 23 mai 1786, un navire de guerre expédié par le

gouverneur, M. de Souillac, mouilla dans la baie d'Antongil. Soixante hommes du régiment de Pondichéry, après avoir débarqué, arrivèrent sans résistance au pied du fort de Mauritiana, où Benyowski s'était renfermé avec deux blancs et trente naturels. Un feu de mousqueterie s'engagea entre la troupe et la petite garnison du fort qui, par suite de la retraite des Malegaches, se vit bientôt réduite aux trois Européens. Au moment où Benyowski allait mettre le feu à une pièce de canon chargée à mitraille et pointée sur l'étroit sentier qui conduisait à la position où il s'était retranché, il fut frappé d'une balle au sein droit. Il mourut en brave. Son corps resta trois jours sans sépulture. Ce fut M. de Lassalle, un de ses officiers, qui le fit enterrer et qui planta alors les deux cocotiers que l'on voit encore sur sa tombe.

Telle fut la mort du comte Maurice de Benyowski, magnat de Pologne et de Hongrie; tel avait été le règne éphémère de cet homme vraiment supérieur dont les Malegaches vénèrent encore la mémoire et auquel les Français n'ont rendu qu'une justice tardive. Cependant ceux qui connaissent à fond les choses, telles qu'elles sont à Madagascar, et qui ont été à même d'examiner avec impartialité les idées de colonisation et les actes successifs de ce gouverneur général s'accordent à dire que sa conduite politique envers les Malegaches qu'il sut admirablement discipliner, ainsi que ses vues d'administration appropriées au pays, sont destinées à servir un jour de modèle à quiconque voudra fonder à Madagascar un établissement sérieux et durable.

Le comte de Benyowski était très-brave, actif, rude travailleur, entreprenant à l'extrême. Aussi juste que ferme, aussi généreux qu'énergique, il savait punir et récompenser à propos. Son caractère était plein de douceur. Affable et bon, disent ses contemporains, il aimait à causer, mais il parlait peu de lui-même et avait l'art d'écouter avec complaisance. Il s'exprimait avec une étonnante facilité en neuf langues différentes. Le comte de Benyowski avait, en un mot, des facultés élevées qu'il devait plus encore à la nature qu'à la brillante éducation qu'il avait reçue. Il possédait au plus haut point les qualités nécessaires à ceux que la Providence a créés pour convaincre, entraîner et dominer les hommes.

Le comte de Benyowski avait été nourri des grands principes de l'école philosophique du dix-huitième siècle [1], et c'est à ces principes de tolé-

---

[1] Les Mémoires du comte de Benyowski sont semés de récits touchants qui attestent des vues élevées et le plus noble cœur dans celui qui en est à la fois l'auteur et le héros. Nous citons au hasard, comme exemple, les lignes qui suivent : « Cette nation avait une cou-
« tume étrange et cruelle qui était observée depuis un temps immé-
« morial. Tous les enfants qui naissaient avec quelques défauts, ou
« même certains jours de l'année qu'ils regardaient comme mal-
« heureux, étaient sacrifiés aussitôt. Le plus communément ils les
« noyaient. Le hasard me rendit témoin de cette coutume barbare,
« quand je descendais la rivière pour me rendre à la plaine de
« Louisbourg. J'eus le bonheur, le jour de mon départ, de sauver

rance, à ces idées éclairées et libérales qu'il a dû principalement les succès obtenus par lui sur ces peuplades sauvages que sa bonté s'était entièrement conciliées. Si la métropole avait secondé, comme elle avait promis de le faire, ce hardi et expérimenté novateur, si le gouvernement de l'île de France n'avait pas incessamment entravé de toute la puissance de son inertie l'établissement nouveau, nul doute que le comte de Benyowski n'eût donné pour toujours à la France cette grande et belle colonie.

Cette vérité devient plus manifeste encore, lorsque l'on compare la conduite politique du comte de Benyowski à celle de ses inhabiles prédécesseurs. Il semble que ceux-ci avaient pris à tâche d'aliéner à la France et de rendre hostiles à toute idée de civilisation les peuples primitifs commis à leur garde. En effet, si nous jetons un coup d'œil rétrospectif sur les administrations précédentes, que voyons-nous ? Des hommes aveugles et cruels imposant leurs vices, leurs passions et leurs préjugés à des barbares dont la naïve logique déconcertait parfois leurs oppresseurs, des gentilshommes cor-

---

« la vie à trois de ces infortunées victimes. Je les fis transporter au
« Port-Louis, et, dans une grande fête que je donnai à tous les
« chefs du pays, je les fis jurer de ne jamais commettre à l'avenir
« de pareils actes de cruauté. Je regardai comme *le plus heureux jour*
« *de ma vie* celui de l'abolition de cette horrible coutume, qui était
« un effet du fanatisme ou de quelqu'autre préjugé non moins exé-
« crable. (Edition de Paris. Tome II, page 277). »

rompus et blasés, récoltant pour prix de leurs violences inutiles et insensées les plus sanglantes représailles.

Il est notoire que les premiers rapports des Européens avec les Malegaches furent excellents. « Tous ces gens-là, dit le chroniqueur Dubois, sont assez civils et courtois, n'ayant pas la brutalité des autres nations noires. Ils sont spirituels et fins. Autrefois ces noirs estoient les meilleurs gens du monde, et, quand ils voyoient un homme blanc, ils estoient dans l'admiration et le respect, se couchant à terre, quand il en passoit un près d'eux, et si on vouloit entrer dans leurs cases, ils se mettoient sur le seuil de la porte et faisoient passer l'homme blanc sur leur corps, disant que la terre n'estoit pas digne de porter un homme blanc, croyant qu'il eust quelque chose de divin; mais à présent ils sont bien changés d'humeur, n'ayant pas plus de respect pour un blanc que pour un noir. Et cela par le mauvais exemple qu'ils ont eu des Européens, qui font gloire du pesché de la luxure en ce païs et qui leur débauschent souvent leurs femmes, et, quand on leur presche la chasteté, ils se mocquent et disent que les blancs ne sont pas meilleurs qu'eux. »

Les Malegaches, de l'aveu de leurs maîtres civilisés, étaient donc hospitaliers et doux. Ces hommes blancs venus sur leurs merveilleux navires avec leurs beaux uniformes, leurs armes à feu, leur supériorité étrange, étaient des demi-dieux pour les naturels, et les populations surprises et charmées les entouraient de respect et d'amour. A peine arrivés, les colons de Pronis et de Fouquembourg se livrèrent aux plus coupables excès. Pronis lui-même donnait l'exemple de l'immoralité la plus révoltante. Il faisait assassiner Rahoulou, l'un des chefs malegaches, parce que celui-ci accusait le commandant français de lui avoir pris des bœufs, accusation qui se trouvait parfaitement fondée. Pronis ne se faisait pas faute d'intervenir dans les querelles des tribus, non comme Benyowski, le disciple de Franklin, mais pour leur vendre son appui, moyennant du riz et des bestiaux.

C'est ainsi qu'on le voit pour mille bœufs aider une tribu à en massacrer une autre, faisant assassiner les amants, les maris et les pères des femmes qu'il avait pour concubines, au mépris des plus simples lois de l'hospitalité ; compromettant ainsi la situation politique du pays au profit de ses plus basses passions personnelles. Enfin, dernier trait qui achève de peindre ce représentant de la civilisation et de la chrétienté, se trouvant un jour en marché d'esclaves avec un capitaine hollandais et pressé de livrer une marchandise qu'il avait vendue sans la posséder, Pronis fait ramasser par un détachement soixante-treize individus qui étaient dans les environs, presque tous de famille libre, et il les vend sans pudeur au traitant : « Depuis ce jour, dit Flacourt, aussitôt qu'un navire mouillait sur la rade, toute la côte devenait déserte. »

Delaforest Desroyers, commandant deux vaisseaux pour le duc de la Meilleraye, relâche à Sainte-Marie pour réparer une voie d'eau. Il part en chaloupe et remontant une rivière, à la grande terre, il envoie demander du cristal de roche à des gens occupés à récolter leur riz. Les pauvres Malegaches ne demandent pas mieux que d'aller à la recherche du cristal; mais ils supplient le commandant de les laisser finir cette cueillette, disant : « que sans cela le riz s'égrènera et *que leur récolte sera perdue.* » A ces mots, Delaforest furieux s'emporte, descend de son embarcation, chasse devant lui les habitants d'un village épouvanté, saisit, enchaîne, frappe et menace de son épée les chefs et leurs femmes. Les naturels indignés attirent dans un piége le capitaine français et cinq de ses hommes qui y sont massacrés ensemble.

Desperriers, digne lieutenant de Pronis, reçoit la nouvelle de la mort de Desroyers. Il s'avise d'en accuser les chefs du pays d'Anossi, situé à plus de deux cents lieues de l'endroit où avait été commis le meurtre. Desperriers entre dans le pays d'Anossi, surprend les habitants en pleine paix et les massacre. Les détails de cette affreuse opération méritent d'être signalés.

Un des chefs du pays, Dian-Panolahé était venu s'établir à Fanzahère et, pour garantie de paix, il avait laissé son fils aîné en otage au fort. Une nuit, Dian-Panolahé est surpris dans son sommeil, enchaîné et conduit au fort Dauphin, après avoir vu piller et incendier sa demeure. Un chef septuagénaire et sa femme sont massacrés dans un village voisin, tandis qu'un autre détachement frappait endormis sur leurs nattes un chef important, Dian-Rassoussa, et son fils. En apprenant ces attaques et ces assassinats, le chef principal du pays d'Anossi, Dian-Machicore, réunit toute sa famille et se présente au fort pour jurer que lui et les siens ne sont coupables d'aucun tort envers les Français. Cette démarche si pleine de grandeur ne produit aucune impression sur Desperriers. Dian-Machicore et un de ses fils sont mis aux fers et attachés par les pieds à un poteau, auprès de Dian-Panolahé! Deux autres fils du chef, ses trois filles, quatre de ses neveux et plusieurs autres membres de sa famille sont envoyés sur le navire le *Saint-Georges*, en rade, pour être gardés à vue.

A quelques jours de là, le pilote, commandant le *Saint-Georges*, s'en vint dire au lieutenant de Pronis que ses prisonniers le gênaient à bord. « Eh! bien, descendez-les, répond Desperriers; mais qu'en ferons-nous à terre? »

Une embarcation du *Saint-Georges* jeta bientôt sur la grève les Malegaches, les mains liées derrière le dos, et quelques nègres, envoyés du fort, commencèrent à zagayer ces malheureux sans défense. Un missionnaire, le père Bourdaise, accourut et les baptisa dans le sang, en élevant au ciel des actions de grâces. Une jeune femme, déjà blessée, parvint à s'échapper, se jeta à la mer en nageant vigoureusement vers un bouquet de bois du rivage opposé. Cependant Desperriers, du haut du fort, observait tranquillement cette scène sanglante. Sur son ordre, une pirogue mise à l'eau et vivement poussée, atteint la Malegache et un matelot l'achève à coups d'avirons sur la tête. Le massacre fini, Desperriers s'en alla trouver Dian-Machicore, qui ne savait rien du malheur de sa famille et lui promit la vie à lui et *à tous les siens*, s'il lui livrait son or. Le chef commanda à son fils d'aller chercher toutes ses richesses, et le jeune garçon partit pour son village sous la garde d'un détachement.

« Ils arrivèrent au bois, dit le chroniqueur auquel nous empruntons ces détails, Dian-Bel (c'était le nom du jeune homme) dit à sa sœur, qui gardoit la maison, que, pour sauver la vie à son père et la sienne, et celle de ses frères, elle allât quérir tout l'or que le chef possédoit. La pauvre fille s'y en va toute seule, au milieu de la nuit, à plus d'une lieue dans la montagne et dans le bois. Elle apporte, au bout de trois heures, un panier sur sa tête, où étoient l'or, les colliers, les oreillettes et bracelets de son père, et tout le meilleur qu'ils possédoient. Non contents de cela, lesdits François pillèrent tout ce qu'il y avoit dans la maison et s'en retournèrent au fort le lendemain avec les prisonniers. Desperriers et les autres, trouvant qu'il y avoit quelques cents gros d'or, dirent que Machicore se mocquoit et qu'il avoit bien plus d'or que cela. Alors, Desperriers et son lieutenant, après avoir fait aux chefs reproches d'avoir fait tuer M. Delaforest (ce qu'ils nioient et disoient qu'ils n'avoient aucune connoissance, ni affinité avec les nations de ces cantons-là et qu'ils en étoient innocents), les François leur dirent qu'il falloit qu'ils mourussent. Dian-Machicore supplia qu'on les envoyât en France où on leur feroit leur procès, s'ils avoient mérité la mort; mais Panolahé dit : « Puisqu'il faut que nous mourions, allons à la mort. »

« Alors, après leur avoir annoncé le massacre de leurs enfants, on les livra tout nus à des noirs qui les tuèrent à coup de zagayes. Voilà, ajoute simplement le chroniqueur, tout ce qui s'est passé depuis le départ de l'*Ours* jusqu'au départ du *St-Georges*.»

M. de Flacourt était sans doute un homme intelligent et ferme, mais c'était un administrateur ne connaissant que la politique impitoyable du sabre. Il se vante, dans sa relation, d'avoir pillé et brûlé cinquante villages en deux ans.

Nos alliés eux-mêmes furent maintes fois attaqués et massacrés. Il parle lui-même de deux têtes coupées qu'on lui présenta et qui avaient *fort bonne façon*. Flacourt semblait se complaire à ces froides et abominables plaisanteries. Un des chefs le persécutant pour avoir un fusil, Flacourt en fit *accommoder* un, selon sa propre expression, c'est-à-dire qu'il enjoignit à l'armurier de pratiquer un trou sous la culasse et de le fermer avec du plomb. Heureusement le malheureux indigène fut prévenu à temps et la machine infernale n'eut pas de résultat meurtrier, mais l'indignation des chefs fut telle qu'ils prirent *ce prétexte*, dit Flacourt, pour menacer les Français et leur déclarer la guerre.

Nous faisons grâce au lecteur de toutes les aménités de ce genre que se permirent les premiers colons et qui avaient, en somme, la portée politique la plus grave. Nous passons également sous silence le fanatisme de certains missionnaires, tels que le père Etienne, et les rapines infâmes des premiers traitants. Nous en avons assez dit sur ces tristes sujets pour faire voir comment ces civilisateurs éclairés savaient faire respecter en eux le pays dont ils étaient les représentants, le roi dont ils étaient les envoyés, le Dieu dont ils auraient dû être les apôtres de miséricorde et de paix.

Puisse l'exemple de ces excès et de leurs tristes conséquences politiques, puisse l'histoire de ces fautes de tout genre en détourner un jour ceux auxquels la Providence confiera le soin d'achever, à Madagascar, l'œuvre de civilisation si mal commencée par les coupables aventuriers du dix-septième siècle!

Après la mort du noble et malheureux Benyowski, et l'abandon des établissements qu'il avait formés, la France n'eut plus à Madagascar qu'un commerce d'escale et n'y conserva que quelques postes de traite, sous la direction d'un agent commercial et sous la protection d'un détachement militaire fourni par la garnison de l'île de France. Ainsi donc, depuis 1642, année de la fondation du fort Dauphin jusqu'en 1786, les établissements français de Madagascar furent tour à tour occupés, abandonnés et occupés de nouveau, selon que l'exigèrent nos vues, nos convenances, et des circonstances locales.

A une époque plus rapprochée, en 1792, la Convention nationale, malgré les graves préoccupations du moment, donna mission à M. Lescalier d'aller étudier la grande île malegache et d'y choisir une position avantageuse pour la colonisation. Lescalier adressa au gouvernement un rapport tout à fait favorable. Il attribuait l'insuccès des tentatives antérieures, particulièrement au mauvais esprit qui y avait présidé. En 1801, l'administration de l'île de France confia une semblable mission à M. Bory Saint-Vincent. Cet officier distingué déclara, que Madagascar seul pouvait donner à la France une position forte dans la mer des Indes et que cette grande île lui paraissait appelée un jour à remplacer avantageusement Saint-Domingue. En 1804, le général Decaen prit des mesures d'organisation, relatives aux possessions françaises de Madagascar. Il en déclara Tamatave le chef-lieu et y envoya M. Sylvain Roux avec le titre d'agent général. Cette factorerie exista jusqu'à la prise de l'île de France par les Anglais, en 1810.

Jusqu'à ce moment, du reste, la France n'avait cessé, ainsi que nous l'avons dit, d'entretenir sur divers points de Madagascar, des postes de traite ou des factoreries, tant pour l'approvisionnement de

Bourbon et de l'île de France que pour le ravitaillement de ses escadres. Ainsi, en 1746, Mahé de La Bourdonnais relâche à la baie d'Antongil pour réparer les avaries de l'escadre qu'il avait improvisée, puis de là aller dans l'Inde chercher les Anglais, les battre et s'emparer de Madras. Legentil nous apprend que M. Laval, chef de traite à Foulepointe, y approvisionna, en 1759, l'escadre du comte d'Aché, composée de onze vaisseaux. Plus tard enfin, Madagascar fournit des vivres à l'escadre du bailli de Suffren, lorsqu'il partit de l'île de France pour sa glorieuse campagne de l'Inde. Il en fut de même pour les frégates, qui défendirent avec tant d'éclat, sous l'empire, la puissance française dans ces mers lointaines.

A cette dernière époque, les postes de l'île concentrés à Tamatave et à Foulepointe, tombèrent au pouvoir des Anglais déjà maîtres de l'île de France. Une capitulation fut conclue le 18 février 1811, entre M. Sylvain Roux et le capitaine Linne, commandant la corvette de Sa Majesté Britannique, *l'Éclipse*. Les Anglais occupèrent un instant le port Louquez ; mais leur capitaine ayant dans un moment de colère frappé le chef Tsitsipi, cette imprudente brutalité fut suivie des plus sanglantes représailles. Tous les Anglais furent massacrés, à l'exception d'un seul qui s'échappa dans un canot. Le capitaine Lesage, fut envoyé le 23 avril 1816 pour réclamer justice de cet attentat. A son arrivée, il convoqua un kabar, où Tsitsipi fut condamné à mort, ainsi que ses complices. Le chef fut pendu sur le lieu même où avait été commis le massacre. Cependant, vers la fin de l'année, les Anglais abandonnèrent ce poste, ainsi que M. Pye qui en était le commandant, et se retirèrent en se contentant de détruire les forts qui existaient dans nos comptoirs.

Le traité de Paris du 30 mai 1814, rendit à la France ses anciens droits sur Madagascar. L'art. 8 stipule en effet la restitution des établissements de tout genre que nous possédions hors de l'Europe avant 1792, à l'exception de certaines possessions, au nombre desquelles ne figure point Madagascar. Mais comme cet article portait en même temps cession à la Grande-Bretagne de la propriété de l'*île de France et de ses dépendances*, sir Robert Farquhar, gouverneur de cette dernière colonie devenue anglaise, prétendit que les établissements de Madagascar se trouvaient implicitement compris dans la cession, comme ayant été rangés au nombre des dépendances de l'île de France antérieurement à 1792. Cette interprétation erronée du traité de Paris donna lieu, entre le Cabinet des Tuileries et celui de Saint-James, à une négociation à la suite de laquelle le gouvernement anglais reconnut que la prétention élevée par sir Robert Farquhar n'était nullement fondée, et adressa à ce gouverneur, sous la date du 18 octobre 1816, l'ordre de remettre immédiatement à l'administration de Bourbon les anciens établissements français de Madagascar [1].

Depuis l'abandon des établissements successivement formés au fort Dauphin et à la baie d'Antongil, nous n'avions eu à Madagascar, que de simples postes de traite ; mais, avant 1811, l'île de France nous appartenait, et nous pouvions encore conserver l'espoir de rentrer dans nos droits sur Saint-Domingue. Après la conclusion des traités de 1814 et de 1815, la situation de la France, relativement à ses possessions coloniales, se trouva totalement changée. L'île de France avait passé sous la domination anglaise ; la soumission de Saint-Domingue était plus qu'incertaine ; l'abolition de la traite, stipulée dans l'un et l'autre traité, présageait la décadence des Antilles, de la Guyane et de Bourbon ; et, cette dernière île étant dépourvue de port, nous n'avions plus, à l'est du cap de Bonne-Espé-

---

[1] Les lignes que l'on vient de lire, ainsi que celles qui suivent, sont extraites de la Brochure publiée en 1836 par le ministère de la marine, sous le titre : *Précis historique sur les établissements français de Madagascar*. Toutes les fois que nous aurons à rapporter des faits, et surtout des faits politiques et diplomatiques, consignés dans cet opuscule, nous tâcherons, autant qu'il nous sera possible, de donner presque textuellement les extraits que nous en ferons. Cette publication ayant d'ailleurs un caractère tout à fait officiel, le soin dont nous parlons devient dès lors un devoir. Nous avons dû également suivre pas à pas, notamment dans notre troisième Chapitre, la Brochure officielle qui paraît être, du reste, une analyse méthodique des dépêches ministérielles et des rapports administratifs, dont certaines parties se trouvent même, quelquefois, reproduites littéralement dans son texte.

rance, un seul point de relâche où, en temps de guerre, nos vaisseaux pussent trouver un abri et se ravitailler. Le temps paraissait donc venu d'examiner attentivement si Madagascar pouvait nous rendre ce que nous avions perdu, et se prêter à des établissements avantageux à notre marine et à notre commerce.

En mars 1817, les administrateurs de l'île de Bourbon furent chargés par M. le vicomte Dubouchage, alors ministre de la marine et des colonies, de faire procéder à la reprise de possession de ces établissements, et d'envoyer provisoirement sur les lieux un agent commercial, avec le nombre d'hommes nécessaire pour faire respecter le pavillon français.

M. le vicomte Dubouchage chargea, dans cette vue, M. le conseiller d'État Forestier, vice-président du comité de la marine, de rechercher dans les documents existant aux archives de ce ministère, quel parti la France pouvait tirer de ses anciennes possessions de Madagascar. Ces documents étant peu nombreux et peu propres surtout à faire connaître l'état réel du pays, M. Forestier consulta M. Sylvain Roux, dernier agent français à Tamatave, qui se trouvait alors à Paris, ainsi qu'un ancien chef de traite, qui avait également résidé plusieurs années à Madagascar; et il rédigea un mémoire où après avoir exposé la nécessité d'étendre les relations de notre commerce, de donner une plus grande activité à notre navigation, d'ouvrir de nouveaux débouchés aux produits de l'agriculture et de l'industrie françaises, et de fournir des moyens d'existence à l'excédant de la population du royaume, qui commençait à prendre un accroissement inquiétant pour l'avenir, il proposait de fonder un établissement colonial d'une certaine importance sur la côte orientale de Madagascar.

Cette côte, la seule où la France eût autrefois possédé de pareils établissements, lui semblait, par sa position rapprochée de Bourbon, le point le plus favorable à des projets de colonisation. La petite île de Sainte-Marie, qui en était très-voisine, offrait à son avis, une réunion d'avantages propres à fixer d'abord le choix du gouvernement. Le canal qui la séparait de la côte orientale de Madagascar formait une rade belle, sûre, et d'un abord facile en tout temps; et vis-à-vis se trouvait le port de Tintingue, susceptible de devenir un grand arsenal maritime. Former un premier établissement à Sainte-Marie; se porter à Tintingue aussitôt que cet établissement serait suffisamment consolidé; de là s'avancer et s'étendre dans la grande île, à mesure que les moyens de colonisation seraient acquis; employer à la culture les naturels du pays, en les traitant soit comme esclaves, soit comme des engagés qui, après quatorze années, seraient affranchis et pourraient participer, comme habitants de la colonie, à la distribution des terres, tel était le plan développé dans le mémoire de M. Forestier, qui proposait de composer la première expédition d'un administrateur en chef, de quatorze officiers civils, de cent treize officiers, sous-officiers et soldats, et de cent vingt colons, en tout deux cent quarante-huit personnes, et d'affecter aux frais de cette expédition une somme de 1,200,000 francs.

En présence des charges qui pesaient alors sur la France, il était impossible de songer pour le moment à une pareille dépense, et même à une dépense moindre. Le ministre de la marine, M. le comte Molé, décida l'ajournement de l'expédition projetée jusqu'en 1819, espérant qu'à cette époque la situation des finances permettrait au gouvernement de se livrer à ces utiles entreprises d'un si grand intérêt pour l'avenir maritime et colonial de la France.

CHAPITRE III.

Sommaire. — M. le comte Molé, ministre de la marine, institue une commission chargée d'explorer la côte orientale de Madagascar.— Reprise de possession officielle de Sainte-Marie et de Tintingue, en 1818. —Opinion de la commission ministérielle au sujet d'un plan de colonisation.—Elle propose de commencer par un établissement à Sainte-Marie.—Ses conclusions à ce sujet sont adoptées.—M. Sylvain Roux est nommé chef de l'expédition. — Instructions qui lui sont remises.—Retards apportés au départ de l'expédition.—Son arrivée à Madagascar. — Ses premiers travaux. — Maladies causées par l'hivernage.—Le *Ménaï*, corvette anglaise, vient demander à quels titres nous sommes à Sainte-Marie. — Réponse de M. Sylvain Roux. — Déclaration à ce sujet du gouvernement anglais de Maurice. — Les chefs du pays de Tanibey font acte de soumission à la France. — Proclamation de Radama. — Les Hovas s'emparent de Foulepointe. — Conduite prudente de l'administration de Bourbon. —Révocation de M. Sylvain Roux. — Sa mort. — Son remplacement par M. Blévec. — Le nouveau commandant met Sainte-Marie en état de se défendre contre les Hovas. —Radama se présente à Foulepointe.—Protestation de M. Blévec. —Réponse de Radama.—Le roi des Hovas s'éloigne vers le Nord. — État de la colonie et de son personnel. — Il est décidé que l'établissement de Sainte-Marie sera conservé par la France.

M. le comte Molé mit le temps à profit pour se procurer des notions positives sur la côte orientale de Madagascar, et notamment sur Tintingue et Sainte-Marie.

Une commission spéciale, nommée par lui, placée sous les ordres de M. Sylvain Roux, et composée d'un ingénieur-géographe, de l'arpenteur, du jardinier-botaniste du roi, à Bourbon, et d'un colon de cette île, fut chargée d'aller explorer les lieux et de reconnaître le point où il serait possible de former un établissement de culture et de commerce. Cette exploration, à laquelle concoururent M. le baron de Mackau, alors capitaine de frégate, et son état-major, eut lieu pendant les quatre derniers mois de 1818. Les explorateurs visitèrent successivement Tamatave, Foulepointe, et tout le littoral jusqu'à Tintingue et Sainte-Marie.

Ils reprirent solennellement possession de Sainte-Marie le 15 octobre 1818, et de Tintingue le 4 novembre suivant, en présence des chefs et des principaux habitants du pays, réunis en kabar ou assemblée générale. L'exploration terminée, ils revinrent à Bourbon et y consignèrent le résultat de leurs observations dans des rapports où Tintingue et Sainte-Marie furent présentés comme les points les plus convenables pour la formation d'établissements coloniaux.

Tintingue, situé sur la Grande Terre, vis-à-vis de l'île Sainte-Marie, possédait un port magnifique, à l'abri de tous les vents et capable de contenir jusqu'à quarante vaisseaux de haut bord. Le pays avoisinant était remarquable par sa fécondité, abondant en bois précieux pour les constructions maritimes et arrosé par plusieurs rivières considérables, dont trois avaient leur embouchure dans la rade. Les explorateurs regardaient ce point comme offrant toutes les facilités désirables pour fonder des établissements de culture; mais ils pensaient, surtout M. Sylvain Roux, que le premier établissement devait être fondé dans la petite île de Sainte-Marie, qui était beaucoup plus saine que la Grande Terre, et qui, à raison de sa position insulaire, offrait plus de sécurité politique.

Cette île, d'environ douze lieues de long sur deux ou trois de large, est séparée de la côte orientale de Madagascar par un canal, large d'une lieue et un quart dans sa partie la plus étroite, vis-à-vis de la Pointe-à-Larrée, et de quatre lieues en face de Tintingue. Suivant les explorateurs, on y trouvait un bon port, qui, quoique peu étendu, pouvait recevoir des frégates. A l'est, les côtes de l'île étaient inattaquables, à cause des récifs qui les environnaient, et à l'ouest la défense en était facile, au moyen de quelques travaux peu dispendieux. Les terres paraissaient d'assez bonne qualité et favorables à la culture de la plupart des productions intertropicales. De nombreux ruisseaux et des rivières y coulaient dans tous les sens. Les bois propres aux constructions navales croissaient abondamment dans l'île, et l'on pouvait se procurer, sur les lieux mêmes, tous les matériaux nécessaires pour bâtir. La population de Sainte-Marie ne s'élevait pas à plus de mille à douze cents âmes; mais l'île pouvait aisément fournir du travail à vingt-cinq ou trente mille cultivateurs engagés ou esclaves, et à quatre ou cinq mille Européens.

Les explorateurs s'accordaient à déclarer que le climat de la côte orientale de Madagascar n'était point aussi insalubre qu'on le pensait généralement. Sainte-Marie leur paraissait d'ailleurs susceptible d'être considérablement assainie par le dessèchement de quelques marais et par la mise en culture d'une portion du territoire. L'exploration fournissait, au reste, une preuve assez concluante en faveur de la salubrité du pays; car, pendant les quatre mois qu'elle avait duré, malgré l'influence de la mauvaise saison, malgré les fièvres pernicieuses dont plusieurs des explorateurs furent atteints, on n'eut à regretter qu'un seul homme sur un personnel de cent cinquante individus.

Loin de contester nos droits à la propriété de Sainte-Marie, les chefs et les habitants s'étaient empressés d'en reconnaître la validité. Plusieurs d'entre eux se souvenaient de la cession de l'île à la Compagnie des Indes, faite en 1750 par Béti. Les explorateurs avaient retrouvé quelques débris d'édifices de construction européenne, notamment une pyramide en pierre, de forme quadrangulaire et tronquée, sur laquelle étaient gravées les Armes de France au-dessus de celles de la Compagnie des Indes, avec le millésime de 1753. C'était même en ce lieu qu'ils avaient arboré le pavillon national pour constater la reprise de possession.

Le meilleur accueil avait été fait aux explorateurs

dans tous les lieux où ils s'étaient montrés. Jean René, mulâtre d'origine française, ancien interprète du gouvernement français et devenu chef de Tamatave, et Tsifanin, chef de Tintingue, les avaient surtout reçus avec des témoignages de satisfaction et d'amitié ; et la confiance que les Français inspirèrent fut si grande, que le premier remit Berora, son neveu et son fils adoptif, et le second Mandi-Tsara, son petit-fils, au commandant de l'expédition, avec prière de faire élever ces deux enfants dans un collége de France.

M. Sylvain Roux ayant obtenu l'autorisation de revenir en France pour y rétablir sa santé, altérée par les travaux de l'exploration, et pour y donner en même temps au Ministère de la marine tous les éclaircissements désirables sur l'objet de sa mission, partit de Bourbon, en avril 1819, emmenant avec lui les deux princes malegaches. Il arriva sur la fin de juillet à Paris, où M. le baron de Mackau s'était lui-même rendu quelque temps auparavant. Il était porteur d'une lettre, dans laquelle Jean René implorait la bienveillance du roi en faveur de son fils, protestait de sa soumission au monarque français, annonçait qu'il avait appris avec la plus grande joie l'intention où la France était de former de grands établissements à Madagascar, et suppliait enfin Sa Majesté de lui envoyer des savants et des professeurs pour instruire les peuples qu'il gouvernait. M. le baron Portal, alors ministre de la marine, mit cette lettre sous les yeux du roi, et lui présenta en même temps les deux jeunes princes malegaches, qui furent placés dans un établissement public pour y faire leur éducation.

M. Sylvain Roux, en reprenant possession des anciens comptoirs français de la côte orientale de Madagascar, s'était borné à arborer notre pavillon à Tintingue et à Sainte-Marie. Pour assurer le respect qui lui était dû et veiller à la conservation de nos droits, M. le baron Milius, gouverneur de l'île Bourbon, jugea convenable d'établir des postes militaires sur ces deux points; et, le 7 juillet 1819, la goëlette du roi *l'Amarante*, commandée par M. l'enseigne de vaisseau Frappas, partit de Bourbon, ayant à bord les détachements destinés à y être placés.

Afin de rendre ce voyage utile aux vues du gouvernement sur Madagascar, M. Milius fit embarquer à bord de *l'Amarante* M. Schneider, ingénieur géographe, qui avait été déjà employé dans l'exploration exécutée par M. Sylvain Roux, et M. Albrand, professeur au collège de l'île Bourbon, pour explorer, conjointement avec M. Frappas, la côte de Madagascar, depuis Sainte-Marie jusqu'au fort Dauphin, et reprendre possession de ce dernier point. La petite expédition arriva, le 12 juin 1819, à Sainte-Marie. Les nouveaux explorateurs ne virent point Sainte-Marie et Tintingue d'un œil aussi favorable que ceux qui les avaient précédés. Sainte-Marie, à cause des marais insalubres qui la couvraient en partie, de son sol sablonneux et pierreux, de la qualité inférieure de ses eaux, leur parut présenter peu d'avantages pour des entreprises agricoles; ils la considérèrent seulement comme un point militaire propre à couvrir d'autres établissements. S'ils jugèrent Tintingue susceptible d'être occupé, ce ne fut également que comme position militaire et comme point de relâche. Ils en trouvèrent la rade très-belle; mais, à leur avis, il n'existait point de contrée plus marécageuse et plus insalubre, et la terre, pour y devenir cultivable, exigeait des travaux immenses de desséchement.

L'*Amarante* se rendit de Tintingue à Tamatave et ensuite au fort Dauphin, où les Français furent parfaitement accueillis des naturels. M. Albrand reprit possession, le 1ᵉʳ août 1819, du fort Dauphin qui n'était plus alors qu'un amas de ruines recouvertes de lianes et de plantes grimpantes. Cependant une partie de l'ancien fort, le magasin à poudre et la porte d'entrée subsistaient encore. M. Albrand reprit en même temps possession de Sainte-Luce, ancien établissement français situé à peu de distance.

De tous les points de la côte orientale de Madagascar, le fort Dauphin parut aux explorateurs celui où l'on pouvait espérer s'établir avec le plus d'avantages et de facilité. Selon eux, c'était l'endroit le plus sain de l'île. L'élévation moyenne de la température semblait devoir permettre d'y cultiver avec un égal succès les végétaux de l'Europe et ceux des colonies. Le terrain y était fertile. Les premières difficultés avaient disparu, car des défrichements avaient eu lieu dans plusieurs parties, et les vivres étaient abondants. Les moussons rendaient les communications avec Bourbon toujours promptes. Enfin la rade, quoique moins belle que celle de Tintingue, était d'un facile accès, et pouvait être mise à l'abri de tous les vents au moyen d'une jetée dont la construction serait peu dispendieuse. En transmettant au Ministère de la marine les rapports des nouveaux explorateurs, M. Milius fit connaître au ministre qu'il partageait leur opinion sur la préférence à donner à la presqu'île du fort Dauphin, pour la formation d'un établissement colonial. Le caractère indolent et soupçonneux des habitants de Sainte-Marie, et surtout le peu de salubrité du pays, justifiaient à ses yeux cette préférence. Il ne voyait, au surplus, ni moins d'avantages ni moins de dangers à s'établir à Sainte-Marie, plutôt que sur un point quelconque du littoral de la Grande Terre, le fort Dauphin excepté. Quel que fût au reste le lieu à choisir, le projet d'un établissement à Madagascar ne lui semblait réalisable qu'autant que le gouvernement se déterminerait à faire des dépenses considérables.

Quelques mois avant la réception de ces rapports, le ministre de la marine avait été dans le cas de pressentir le conseil des ministres sur le projet de coloniser Madagascar, en commençant par s'établir à Sainte-Marie, et par occuper Tintingue, ainsi que l'avaient proposé, d'abord M. Forestier, et ensuite M. Sylvain Roux, dans son rapport sur l'exploration dont l'avait chargé le Ministère de la marine. Le conseil des ministres ne parut pas éloigné de donner suite à ce plan ; mais il pensa que, dans les circonstances où l'on se trouvait alors, on ne pouvait espérer de le voir accueillir par les Chambres législatives qu'autant que les dépenses en seraient très-modérées. M. Sylvain Roux se montrait fort ardent à faire adopter ses vues; mais M. le baron Portal, avant de prendre aucune détermination, crut devoir soumettre le plan projeté à l'examen d'une commission composée, sous la présidence de M. le conseiller d'État Forestier, de MM. de Mackau, Sylvain Roux et Frappas, qui se trouvaient alors tous trois réunis à Paris.

Les deux premières questions que la commission se posa furent celles de savoir si le gouvernement devait fonder une colonie agricole à Madagascar, ou se borner simplement à y ouvrir un port aux bâtiments français naviguant au delà du cap de Bonne-Espérance. La création d'une colonie intertropicale, entraînait avec elle des difficultés, des dépenses et des embarras politiques qui frappèrent la commission. Depuis deux cents ans, on avait, à diverses reprises et toujours sans succès, tenté de fonder à Madagascar des établissements coloniaux. Fallait-il renouveler les sacrifices d'hommes et d'argent qu'avaient coûtés ces tentatives, sans être plus sûr qu'on ne l'était de la réussite ? La commission ne le pensait pas. En supposant que l'on se déterminât pour l'affirmative, à quelle localité donner la préférence ? Les partisans d'une colonisation dans le sud-est de l'île vantaient la salubrité du littoral, la douceur des habitants, la fertilité des terres, tandis que les partisans d'une colonisation dans le nord-est prétendaient que l'air, la terre et les hommes étaient, à peu de chose près, les mêmes partout. Ces avis divergents étaient fondés, chose étrange! sur des observations et des reconnaissances, également faites sur les lieux par chacun de ceux qui les soutenaient.

Au milieu de ce conflit d'opinions, une seule vérité parut incontestée à la commission : c'est qu'il n'existait, sur toute la côte orientale, depuis la baie d'Antongil jusqu'au fort Dauphin, qu'un seul lieu où des vaisseaux pussent entrer et séjourner sans péril, et ce lieu était Tintingue.

Or, dans le cas même de la création d'une colonie agricole, comme on ne pouvait admettre qu'il fût raisonnable de fonder une semblable colonie à 3,500 lieues de la France, sans posséder un port, la commission était d'avis que le choix du gouvernement devait s'arrêter sur le port de Tintingue, qui n'avait pas besoin, comme le fort Dauphin, de la construction, nécessairement très-dispendieuse, d'une jetée, pour offrir aux bâtiments un mouillage exempt de dangers. Si Tintingue semblait mériter la préférence sous le rapport maritime, la commission n'osait affirmer que ce lieu présentât les mêmes avantages sous le rapport agricole. Non que la terre n'y fût fertile, les eaux abondantes, la végétation riche et vigoureuse ; mais les marais profonds qui l'entouraient, les miasmes insalubres qui s'en exhalaient, les travaux qu'il eût fallu faire pour assainir le sol, et l'embarras enfin de se défendre au milieu d'une population inquiète et nombreuse, étaient autant de motifs qui, dans son opinion, devaient engager le gouvernement à se borner d'abord à fonder un port à Tintingue. La prudence et l'économie s'accordaient d'ailleurs pour conseiller un tel parti. Sainte-Marie étant la clef du port de Tintingue, et offrant, par sa position insulaire, des garanties de sécurité qui ne se trouvaient dans aucune autre partie de Madagascar, la commission pensait que, dans les premiers temps, il suffirait de s'établir dans cette île. Là, avec peu d'hommes et une dépense modérée, on pourrait jeter les fondements d'une colonie susceptible de s'étendre plus tard sur la grande terre de Madagascar. Tout en formant un établissement maritime à Sainte-Marie, on s'y livrerait à des essais de culture, ainsi qu'à la pêche de la baleine, industrie très-profitable dans ces parages; et l'on chercherait à attirer peu à peu le commerce de ce côté. L'occupation de Sainte-Marie n'empêcherait point d'arborer à Tintingue le pavillon français, d'y construire un magasin pour des agrès et apparaux, d'y entretenir une petite garnison, et de permettre aux colons, habitués à fréquenter Madagascar, de s'y transporter avec leurs esclaves et leur industrie. Ce système était, aux yeux de la commission, le seul qui pût à la fois donner à la France un port au delà du cap de

5

Bonne-Espérance, et lui promettre pour l'avenir la possession d'une colonie agricole.

Quant aux moyens d'exécution, la commission était d'avis qu'ils fussent renfermés dans les limites d'une judicieuse économie. L'administration locale devait être réduite aux agents strictement nécessaires, et le détachement militaire, destiné à prendre possession de Sainte-Marie et de Tintingue, se composer d'environ soixante officiers, sous-officiers et soldats ; ces derniers eussent été tous ouvriers, pour ne pas multiplier les consommateurs sans nécessité. Dans les premiers temps, on ne transporterait dans la colonie aucun cultivateur, soit de France, soit de l'île Bourbon. Les administrateurs et les officiers seraient les premiers colons, et l'on se bornerait à louer un certain nombre de noirs, pour être employés à la culture des denrées de première nécessité. Enfin la même réserve et la même économie présideraient à tous les éléments de la colonisation ; et si ces modestes essais étaient couronnés de succès, on trouverait plus tard toute facilité pour en élargir les bases et pour obtenir des Chambres législatives les fonds nécessaires. Telles étaient, en résumé, les vues de la commission présidée par M. le conseiller d'État Forestier.

Dans le but de rendre un port à la navigation française dans les mers de l'Inde, M. le baron Portal accueillit le plan proposé par la commission ; mais, avant de prendre un parti définitif, il voulut encore s'éclairer de l'avis de M. le capitaine de vaisseau Freycinet, qui était sur le point de quitter la France pour aller remplacer M. le baron Milius, en qualité de commandant et administrateur de Bourbon. M. de Freycinet déclara qu'il partageait l'opinion de la commission, non-seulement quant au but essentiel qu'il s'agissait d'atteindre, mais aussi quant aux principaux moyens à employer pour réussir. M. le baron Portal n'hésita plus dès lors à donner son adhésion pleine et entière au plan présenté par la commission. Il le soumit au conseil des ministres, qui en adopta les bases. Il fit ensuite agréer au Roi et aux Chambres l'essai de colonisation de Sainte-Marie, en le réduisant toutefois à des proportions qui, suffisantes pour agir avec fruit, ne pussent cependant compromettre de trop graves intérêts, si les résultats de l'entreprise ne répondaient pas à ce qu'on devait raisonnablement en attendre. Les fonds extraordinaires affectés à cet essai furent limités à la somme de 700,000 francs, répartis de la manière suivante : 480,000 francs sur l'exercice 1820, pour frais d'expédition et de premier établissement; 93,000 francs pour chacune des années 1821 et 1822, et 94,000 francs pour 1823 [1].

L'expédition destinée à jeter les fondements de

---

[1] Indépendamment de ces 480,000 francs, les Chambres accordèrent en 1820 une somme de 80,000 francs, pour *Service ordinaire à Madagascar*.

l'établissement projeté fut composée de soixante-dix-neuf individus, lesquels comprenaient, outre le personnel du service colonial, une compagnie de soixante officiers et ouvriers militaires de la marine, et six colons volontaires, hommes et femmes. On affecta au transport de ce personnel et du matériel de l'expédition la gabare *la Normande* et la goëlette *la Bacchante.* Ces deux bâtiments de l'État furent destinés à rester à Sainte-Marie, le premier pour servir de caserne, de magasin, d'hôpital et de batterie flottante, jusqu'au moment où l'on serait en mesure de séjourner à terre avec sécurité; le second, pour entretenir les communications, tant avec les divers points de la Grande Terre qu'avec l'île Bourbon. M. Sylvain Roux, qui, avant 1811, avait résidé plusieurs années à Tamatave, en qualité d'agent français, qui avait présidé en 1818 à l'exploration de la côte orientale de Madagascar, et qui, d'ailleurs, était lié d'amitié avec Jean René, l'un des chefs les plus influents de l'île, se trouvait naturellement désigné pour diriger une entreprise dont il avait, conjointement avec M. Forestier, suggéré la première idée et dont il n'avait cessé depuis lors de poursuivre la réalisation. Il fut donc nommé chef de l'expédition, avec le titre de commandant particulier des établissements français à Madagascar; mais placé sous la surveillance et sous les ordres du gouverneur de Bourbon.

Les instructions que le ministre de la marine remit à M. Sylvain Roux, avant son départ, furent concertées avec la commission présidée par M. Forestier. Elles firent connaître au chef de l'expédition que l'objet que le gouvernement se proposait, était d'assurer la possession du port de Tintingue à la France; de n'y entretenir d'abord qu'un simple poste; de s'établir solidement à Sainte-Marie, et de créer dans cette île des cultures libres, à l'aide des colons militaires qui y étaient transportés, et des noirs travailleurs qui seraient, ou loués aux chefs malegaches ou achetés d'eux, et, dans ce dernier cas, déclarés libres immédiatement, moyennant un engagement temporaire de leurs services; d'encourager la culture des denrées dites coloniales, par les indigènes, soit qu'ils s'y livrassent pour leur propre compte, soit qu'ils consentissent à s'en occuper pour le compte des colons français, sous la condition de salaires convenus; d'attirer par la suite à Sainte-Marie, et d'y installer utilement, selon qu'il y aurait lieu, non-seulement le trop plein de la population libre de Bourbon, mais encore tous autres immigrants qu'il serait reconnu utile d'y appeler; de n'opérer dans les cultures que graduellement, de proche en proche, et lorsqu'on serait en mesure de le faire sans danger; et cependant d'entretenir et d'étendre le commerce, déjà existant à Madagascar, en blé, riz, bestiaux, bois, etc., et autres productions de l'intérieur, qui pouvaient ajouter aux moyens d'échange; et d'inspirer de plus en plus aux naturels le goût des objets provenant de notre industrie; de nous concilier, par une conduite juste, bienveillante, habile, ferme, l'estime, la confiance et l'amitié des indigènes, seuls gages solides du succès de l'établissement projeté ; de nous insinuer graduellement dans le territoire et dans la population par des conventions de gré à gré mutuellement avantageuses, par des mariages avec les filles du pays, et par la fusion des intérêts réciproques.

Les mêmes instructions autorisèrent le commandant particulier à consolider, par quelques légers sacrifices, les acquisitions litigieuses, pour peu qu'il y eût contestation sur les droits de possession anciennement acquis à la France, plutôt que de laisser la moindre incertitude sur la légitimité de nos droits. Enfin, elles lui recommandèrent d'user d'une grande circonspection dans ses rapports avec les Anglais qui fréquenteraient Madagascar ; mais d'employer tous les moyens que permettrait la prudence pour empêcher qu'ils n'exerçassent sur les chefs malegaches une influence nuisible à nos intérêts.

Cette dernière recommandation était particulièrement motivée par la conduite que le gouverneur de l'île Maurice avait tenue durant les dernières années. Du moment où la France avait paru tourner ses vues sur Madagascar, M. Farquhar s'était occupé à les traverser [1]. Les instructions de

---

[1] *Précis sur les établissements français* à Madagascar, publié par le Ministère de la marine, p. 22. *Brochure in-8. Imprimerie royale.* 1836.

M. Sylvain Roux insistèrent vivement sur la nécessité de cultiver par tous les moyens possibles les bonnes dispositions que Radama, roi des Hovas, et Jean René paraissaient conserver à l'égard des Français, malgré les efforts de la politique anglaise [1]. Quant au régime intérieur de l'établissement, rien n'avait été négligé par le département de la marine pour qu'il fût satisfaisant. La conservation de la santé des hommes composant l'expédition avait été surtout l'objet de sa prévoyance. On avait songé au cas où l'insalubrité contestée de l'île Sainte-Marie serait, après une expérience suffisante, reconnue telle que les colons ne pussent la supporter. Le commandant particulier des établissements de Madagascar avait ordre alors de s'entendre avec le gouvernement de Bourbon pour la translation de la colonie sur un autre point.

L'expédition, retardée par la nécessité où l'on fut d'attendre que le fonds de 420,000 francs qui devait y être affecté fût voté par les chambres, ne partit de Brest que le 7 juin 1821, et arriva à Sainte-Marie sur la fin du mois d'octobre de la même année. Elle fut bien accueillie par les indigènes, dont on obtint immédiatement, moyennant un prix réglé à l'amiable, la concession de trois villages. Les cases n'étant point habitables pour des blancs, et le projet étant d'ailleurs de s'établir d'abord sur

---

[1] *Précis sur les établissements français* à Madagascar, publié par le Ministère de la marine, page 24. *Imprimerie royale*, 1836.

un îlot séparé situé à l'entrée de la baie, et connu sous le nom d'Ilot *Madame*, on se contenta de déposer dans les villages acquis une partie du matériel, et l'on s'occupa des travaux de terrassement et de construction à faire dans l'îlot. Ces travaux continuèrent sans interruption jusqu'à la fin de décembre. C'était l'époque où commençait la saison de l'hivernage, et sa pernicieuse influence ne tarda pas à se faire sentir. Dans les premiers jours de janvier 1822, un grand nombre de maladies se déclarèrent parmi les ouvriers militaires et les équipages des bâtiments [1], et comme il n'avait point encore été possible de construire un hôpital à terre il fallut soigner les malades à bord de la gabare *la Normande*. Le défaut d'espace et d'air y accrut les progrès du mal. Les officiers de santé, qui n'étaient point acclimatés, en éprouvèrent bientôt à leur tour les atteintes; et, à la fin du mois de janvier 1822, il ne restait plus sur pied qu'un petit nombre de marins et d'ouvriers et un seul enseigne de vaisseau. M. Sylvain Roux fut frappé lui-même par la maladie et ne se rétablit qu'avec peine. Les travaux, que l'invasion des maladies avait fait suspendre, furent repris, dès que la situation sanitaire de l'établissement le permit. On les poussa avec activité, au moyen d'une

---

[1] La fièvre-tierce et la fièvre pernicieuse intermittente, l'adynamie, l'ataxie, la nostalgie, la phlegmasie et la phthisie pulmonaire, la phlegmasie abdominale, la dyssenterie et l'escare gangréneuse, telles furent les maladies qui attaquèrent les hommes de l'expédition.

centaine de noirs engagés que le commandant particulier de Sainte-Marie s'était procurés. Le terrain de l'îlot Madame a environ un hectare et un quart de superficie; on y établit en peu de temps deux hôpitaux, deux casernes, et divers autres bâtiments pour loger le personnel et pour servir de magasins, d'ateliers et de boulangerie.

Un mois après l'installation de l'expédition à Sainte-Marie, la corvette anglaise *le Ménaï,* commandée par le capitaine Moresby, avait paru sur la rade de cette île pour demander, au nom des autorités anglaises du cap de Bonne-Espérance et de Maurice, à quel titre les Français étaient venus à Sainte-Marie, et quels étaient leurs projets futurs sur Madagascar. M. Sylvain Roux avait répondu qu'il agissait en vertu des ordres du roi de France; qu'il avait informé de sa mission le gouverneur du cap de Bonne-Espérance, lors de sa relâche dans cette colonie; que, du reste, il ne se croyait point obligé de faire connaître les lieux de la côte où il pourrait lui convenir d'établir ses postes; que toute l'île appartenait à la France, et qu'il protestait d'avance contre toute atteinte qui serait portée à son droit de propriété.

Cet événement donna lieu à quelques explications entre le gouverneur de Bourbon et le gouverneur de Maurice. Ce dernier en profita pour déclarer : premièrement, qu'il ne considérait Madagascar que comme une puissance indépendante, actuellement unie avec le roi d'Angleterre par des traités d'alliance et d'amitié, et sur le territoire de laquelle aucune nation n'avait de droits de propriété, hors ceux que cette puissance serait disposée à admettre; secondement, qu'il avait été notifié par cette même puissance, au gouvernement de Maurice et au commandant des forces navales britanniques dans ces mers, qu'elle ne reconnaissait de droits de propriété sur le territoire de Madagascar à aucune nation européenne.

La doctrine établie par cette déclaration différait étrangement de celle que le même gouverneur avait professée, lorsque considérant l'Angleterre comme substituée aux droits de la France sur Madagascar par la cession de l'île Maurice et de ses dépendances, il avait, en 1816, prétendu, au nom de son gouvernement, à la propriété et à la souveraineté de nos anciennes possessions de Madagascar [1]. A cette époque l'Angleterre se prévalait du droit absolu et exclusif de souveraineté qu'elle prétendait lui avoir été conféré par la cession de la France; et ce droit de souveraineté sur toute l'île malegache lui paraissait si complet, qu'elle entendait s'en réserver le commerce, et n'y laisser participer la France même qu'aux conditions qu'il lui plairait d'établir. Mais lorsqu'il fut reconnu que Madagascar n'avait point été compris dans la cession consentie par la

---

[1] *Précis sur les établissements français formés à Madagascar*, publié par le Ministère de la marine, page 27. *Brochure in-8. Imprimerie royale*, 1836.

France, le gouvernement de Maurice ne vit plus dans notre ancienne colonie qu'un pays indépendant. Cette même déclaration et la conduite ultérieure des Anglais en ces parages ne purent laisser aux commandants de Bourbon et de Sainte-Marie aucun doute sur les mauvaises dispositions du gouvernement de Maurice, et sur les obstacles qu'apporterait à nos projets l'influence qu'il exerçait auprès des deux principaux chefs du pays.

Dans la vue sans doute de lutter contre cette influence, le commandant de Sainte-Marie reçut, le 20 mars 1822, une déclaration d'obédience et de vassalité de la part de douze princes et chefs de la contrée de Tanibey[1]. Par cet acte, les chefs malegaches se soumirent à la domination de la France, s'engagèrent à défendre ses intérêts contre toute nation européenne, malegache ou autre, et promirent de ne contracter aucune alliance sans son consentement. Ces manifestations, soit qu'elles eussent été provoquées, soit qu'elles fussent l'effet d'une résolution spontanée des chefs malegaches, comme M. Sylvain Roux crut pouvoir le déclarer, furent un nouveau motif pour les Anglais d'encourager Radama dans ses prétentions à la souveraineté de toute l'île.

En effet, dès le 13 avril 1822, ce chef de la pe-

---

[1] Cette contrée s'étend depuis la baie d'Antongil, au nord-est de Madagascar, jusqu'au pays de Fénériffe, vers le sud. Elle est habitée par les Betsimsaracs.

tite tribu des Hovas, qui avait conquis la côte orientale et qui en opprimait les peuples nos alliés, fit publier une proclamation qui déclarait nulle toute cession de territoire qu'il n'aurait pas ratifiée ; et, afin de montrer qu'il était disposé à appuyer cette arrogante prétention par la force, il envoya sur la même côte un corps de trois mille soldats hovas. Ces soldats, que commandait un de ses lieutenants nommé Rafaralah, étaient accompagnés de M. Hastie, agent britannique accrédité près de Radama, d'un officier du génie anglais et de quelques autres militaires de la même nation. Sur la fin de juin 1822, ils s'emparèrent de Foulepointe, ancien chef-lieu des établissements français de Madagascar, et placèrent leur camp près de la pierre même qui constatait les droits de la France [1].

Cette invasion donna lieu, le 7 juillet suivant, à une nouvelle réunion des chefs de Tanibey. Ils reconnurent une seconde fois les anciens droits de la France sur leur pays, renouvelèrent la déclaration de vasselage faite par eux le 20 mars précédent, et s'adressèrent en même temps au commandant des Hovas, à Foulepointe, pour lui notifier que, s'étant soumis à la France, ils ne reconnaîtraient point d'autre domination. M. Sylvain Roux n'en fut pas moins obligé de souffrir patiemment l'établissement militaire des Hovas sur la côte. Il n'y avait

---

[1] *Précis sur les établissements français* à Madagascar, publié par le département de la marine, page 29.

alors à Sainte-Marie aucun bâtiment de guerre; et d'un autre côté, on ne pouvait attaquer les Hovas avec les débris de l'expédition, réduite à un petit nombre d'hommes affaiblis et découragés.

M. Sylvain Roux s'empressa d'informer de cet état de choses le gouverneur de Bourbon qui pensa sagement que, dans la situation précaire où se trouvait l'établissement de Sainte-Marie, et même dans l'intérêt des vues ultérieures de la France, il importait de ne pas prendre l'initiative des hostilités. Il écrivit dans ce sens à M. Sylvain Roux, et se borna à lui envoyer quelques bâtiments armés destinés à veiller à la sûreté de l'établissement, et à coopérer à sa défense en cas d'agression. Les Hovas, de leur côté, restèrent stationnés à Foulepointe; et l'année 1822 s'acheva sans aucun mouvement nouveau de leur part et sans événements de quelque importance pour Sainte-Marie[1].

Cependant M. de Freycinet avait plusieurs fois témoigné, dans sa correspondance avec le département de la marine, les inquiétudes que lui donnaient le peu de capacité de M. Sylvain Roux, son esprit aventureux et le désordre de son administra-

[1] Pendant les six derniers mois de 1822, sur un personnel de 102 blancs (y compris les équipages de *la Normande* et de *la Bacchante*), le nombre des malades fut, terme moyen, de 80 par mois, et le nombre des morts de deux seulement. Pendant les trois premiers mois de 1823, c'est-à-dire pendant la saison de l'hivernage, le nombre des malades s'accrut encore; mais deux hommes seulement succombèrent. (*Précis sur les établissements français* à Madagascar, page 30.)

tion intérieure. La révocation de cet agent fut en conséquence prononcée. En notifiant cette décision à M. de Freycinet, le ministre de la marine le chargea de prendre la direction ultérieure de la colonisation de Madagascar, l'autorisant à adopter les mesures que, dans sa prudence, il jugerait les plus conformes aux véritables intérêts de la France.

M. Sylvain Roux, atteint de nouveau des fièvres du pays, avait cessé de vivre, lorsque les ordres du ministre parvinrent à Bourbon.

On ne comprend pas, du reste, qu'un homme, qui avait vécu tant d'années à Madagascar et qui connaissait par conséquent l'insalubrité de la côte, ait pu choisir, pour s'y établir, une époque aussi rapprochée de l'hivernage dont la funeste influence ne pouvait manquer de se faire sentir sur des Européens avec ses suites mortelles. M. Sylvain Roux expia cruellement les fautes qu'il avait commises. Il mourut le 2 avril 1823, n'ayant survécu que peu de temps aux malheureux que son imprévoyance avait conduits au tombeau.

M. de Freycinet nomma, pour le remplacer, M. Blevec, capitaine du génie, déjà attaché à la colonie de Sainte-Marie.

Le nouveau commandant de Sainte-Marie ne tarda pas à être informé que Radama se proposait de se rendre prochainement lui-même à Foulepointe, avec des forces considérables. Il prévit que, si les Hovas se présentaient hostilement à Tintingue et à la Pointe-à-Larrée, il lui serait impossible, avec le peu de monde dont il pouvait disposer, de défendre ces deux postes. Il se borna donc à faire les dispositions nécessaires pour la défense de l'établissement de Sainte-Marie.

Radama arriva en effet à Foulepointe dans le mois de juillet 1823; et, vers la fin de ce mois, des troupes hovas se rendirent à la Pointe-à-Larrée, qui est située vis-à-vis de Sainte-Marie, incendièrent les villages de Fondaraze et de Tintingue, pillèrent tout sur leur passage, et enlevèrent même un troupeau de bœufs que l'administration de Sainte-Marie avait laissé en dépôt à la Pointe-à-Larrée.

M. Blevec jugea qu'il ne pouvait passer de telles déprédations sous silence. Voici, *in extenso,* la protestation solennelle qu'il rédigea[1] : « Aussitôt que la paix, heureusement rétablie entre les puissances européennes, eut permis au gouvernement français de tourner de nouveau ses vues sur Madagascar, un de ses premiers soins fut de se mettre en possession des droits qu'il avait autrefois exercés dans cette île, et de replacer, aux termes des traités, le pavillon de Sa Majesté Très-Chrétienne sur les divers points qui avaient appartenu à la France, au 1er janvier 1792. A cet effet, une expédition fut dirigée de la métropole sur la côte est de Madagascar, avec ordre d'y rétablir

---

[1] Nous transcrivons la protestation de M. Blévec, telle qu'elle est donnée par M. Carayon, dans son ouvrage *sur l'Etablissement français de Madagascar, pendant la Restauration.*

l'autorité de la France, et dans le but spécial et hautement annoncé, d'y préparer l'établissement futur d'une colonie. »

« Cette expédition passa successivement par Tamatave et Foulepointe et visita toute la côte jusqu'à Tintingue et Sainte-Marie : elle reprit solennellement possession de ces deux derniers lieux et annonça aux chefs et aux naturels qui les habitaient, l'arrivée prochaine d'une expédition plus considérable, destinée à occuper militairement l'île Saint-Marie. Presque dans le même temps, et pour compléter ces mesures, le gouvernement de Bourbon fit reprendre possession au nom de Sa Majesté Très-Chrétienne du fort Dauphin et de Sainte-Luce et y plaça une garnison qui y est encore entretenue. Ces diverses réoccupations n'excitèrent et ne pouvaient exciter aucune réclamation. Fondées sur des droits anciens et non contestés et conformes aux traités récents, elles étaient vues d'ailleurs avec plaisir par les peuples des côtes qui, fatigués d'une longue suite de guerres et de dissensions intestines, trouvaient dans l'établissement des Français au milieu d'eux un gage de paix, de protection et de stabilité pour l'avenir. Le roi Radama lui-même, à qui le gouvernement de Bourbon crut devoir ne pas laisser ignorer les projets de la France, ne fit entendre, à ce sujet, aucune observation et parut joindre son assentiment à celui du reste des princes de Madagascar. »

« Dans cet état de choses, la France, fidèle à ses

promesses, fit occuper l'île Sainte-Marie. La nation des Betsimsaracs, réunie à la Pointe-à-Larrée dans un *Kabar* solennel, en l'absence de toute force militaire et de tout agent français, renouvela son serment d'allégeance à Sa Majesté le Roi de France : les princes Tsifanin, Tsassé et Tsimarouvola et autres chefs de cette côte, joignirent leurs serments à ceux de leurs tribus, se placèrent volontairement sous la protection de Sa Majesté Très-Chrétienne et lui jurèrent obéissance et fidélité. Ainsi donc, nos droits sur la côte orientale de Madagascar fondés sur l'ancienneté, la durée et l'authenticité de plusieurs occupations successives, attestés par des monuments encore existants, renouvelés par les reprises de possession qui venaient d'avoir lieu, confirmés par des traités récents et sanctionnés, enfin, par l'assentiment libre et unanime des chefs et des tribus de la côte, semblaient établis à l'abri de toute contestation, lorsqu'un bruit vague se répandit que le roi des Hovas élevait des prétentions à la souveraineté de Sainte-Marie. »

« Une nouvelle aussi invraisemblable fut accueillie d'abord avec défiance. On ne pouvait croire que le roi des Hovas rompait ainsi, sans provocation et sans motif apparent, les liens qu'avaient dès longtemps formés entre son peuple et les Français d'anciennes habitudes de commerce et de constants rapports d'amitié. On ne pouvait d'ailleurs imaginer sur quel titre se fondaient d'aussi étranges prétentions de la part d'un gouvernement qui n'avait jamais exercé, soit directement, soit indirectement, les plus légers droits sur Sainte-Marie; et, dans l'absence de tout document officiel, on commençait à mettre au rang des fables un bruit si dénué de probabilité, lorsqu'on fut informé qu'un corps d'armée hova venait d'entrer à Foulepointe, ancien chef-lieu des établissements français à Madagascar et avait établi son camp sur la pierre même où sont gravés les droits de la France. »

« Quelque étrange que dût paraître une pareille conduite de la part d'un allié, le gouvernement de Sainte-Marie n'en demeura pas moins fidèle au système de modération qu'il s'était prescrit; et, voyant le chef hova persister dans ses protestations d'amitié pour la France et respecter le monument de nos droits, il crut devoir ne regarder l'occupation de Foulepointe, que comme la conséquence d'hostilités survenues entre les peuplades indigènes (hostilités étrangères à nos vues et à nos droits); et peu étonné, d'ailleurs, de voir un gouvernement encore mal affermi dans la carrière de la civilisation manquer, dès ses premiers pas, aux procédés des nations civilisées, il crut devoir s'abstenir de faire usage des forces navales dont il disposait à cette époque sur les côtes de Madagascar et au moyen desquelles il lui eût été facile de rejeter les Hovas dans l'intérieur. »

« Cette modération ne servit qu'à enhardir le gouvernement hova, et ce ne fut pas sans étonnement qu'on reçut, peu après, à Sainte-Marie une déclaration écrite au nom de Rafaralah, commandant du corps stationné à Foulepointe, et par laquelle cet officier, contestant aux Français le droit de s'établir à Sainte-Marie, revendiquait pour son maître, le roi des Hovas, la souveraineté de l'île de Madagascar tout entière. Déjà de pareilles insinuations avaient été adressées au gouvernement de Bourbon ; mais elles l'avaient été par l'organe d'un étranger, et il crut devoir, par ce seul motif, s'abstenir d'y répondre. Mais une communication officielle faite au nom de Radama par un de ses principaux officiers ne pouvait rester sans réponse : aussi fut-elle prompte et explicite. Le commandant de Sainte-Marie déclara à Rafaralah que le gouvernement français ne reconnaissait à Radama aucun droit à s'immiscer dans les relations politiques de la France avec les peuples de la côte orientale de Madagascar : il rappela les droits anciens et incontestables de Sa Majesté Très-Chrétienne et, protestant du désir et de l'espoir qu'il conservait encore de maintenir la paix, demanda une entrevue avec le roi des Hovas. »

« Ce prince, évitant de s'expliquer sur la question politique, se borna à répondre qu'il viendrait bientôt visiter la côte orientale, et fixa à cette époque l'entrevue demandée. C'est alors que quelques Hovas, détachés en petit nombre de Foulepointe, s'avancèrent jusqu'à la rivière de *Simiagné*, prodiguant sur leur route la menace envers les *Betsimsaracs*, l'insulte envers le gouvernement français, prêchant à main armée l'obéissance à *Radama* et, par conséquent, la trahison aux chefs et aux tribus qui avaient déjà prêté serment au roi de France. »

« Des démarches aussi hostiles n'étaient point ignorées du gouvernement de Sainte-Marie. Il lui eût été facile de les déjouer ; mais, désireux de conserver la paix et espérant que l'entrevue promise amènerait le roi des Hovas à se désister de ses injustes prétentions, il ne crut pas devoir donner une attention sérieuse à des manœuvres obscures, indignes d'un souverain, qu'on pouvait croire ignorées de lui et qu'il lui était si facile de désavouer. »

« Telle était la situation des choses, lorsque de nouvelles insultes, commises sans provocation, sans prétexte et avec tous les caractères d'une hostilité ouverte, sont venues avertir le gouvernement de Sainte-Marie que le temps de la modération était passé. Une troupe indisciplinée a parcouru toute la côte, sous le commandement de *Ramananouloun* ; elle a dispersé, égorgé ou réduit en esclavage, au nom de Radama, les Betsimsaracs, sujets de Sa Majesté Très-Chrétienne ; elle a incendié leurs villages, pillé leurs propriétés, et pour que rien ne manquât à l'hostilité d'une telle conduite, leur chef n'a pas craint d'attenter à la propriété du gouvernement français et de faire enlever ou tuer de nombreux troupeaux faisant partie de l'approvisionnement de Sainte-Marie, malgré les réclamations de l'agent, à la garde duquel ils étaient confiés ; enfin, joignant l'insulte à la violence, il n'a pas craint de faire dire au commandant de Sainte-Marie que lui et ses soldats ne devaient se considérer que comme des marchands établis à Sainte-Marie, sous l'autorisation de Radama, et y commerçant aux conditions qu'il lui plairait de prescrire. »

« D'aussi outrageantes prétentions, exprimées dans un langage aussi peu mesuré et accompagnées de procédés si contraires au droit des gens, avertissent enfin le gouvernement français qu'il ne peut, sans manquer à sa propre dignité et à la justice due à ses sujets et à ses alliés, demeurer plus longtemps insensible aux provocations si gratuitement dirigées contre lui. »

« En conséquence, le commandant de Sainte-Marie, considérant que les injustes prétentions du roi Radama ne reposent que sur son prétendu titre de roi de Madagascar qui, n'étant fondé ni en droit ni en fait, ne peut être considéré que comme un véritable abus de mots qui ne saurait lui-même constituer un droit, *Proteste* solennellement au nom de Sa Majesté Louis XVIII, roi de France et de Navarre et des chefs malegaches ses vassaux, contre le prétendu titre de roi de Madagascar illégalement pris par le roi des Hovas et contre toutes les conséquences directes ou indirectes qu'on voudrait en faire résulter; *Déclare* qu'il ne reconnaît au roi des Hovas aucun titre à la possession légitime de quelque partie que ce soit de la côte orientale de Madagascar; *Proteste* contre toute occupation faite ou à faire des points de cette côte dépendants de Sa Majesté Très-Chrétienne ; *Proteste,* en outre, contre toute concession qu'on pourrait ou qu'on aurait pu extorquer aux divers chefs malegaches qui se sont reconnus dépendants de Sa Majesté Très-Chrétienne ; concessions qui seraient évidemment l'ouvrage de la séduction ou de la violence et qui, en admettant qu'elles fussent volontaires, ne pourraient annuler les déclarations antérieures des mêmes chefs, ni, à plus forte raison, les droits anciens et imprescriptibles de la France. » — Fait à l'hôtel du gouvernement du Port-Louis, Ile Sainte-Marie, le 15 août 1823. »

Cette protestation fut portée à Radama par le commandant de la goëlette *la Bacchante,* M. de Molitard, qui eut avec le souverain malegache plusieurs entrevues, dans lesquelles Jean René servit d'interprète. Le résultat des explications verbales données par Radama fut « qu'il reconnaissait comme appartenant en toute propriété à la France l'île de Sainte-Marie, vendue autrefois à cette puissance par les naturels ; mais qu'il ne reconnaissait, ni à la France, ni à aucune puissance étrangère, des droits à la possession d'aucune partie de la grande île de Madagascar ; qu'il permettait seulement aux étrangers de toute nation de venir s'y établir, en se soumettant aux lois de son royaume ; et qu'à l'égard du titre de roi de Madagascar, il le prenait, parce qu'il était le seul dans l'île qui fût capable de le soutenir. »

Vers le milieu du mois de septembre, Radama, après avoir adressé à M. Blevec un manifeste rédigé dans le sens de ce qui précède, sembla un moment vouloir attaquer Sainte-Marie ; mais il n'exécuta point ce dessein, et se dirigea bientôt vers le nord de l'île avec quinze mille hommes de troupes, pour aller châtier, disait-il, les naturels qui avaient levé l'étendard de la révolte. Il laissa néanmoins des détachements hovas plus ou moins forts sur divers points de la côte orientale, et Foulepointe resta occupée par ses soldats. Il n'est pas inutile de faire observer ici que, pendant son séjour sur la côte, Radama fut constamment entouré de militaires et de marins anglais. Le capitaine Moorson, commandant la frégate de Sa Majesté Britannique, *l'Ariadne,* alors mouillée à Foulepointe, reçut plusieurs fois à son bord le roi des Hovas, en lui rendant tous les honneurs dus à la royauté. Les toasts les plus empressés étaient portés dans ces occasions.

Il n'est pas hors de propos non plus de faire remarquer jusqu'à quel point allait, du reste, la sincérité des Hovas dans leurs démonstrations d'amitié envers les Anglais. Lorsque le roi se rendait sur la frégate, ils exigeaient que plusieurs officiers du bâtiment anglais restassent en ôtage, de peur que le roi ne leur fût enlevé par ses fidèles alliés. Chaque fois que le navire faisait un mouvement, la foule assemblée sur le rivage manifestait par ses cris la plus vive inquiétude. C'est la même frégate *l'Ariadne* qui transporta Radama et sa suite dans la baie d'Antongil, d'où il se rendit dans le nord.

Dès que, par l'effet du départ de l'armée de Radama, le pays eut recouvré quelque tranquillité, les travaux de défense militaire, d'utilité publique et de culture furent repris à Sainte-Marie.

Au commencement de l'année 1825, le personnel attaché au service de l'établissement se composait de soixante-treize blancs et de cent-quatre-vingt-deux noirs, engagés par l'administration locale. Un certain nombre de ces noirs, organisés militairement par M. Blevec, lors de l'irruption de Radama sur la côte, étaient alternativement occupés aux travaux publics et à ceux de la culture, indépendamment des colons amenés de France par M. Sylvain Roux et devenus propriétaires, plusieurs traitants, précédemment fixés à Madagascar, avaient formé des établissements à Sainte-Marie, et ils avaient pris aussi à leur service une centaine de noirs engagés.

Les maladies qui, chaque année, avaient marqué le retour de l'hivernage, jointes aux travaux de défense et au service militaire qu'avaient nécessités les invasions dont l'île s'était vue menacée, avaient beaucoup nui au développement de l'agriculture. Cependant on comptait à Sainte-Marie, dans les premiers mois de 1824, cinq habitations. L'expérience avait fait reconnaître que le sol de Sainte-Marie était en général de mauvaise qualité, à l'exception d'une zone étroite qui se trouvait au milieu de l'île et qui formait environ le cinquième de la totalité de sa superficie. C'était la seule portion du territoire que les naturels cultivassent régulièrement, et elle leur appartenait en propre. Il n'était guère possible d'y former plus de quinze à vingt habitations. La chaleur et l'humidité du climat paraissaient très-favorables à toutes les cultures coloniales, excepté peut-être à celle du cotonnier. D'après la nature du terrain, on avait lieu de présumer que le sol contenait des mines de fer; dans tous les cas, on y trouvait en abondance les matériaux propres aux constructions, tels que pierres, chaux et terre à briques. Sainte-Marie était d'ailleurs avantageusement placée pour la pêche de la baleine, dont les naturels faisaient leur principale occupation, et son port était de bonne tenue.

D'après un tel état de choses, il n'était guère permis sans doute d'espérer que le noyau d'établissement qui existait dans l'île pût acquérir par la suite quelque importance sous le rapport de l'agriculture ; d'un autre côté, la situation politique du pays interdisait de songer alors à coloniser Tintingue.

Cependant la possession de Sainte-Marie donnait les moyens de se porter sur la Grande Terre, dès que les circonstances se montreraient plus favorables, et, en attendant, elle nous mettait à même de protéger les comptoirs d'escale que l'on jugerait utile d'y établir. Elle pouvait d'ailleurs servir d'entrepôt, soit pour le commerce de la France et de Bourbon, soit pour l'approvisionnement de cette dernière colonie en riz et en bestiaux. Bientôt, grâce à l'activité imprimée aux travaux, Sainte-Marie allait se trouver pourvue d'un quai de carénage, et c'était un grand avantage en perspective que d'avoir les moyens de réparer nos bâtiments sans recourir aux chantiers de l'île Maurice.

Ces considérations déterminèrent l'administration de la marine à ne point renoncer au projet de coloniser Sainte-Marie, malgré les difficultés que son exécution avait jusqu'alors rencontrées et qu'elle devait vraisemblablement rencontrer encore. Le Conseil d'amirauté consulté émit un avis en ce sens. Il proposa même l'augmentation successive jusqu'à mille du nombre des noirs engagés par l'administration locale, et leur répartition en deux compagnies commandées par des blancs, l'une de pionniers, l'autre d'ouvriers militaires, pour l'exécution des travaux publics et la défense de l'île. Ces propositions furent adoptées, en partie, par l'administration de la marine, qui, pour mieux assurer encore la sûreté de l'établissement, destina deux bâtiments armés en guerre à stationner sur les côtes de l'île.

CHAPITRE IV.

Sommaire.—Les Hovas.—Origine des relations qui s'établissent entre ce peuple et le gouvernement anglais.—Dianampouine.—Radama, son fils.—Le capitaine Lesage.—Séjour de celui-ci à Tamatave.— L'agent anglais séduit par des présents et des promesses Jean René, chef de cette contrée. — Radama, roi des Hovas, le reçoit avec solennité. — Ils arrêtent de concert le projet d'un traité secret.— Les Anglais laissent à Radama des instructeurs chargés d'apprendre aux troupes hovas les manœuvres européennes. — Retour à Maurice du capitaine Lesage.—Radama attaque Jean René et le réduit. — James Hastie, nouvel agent anglais, est reçu par Radama. — Après avoir remis au roi des Hovas de magnifiques présents, l'agent britannique lui propose bientôt un traité pour l'abolition de la traite des esclaves. — Radama se laisse gagner ; mais ses ministres et son peuple s'y opposent. — L'agent anglais triomphe cependant. — Ce traité célèbre est signé le 23 octobre 1817. — Hastie est nommé agent général de la Grande-Bretagne à Madagascar. — Le traité est violé par l'Angleterre. — Indignation de Radama. — Les sentiments publics se retournent entièrement du côté des Français. — L'agent anglais, de retour à Tananarive, triomphe de nouveau, et le traité est renouvelé. — Expédition de Radama contre les Sakalaves du sud. — Le roi des Hovas conclut une paix et épouse Rasilime, fille de Ramitrah, chef des Sakalaves. — Etablissement d'écoles à Imerne. — Les Anglais importent à Tananarive des presses et des caractères d'imprimerie. — Les Hovas s'emparent du fort Dauphin. — Conséquence de l'influence anglaise à Madagascar. — Soulèvement du pays contre les Hovas. — Ils sont cernés dans le fort Dauphin. —Mort de Jean René. — Le prince Coroller. — Mort de James

Hastie. — Vexations exercées contre les traitants français par les Hovas. — Mesures préliminaires pour une expédition contre ce peuple.

L'envoi du capitaine Lesage au port Louquez avait eu pour but, de la part des Anglais, outre la réparation du massacre dont nous avons parlé, le désir empressé de s'assurer par des lettres et des présents, l'alliance des Sakalaves du nord et des principaux chefs de la côte orientale [1]. A la même époque à peu près, sir Robert Farquhar, chargé de poursuivre les négriers de ces parages, qui se livraient à la traite, entra en relations avec le roi des Hovas, qui pourvoyait en grande partie à ce trafic. Telle fut l'origine des premières relations entretenues par les Anglais avec les Hovas.

Mais quel était ce peuple qui, des plateaux supérieurs de l'île, semblait vouloir étendre et faire rayonner sa domination sur l'île entière?

Les Hovas avaient été longtemps un petit peuple habitant, comme nous l'avons dit, les plateaux supérieurs de l'île et connu seulement pour son intelligence et son habileté relative dans l'art du tissage des étoffes et de la fonderie de fer. Fractionnée en plusieurs cantons ayant chacun son chef particulier, la province était sans cesse le théâtre des guerres que ces divers souverains se faisaient entre

---

[1] William Ellis. *History of Madagascar*. London, 1838, tome II, pag. 110 et 113.

eux. Il était rare que les hostilités se portassent sur le territoire des peuples voisins, dont les forces étaient supérieures à celles des Hovas divisés [1]. Le peuple hova, inquiet et remuant par nature, enfermé, d'ailleurs, dans une province de peu d'étendue et d'une fertilité médiocre, déborda bientôt de toutes parts, lorsqu'il eut à sa tête un souverain ambitieux et habile.

Ce souverain fut le père de Radama, Dianampouine, grand chef de Tananarive, aujourd'hui capitale de la province centrale d'Ancôve. C'était un homme d'un caractère énergique et ferme, faisant administrer la justice à ses sujets avec impartialité, plein d'empire sur tous ceux auxquels il commandait. Ce qui donne une juste mesure de son autorité, c'est qu'il avait promulgué des lois défendant, sous peine de mort, l'usage des liqueurs et du tabac, et personne n'osa désobéir à des prescriptions qui ordonnaient des privations aussi dures. Sous le règne de Radama, l'usage du tabac seul fut permis. Dianampouine mourut en 1810, âgé de soixante-cinq ans, après avoir régné près d'un quart de siècle et laissant à son

---

[1] A dater de ce moment, l'histoire politique de Madagascar devient l'histoire du peuple dominateur qui a imposé són joug à toute l'île. Toutefois, nous donnons dans le second livre de cet ouvrage, au chapitre *Ethnographie*, des notions spéciales sur chacun des peuples qui l'habitent, tels que les *Bétanimènes*, les *Betsimsaracs*, etc. De cette façon, nous suivons l'ordre logique des faits politiques et cependant notre travail se trouvera complet dans toutes ses parties.

fils un royaume puissant qui absorbait déjà dans son unité toutes les divisions d'Ancôve, une grande partie d'Antscianac, d'Ancaye et de la province des Betsilos.

Radama dont le nom signifie, dans la langue du pays, *fourbe et poli* avait dix-huit ans, lorsqu'il fut appelé à prendre les rênes du gouvernement. C'était un jeune homme aussi intelligent que son père, ambitieux et brave, désireux d'accroître ses connaissances par des relations intimes avec les Européens.

Le gouvernement anglais ne tarda pas à profiter de ces dispositions de Radama, qui lui frayaient un chemin indirect, mais sûr, vers la domination effective du pays. On commença par lui adresser un ancien traitant pour l'engager à conclure un traité de commerce avec l'Angleterre et à envoyer à Maurice quelques enfants de sa famille, pour y être élevés aux frais du gouvernement. Radama accueillit ces ouvertures faites avec à-propos et confia à l'agent anglais ses deux frères, âgés l'un de treize, l'autre de onze ans. Cette marque de confiance enhardit sir Robert Farquhar, qui expédia à Tananarive[1], en qualité d'agent général anglais, le capitaine Lesage, qui venait d'arriver du port

---

[1] *Tananarive* est la capitale des Hovas, *Emirne* ou plus logiquement *Imerne* est le canton dans lequel est située Tananarive. *Ancôve* est la province centrale du royaume des Hovas. En malegache, le mot Ancôve se décompose ainsi : *an Hova*, là les Hovas, le pays des Hovas.

Louquez. Lesage partit suivi d'une escorte imposante et porteur de riches présents pour Radama.

L'agent anglais séjourna quelque temps à Tamatave, où il ne manqua pas de séduire par des dons et des promesses le chef Jean René qui, devenu enthousiaste de la puissance anglaise, lui facilita les moyens d'accomplir son voyage. Le frère de Jean René, Fiche, chef d'Yvondrou, qui connaissait et détestait les Anglais, reprochait à Jean René l'aveugle confiance avec laquelle il travaillait à la destruction probable de sa propre indépendance ; mais le chef de Tamatave, ébloui par les promesses qui lui étaient faites, en récompense de sa docilité, restait sourd aux sages conseils de son frère, qui, du reste, poussa l'esprit d'hostilité contre les Anglais jusqu'à leur refuser des pirogues et des vivres pour le voyage.

Quoi qu'il en soit, le capitaine Lesage se mit en marche vers la capitale des Hovas, où il fit son entrée solennelle, au milieu d'une immense population accourue pour voir le représentant britannique. Radama reçut l'agent anglais, assis sur une espèce de trône, environné de ses ministres et de ses officiers, dans une salle spacieuse ornée de trophées militaires. Lorsque le capitaine Lesage remit au roi ses lettres de créance, il fut accueilli par ce prince avec une rare politesse et des manières pleines de dignité qu'il n'avait rencontrées chez aucun autre chef de l'île [1]. Atteint quelques jours après

---

[1] William Ellis, tome II, pag. 133, 137.

des fièvres du pays, l'envoyé anglais fut l'objet des soins les plus empressés [1]. Il se hâta dès lors d'accomplir sa mission et fit avec Radama le serment du sang, le 14 janvier 1817. Ce ne fut que le 4 février suivant qu'ils arrêtèrent les bases d'un traité secret qui devait être ratifié plus tard par le gouverneur de Maurice. Le lendemain, le capitaine Lesage prit congé du roi, en laissant auprès de lui deux militaires instructeurs, chargés d'apprendre à l'armée des Hovas les manœuvres européennes. L'un d'eux, le sergent Brady, se fit aimer des Hovas et parvint aux plus hautes dignités auprès de Radama.

Le capitaine Lesage revint en hâte à Maurice pour rendre compte des succès de sa mission. Les deux frères de Radama envoyés à Maurice avaient été confiés aux soins d'un homme qui devait un jour acquérir une immense influence à la cour de Tananarive. Cet homme, que nous avons déjà vu près de Radama à Foulepointe, c'était James Hastie. Simple sergent dans un régiment anglais, il s'était fait distinguer du gouverneur de Maurice par son courage et sa présence d'esprit. Adroit, insinuant, peu scrupuleux sur le choix de ses moyens

---

[1] *Ibid.* pag. 138. « Amidst the dreadful fatality which took place amongst this people soon after their arrival, his own health, however failed; and then it was that Radama shewed the most kind and assiduous attentions. Fearing he might fall a victim to the fever which was carrying off so many associates, Lesage made all possible arrangements with Radama, etc. »

d'influence, il avait déjà été employé dans l'Inde à des missions importantes, mais peu honorables. Ce fut lui qu'on chargea des premières notions à donner aux deux jeunes Hovas et qui les reconduisit à Madagascar, avec des instructions secrètes, qu'il fut sans doute chargé de remettre à Radama. A ce moment même, le roi des Hovas, enhardi par ses premiers succès, avait poussé ses envahissements jusqu'aux frontières des Bétanimènes et, à la tête de 25,000 hommes, il menaçait d'envahir le territoire de Tamatave et d'Yvondrou appartenant à Fiche et à Jean René. Une attaque aussi formidable commença à donner des craintes sérieuses au chef de Tamatave qui reconnut, mais trop tard, la réalité des prédictions de son frère et la fausseté des promesses de l'agent anglais. Celui-ci lui avait répondu de l'appui chaleureux de son gouvernement et l'avait engagé à rester dans l'inaction en lui peignant Radama comme le chef d'une horde sauvage qui n'oserait pas s'attaquer à lui, surtout si l'Angleterre le prenait sous sa protection.

Il fallut donc que le pauvre Jean René, aidé de son frère qui vola à son secours, fît en sorte de se mettre à la hâte en état de faire obstacle à l'invasion des troupes de Radama. Il fortifia, comme il put, de palissades et de petits forts, la place de Tamatave qu'il arma de deux vieilles pièces de campagne en bronze. Mais réduit à ces faibles ressources, dans une place mal armée, mal défendue, Jean René tomba bientôt dans le découragement, malgré les exhortations de son intrépide frère. Le chef de Tamatave ne savait à quel parti se résoudre, lorsque l'agent anglais, Pye, qui avait succédé à Lesage, intervint auprès de Radama. Le roi des Hovas qui supposait à son ennemi des forces plus considérables qu'il n'en avait et qui, n'ayant jamais eu de port de mer en sa possession, était pressé d'entrer à Tamatave, le roi des Hovas consentit à traiter avec Jean René. Dès que son frère, le chef d'Yvondrou, entendit parler de négociations avec Radama, il s'emporta violemment contre Jean René, et se retira pour ne pas rester le témoin du traité honteux qui se préparait [1]. L'agent anglais, voulant favoriser les vues du roi des Hovas, décida Jean René à signer le traité. Radama y reconnut Jean René pour chef héréditaire de Tamatave; mais il lui enleva la souveraineté du pays des Bétanimènes qu'il venait de soumettre et l'investit seulement du titre de gouverneur général de cette province. Jean René fut obligé de subir cette clause qui le mettait ainsi sous la suzeraineté du roi des Hovas, pressé qu'il était par les circonstances et par les instances de M. Pye qui venait de recevoir de l'île Maurice des instructions dans lesquelles le gouvernement anglais qualifiait Radama de *roi de Madagascar* et de ses dépendances. Un grand kabar eut lieu le lendemain à Manaarez. Jean René s'y rendit pour y faire le serment du

---

[1] William Ellis. *Ubi suprà,* page 160.

sang avec Radama qui voulait cimenter solennellement leur union, en présence des deux peuples.

Après avoir conclu cette grande affaire, Radama reprit la route de Tananarive, tandis que le précepteur de ses frères, James Hastie, qui, entre autres présents, amenait au roi des Hovas des chevaux anglais d'un grand prix, se voyait obligé de suivre un chemin plus long, mais plus praticable, pour conduire sains et saufs ces magnifiques quadrupèdes au palais d'Imerne.

Il arriva à Tananarive le 6 août 1817. La cour du palais était pleine de soldats rangés en bataille. Le roi était assis sur une estrade élevée. Dès qu'il aperçut l'agent anglais, il laissa éclater sa joie, le fit placer auprès de lui, en lui serrant cordialement les mains. Le roi adressa alors à ses soldats un discours dans lequel il les engageait à bien accueillir les étrangers qui viendraient le visiter et particulièrement les Anglais. Le roi des Hovas portait alors pour la première fois un uniforme rouge et un chapeau militaire, un pantalon bleu et des bottes vertes [1], étrange accoutrement officiel dont l'ordonnance ne pouvait appartenir qu'à l'incroyable faux goût d'un fripier anglais. Cet équipement avait en effet été expédié à Radama de l'île Maurice par sir Robert Farquhar. Après cette entrevue publique, à laquelle il avait cherché à donner la plus grande solennité possible, le roi des Hovas accom-

---

[1] William Ellis, pages 166 et 169.

pagna James Hastie dans la maison qu'il avait fait préparer pour lui. Là, après s'être débarrassé de son incommode et ridicule uniforme, il s'assit à terre et présenta à son hôte le sergent Brady qu'il lui dit n'être plus un simple soldat, mais bien son capitaine. Radama fit circuler, malgré la loi du pays, quelques verres d'eau-de-vie [1] qui ne contribuèrent pas peu à donner un caractère particulier d'effusion à cette conférence diplomatique.

Après avoir remis à Radama les présents dont il était chargé, et notamment une pendule qui, se trouvant dérangée, eut l'honneur d'être raccommodée par les mains de l'ambassadeur lui-même, l'agent anglais laissant tomber tout à coup le masque qui couvrait ces caresses préliminaires, toucha la question de l'abolition de la traite des esclaves dans les royaumes de Radama. James Hastie parvint à convaincre le roi des Hovas, mais ce ne fut pas toutefois sans lui promettre, de la part du gouverneur de Maurice, des indemnités considérables en argent et surtout en armes et en munitions de guerre que Radama ne pouvait se procurer que par la vente de ses esclaves aux traitants européens; mais le roi des Hovas eut de la peine à obtenir l'adhésion de ses conseillers pour l'exécution de cette mesure. Il fut obligé d'opposer à l'agent anglais des arguments puissants dont celui-ci ne

---

[1] Ces détails singuliers ont été consignés par James Hastie lui-même, dans son journal, avec une minutieuse et complaisante exactitude. *Voyez* William Ellis, *History of Madagascar*, pag. 169.

put nier ni la force ni la justesse. James Hastie très-embarrassé crut pouvoir biaiser dans sa réponse au roi et même altérer quelquefois la vérité dans ses assertions. Radama s'en aperçut, et le lui reprocha en termes fort vifs. Cette duplicité causa au souverain hova la plus violente indignation, et il défendit au diplomate confus de reparaître en sa présence pendant huit jours. Au bout de ce temps, James Hastie put rentrer en grâce ; mais ses discours artificieux ne furent pas oubliés. L'agent anglais, témoin des irrésolutions de Radama, s'adressa pour les vaincre, au premier ministre, jeune homme auquel, en peu de temps, il fit adopter les vues du gouverneur de Maurice et dont il se fit un avocat précieux auprès du roi.

Son espoir fut cependant trompé. Dans un kabar de cinq mille indigènes que le ministre convoqua pour connaître l'opinion des naturels sur l'abolition de la traite des esclaves, le bon sens populaire vit clairement que les Anglais n'attachaient tant d'importance à cette mesure que parce qu'elle leur était avantageuse. Un orateur hardi demanda, à haute voix, si le roi était devenu l'esclave des Anglais. Ces paroles piquèrent cruellement l'amour-propre de Radama, qui déclara alors qu'il était le maître de son peuple et qu'il le forcerait bien à l'obéissance. James Hastie eut le soin de l'entretenir dans ces dispositions violentes qui le servaient à merveille, et, le lendemain même, il fut convenu que le traité serait signé à Tamatave, par les ministres du roi d'Imerne et par l'agent anglais, Pye, au nom de sir Robert Farquhar.

L'accès de colère qui s'était emparé de Radama s'était éteint. Il parut se repentir de s'être tant hâté dans sa détermination ; mais James Hastie sut agir avec une telle habileté que ce traité célèbre, dont le but principal était de faire pénétrer l'influence anglaise au cœur même de la grande île malegache, fut signé le 23 octobre 1817, par les ambassadeurs de Radama d'une part, ainsi que nous l'avons dit, et, d'autre part, par M. Pye, agent anglais à Madagascar, et par M. Stanfell, capitaine de la corvette de S. M. B. *le Phaëton*. On sait que, depuis, ce traité fut renouvelé le 11 octobre 1820[1] et le 31 mai 1823. Dans ces actes, sir Robert Farquhar ne manqua pas de qualifier le complaisant Radama du titre de roi de Madagascar et de ses dépendances. Voici le texte de ces traités :

Traité du 23 octobre 1817. « M. le vice-amiral Robert Townshend-Farquhar, capitaine général, gouverneur et commandant en chef de l'île Maurice et de ses dépendances, représenté par ses mandataires, M. le capitaine Stanfell, de la marine royale,

---

[1] Cette date est caractéristique. Une lettre de Radama à M. Farquhar, datée de ce même jour 11 octobre 1820, a été imprimée et publiée à Londres, *in extenso*, dans l'appendice du seizième rapport annuel des directeurs de l'*African Institution*. Par cette lettre, Radama annonçait à M. Farquhar l'arrivée à Tananarive ou Imerne, sa capitale, de M. Hastie, agent du gouvernement anglais, et le remerciait de l'envoi d'un service complet de vaisselle plate, à lui remis par M. Hastie, de la part du gouvernement de Maurice.

commandant le bâtiment de Sa Majesté *le Phaëton;*
T. R. Pye, agent du gouvernement anglais à Madagascar, les susnommés revêtus de pleins pouvoirs, d'une part;

« Et Radama, roi de Madagascar et de ses dépendances, représenté par ses mandataires, Ratzalika, Rampoole Ramanou et Raciahato, ayant reçu pleins pouvoirs de S. M. le roi de Madagascar, d'autre part;

« Ont fait la convention suivante : ART. 1er. Les parties contractantes conviennent respectivement de maintenir et perpétuer à jamais la confiance, l'amitié et la fraternité qui existent entre elles, et qui sont déclarées par ces présentes. — ART. 2. Les deux parties contractantes s'engagent, par les présentes, à faire cesser entièrement, à partir de la date de ce traité, dans l'étendue des États du roi Radama, toute vente ou toute cession d'esclaves ou de personnes quelconques, pour les transporter du territoire de Madagascar dans le pays, l'île ou l'État d'un autre prince ou d'un autre gouvernement, quel qu'il soit. Radama, roi de Madagascar, fera une proclamation et une loi interdisant à tous ses sujets ou à toutes personnes dépendant de lui ou de ses États de vendre aucun esclave pour être exporté de Madagascar ; d'aider, de faciliter ou de favoriser une pareille vente, sous peine, pour le contrevenant, d'être réduit lui-même en esclavage.—ART. 3. En considération de la concession faite par Radama, roi de Madagascar, et par sa nation, et comme témoignage de parfaite satisfaction, les mandataires de Son Excellence le gouverneur de Maurice s'engagent à payer annuellement à Radama, pour l'indemniser de la diminution de revenus résultant des présentes, les articles suivants : 1,000 dollars en or, 1,000 dollars en argent; 100 barils de poudre de 100 livres chacun ; 100 mousquets anglais, avec accessoires complets; 10,000 pierres à fusils; 400 gilets rouges; 400 chemises; 400 pantalons ; 400 paires de souliers ; 400 schakos ; 400 montures de fusil ; 12 sabres de sergent, avec ceinturons; 400 pièces de toile blanche de l'Inde; 200 pièces de toile bleue de l'Inde; un habit d'uniforme, avec chapeau et bottes, *le tout complet,* pour le roi Radama, et deux chevaux. »

« Lesquels objets seront délivrés sur le vu d'un certificat constatant que les lois, règlements et proclamations susdits ont été exécutés pendant le trimestre précédent. Ce certificat sera signé par Radama, et approuvé par l'agent de Son Excellence le gouverneur Farquhar, résident à la cour de Radama. — Art. 4. En outre, les parties contractantes conviennent mutuellement de protéger le roi de Johanna (Anjouan), fidèle ami et allié de l'Angleterre, contre les déprédations auxquelles il est en butte depuis plusieurs années de la part des habitants des petits États situés sur la côte de Madagascar, et de mettre tout en œuvre, avec l'aide de leurs sujets, alliés et partisans, pour parvenir à l'abolition de ce système de piraterie. À cet effet, des proclamations seront faites par Radama et le gouverneur de Maurice, défendant à qui que ce soit de prendre part à aucun acte de cette nature ; des copies de ces proclamations seront distribuées principalement dans les ports de mer situés sur la côte de Madagascar. »

Traité additionnel fait à Tananarive le 11 octobre 1820. « En vertu du traité conclu, à la date du 23 octobre 1817, entre S. M. Radama, roi de Madagascar, et Son Excellence M. le vice-amiral R. T. Farquhar, capitaine général, gouverneur et commandant en chef de l'île Maurice et de ses dépendances, l'abolition de la traite des esclaves sera et demeurera à jamais respectée. Les parties contractantes s'engagent séparément à accomplir les articles et conditions dudit traité avec la fidélité la plus scrupuleuse. »

« Par suite du traité sus-énoncé, lequel traité a été ratifié par ordre de S. M. Britannique et accepté ce jour par S. M. le roi de Madagascar, les conventions suivantes ont été faites entre M. James Hastie, agent du gouvernement, représentant Son Excellence le gouverneur Farquhar et le roi Radama. M. Hastie s'engage, au nom de son Gouvernement, à emmener 20 sujets libres de S. M. le roi Radama, qui seront élevés dans l'étude de différentes professions d'artisans, telles que celles d'orfèvre, bijoutier, tisserand, charpentier, forgeron ; ou qui seront placés dans des arsenaux, chantiers de ports de mer, etc. De ce nombre, 10 seront envoyés en

Angleterre et 10 à l'île Maurice, aux frais du gouvernement anglais. De plus, il est convenu entre les parties contractantes que si, à l'arrivée à l'île Maurice des 20 individus sus-mentionnés, accompagnés de M. Hastie, le gouverneur ne consent pas à les faire instruire, savoir : 10 à Maurice et 10 en Angleterre, le traité sera réputé nul et non avenu. Néanmoins, le roi Radama ne sera pas pour cela dégagé de sa parole ni relevé de sa promesse. Il est bien entendu que le gouvernement anglais s'engage seulement à placer lesdits individus, au nombre de 20, chez des personnes exerçant les différentes professions sus-mentionnées, et n'est pas rendu responsable de leur conduite ou de leur défaut de capacité. M. James Hastie s'engage, en outre, à emmener avec lui 8 autres individus et à leur faire enseigner la musique, afin de former un corps de musiciens pour les gardes de S. M. le roi de Madagascar. En conséquence du présent article et des conditions sus-mentionnées, le roi Radama fera une proclamation par laquelle il notifiera que la traite des esclaves est abolie dans tous ses États. De plus, il invitera toutes les personnes possédant des talents ou habiles dans des métiers ou professions à venir visiter son pays, leur promettant protection; et sera ladite proclamation publiée dans la *Mauritius Gazette*. »

Nouveaux articles additionnels faits à Tamatave le 31 *mai* 1823. « Attendu que par suite des traités et des engagements intervenus entre le gouvernement anglais et Radama, roi de Madagascar, et approuvés par S. M. Britannique, et plus particulièrement en vertu des conventions des 23 octobres 1817 et 11 octobre 1820, la traite des noirs a été abolie dans toute l'étendue de Madagascar. Et, attendu que les conditions desdits traités ont été fidèlement exécutées par les deux parties contractantes; qu'elles ont eu le plus heureux résultat, en contribuant à l'abolition générale de la traite, et surtout en éclairant le peuple de Madagascar sur ses devoirs moraux et religieux, et en posant les principes les plus propres à le faire avancer rapidement dans les voies de la civilisation. Afin de donner plus de force et d'efficacité aux objets et conditions desdits traités, et afin de faire disparaître pour toujours la possibilité de renouveler un trafic qui a été pendant des siècles le fléau de cette vaste, fertile et populeuse île; il a été convenu entre sir Robert Townshend-Farquhar et M. Fairfax Moresby, capitaine commandant *le Menaï*, bâtiment de guerre de Sa Majesté, d'une part; et Rafaralah, chef de Foulepointe, et Jean René, chef de Tamatave, représentant le roi Radama, d'autre part :

« ART. 1er. Les vaisseaux et bâtiments de S. M. Britannique, et tous autres vaisseaux anglais légalement chargés d'empêcher la traite des noirs, ont, par ces présentes, plein pouvoir de saisir et arrêter tous navires et bâtiments, soit qu'ils appartiennent à des sujets du roi de Madagascar, soit qu'ils appartiennent à des citoyens de toute autre nation, toutes les fois qu'on les trouvera dans un havre, port, anse, crique ou rivière, ou sur les plages, ou près des côtes de Madagascar, faisant la traite des noirs, ou bien aidant ou excitant à la faire; les bâtiments et navires saisis et arrêtés en pareille circonstance seront traités de la manière ci-dessous exprimée.

« Art. 2. Tous bâtiments ou navires ainsi saisis seront mis sous la main de la justice, et ils seront, à cet effet, délivrés au chef de Foulepointe, de Tamatave, ou de tout autre lieu où Radama aura établi, à cet effet, un gouverneur, commandant, ou une commission spéciale; on pourra aussi disposer de ces bâtiments et navires suivant les lois de la Grande-Bretagne, actuelles ou à intervenir. Toutes les fois que des bâtiments ou navires auront été ainsi placés sous la main de la justice, et qu'il y aura lieu à condamnation pour violation de ce traité ou des précédents, faits dans l'objet d'abolir la traite à Madagascar, ces bâtiments ou navires seront confisqués au profit du roi Radama, qui en disposera comme il le jugera convenable. »

« Art. 3. En cas de prise de pareils navires, on traitera de la manière suivante les personnes trouvées à bord et embarquées pour être menées en esclavage. Si elles sont natives de Madagascar, elles seront immédiatement réintégrées dans leurs familles, sinon elles seront reconduites, si faire se peut, dans leurs pays respectifs. Toutes les fois que la chose ne sera pas praticable, on les enrôlera dans le corps nommé *Serundahs*, appartenant à l'établissement du roi Radama, qui sera chargé de pourvoir à leurs besoins [1]. »

La valeur de tous les objets mentionnés dans le premier traité du 23 octobre 1817 pouvait être environ de deux mille livres sterling ou cinquante mille francs [2].

L'heureux négociateur, James Hastie, après la promulgation de la loi, partit pour l'île Maurice où il reçut les félicitations de sir Robert Farquhar ; puis, il s'empressa de revenir, muni de nouvelles instructions auprès de Radama, en qualité d'agent général de la Grande-Bretagne à Madagascar. Le roi des Hovas lui témoigna de son côté une grande satisfaction et fit publier, sur tous les points de l'île, en français et en malegache, la proclamation que ses ministres avaient rédigée à ce sujet. Radama se montra scrupuleux observateur du traité qu'il avait signé. Il ne souffrit même pas qu'on en fît la critique et trois de ses proches parents payèrent de leur tête les paroles imprudentes qu'ils avaient publiquement proférées contre le traité et surtout contre

[1] Le traité de 1817, ainsi que les deux actes additionnels du 11 octobre 1820 et du 31 mai 1823, sont reproduits par nous, d'après les publications officielles du gouvernement anglais distribuées aux deux Chambres (*Parliamentary papers to both Houses of Parliament, by command of her Majesty, July*, 1844, pag. 525, 526 et 527).

[2] D'après un rapport présenté à la Chambre des communes le 10 juillet 1828, les dépenses relatives à Madagascar, faites par le gouvernement de Maurice, de 1813 à 1826, se sont élevées à 64,278 liv. sterling (1,549,099 f. 80 c.). C'est en 1816 et 1817, et de 1821 à 1826, c'est-à-dire lorsque M. Farquhar réussit à gagner Radama, et après que nous eûmes repris possession de Sainte-Marie, que la plus grande partie de ces dépenses ont eu lieu (*Voy. Asiatic Journal*, numéro de mars 1829, page 369).

l'Angleterre dont ils avaient dit que « c'était un pays qui ne faisait rien sans des motifs d'intérêt. » Il n'en fut pas de même de l'autre partie contractante. En effet, le général Hall ayant remplacé par intérim sir Robert Farquhar, qui était allé faire un voyage à Londres, méprisa la convention du 23 octobre, faite, disait-il, avec un *chef de sauvages*, et refusa de remplir les engagements contractés par l'agent anglais qu'il rappela à Maurice.

Radama, en apprenant cette violation inattendue de son traité, ne voulut d'abord pas y croire ; mais il fut obligé de se rendre à l'évidence [1]. La traite des esclaves fut alors permise de nouveau par lui, et dans sa légitime irritation, le roi d'Imerne ne dissimula pas ses dispositions à favoriser les Français au détriment des Anglais, qui l'avaient trompé. Plusieurs chefs de la côte que l'empire exercé par Radama et les présents de sir Farquhar avaient fait taire jusqu'alors, laissèrent éclater leurs véritables sentiments de préférence. On ne saurait dire jusqu'à quel point cette disposition des esprits eût pu les conduire, si, dans ce moment, le gouvernement français se fût trouvé en état de substituer l'influence française à celle de la nation qui venait de mécontenter si justement le roi des Hovas. Il n'en fut malheureusement pas ainsi, et le retour de sir Robert Farquhar à Maurice calma bientôt les ressentiments de la cour d'Imerne.

Sir Robert Farquhar, à peine revenu à son poste,

---

[1] William Ellis, pag. 199, 201.

songea à réparer l'échec fait à l'honneur, ainsi qu'aux intérêts de la Grande-Bretagne à Madagascar. Il dépêcha de nouveau James Hastie à Tananarive, en lui adjoignant un aide spirituel, le révérend docteur Jones, de la société des Missions de Londres. Les deux compagnons de voyage se mirent en route pour la cour d'Imerne, en septembre 1820. Ils furent reçus par Radama avec cordialité, et dînèrent à sa table servis avec luxe dans de la vaisselle d'argent, dont une partie était de fabrique indigène. Le lendemain, dans un entretien particulier, Hastie s'efforça d'expliquer au roi des Hovas, que le traité violé n'avait pas eu la sanction royale et que sir Farquhar, étant revenu de Londres avec des pleins-pouvoirs à cet effet, personne au monde n'oserait maintenant rompre une convention qu'ils feraient ensemble, s'il se montrait disposé à renouer les négociations [1]. La réponse de Radama, pleine de franchise et de netteté, fit connaître à Hastie les difficultés immenses de la grande affaire qu'il avait entreprise : « J'ai signé ce traité, disait le roi des Hovas, contre l'avis de mes ministres, de mes conseillers, de ceux

---

[1] « M. Hastie endeavoured to explain, that until the sanction of the king was obtained to the act of his representative, the crime of a breach of a predecessor's act did not commonly subject the person who committed it to condign punishment; but the relations established by His Excellency governor Farquhar with him being now authorized by the British sovereign, ratified and approved, could no longer be subject to any interruption. But Radama did not appear convinced, and frequently reverted to the breach of the treaty » (William Ellis, pag. 226).

mêmes qui ont pris soin de mon enfance. Pour compenser les pertes que la cessation du trafic des esclaves devait occasionner à mes sujets, j'ai promis de leur distribuer une partie des objets mentionnés dans ce traité. Il n'a pas été exécuté, quoique moi j'aie rempli, et au delà, mes engagements. Que puis-je leur dire, maintenant, moi qui ai servi d'instrument pour les tromper? Leur proposerai-je le rétablissement d'une mesure qui, après avoir coûté la vie à trois personnes du sang royal et à plusieurs autres individus, doit encore les appauvrir immanquablement? Ils m'accuseront de n'avoir pour objet que des avantages personnels et de les sacrifier à l'espoir de recueillir des bénéfices dont moi seul je jouirais. Et d'ailleurs pourront-ils croire à la sincérité des Anglais, après une si odieuse violation de la foi jurée? »

Hastie dut courber la tête, mais, en interlocuteur habile, il rejeta toute la responsabilité de cette violation sur le général Hall. Radama répondit que son amitié pour l'Angleterre le portait à oublier la faute dont elle s'était rendue coupable, mais qu'il n'en était pas de même de ses sujets. Il fit remarquer à l'agent anglais, que leurs progrès dans la civilisation, depuis son départ de Tananarive, étaient dus au commerce des esclaves qui avait pris une extension considérable, et lui avoua qu'il craindrait une insurrection générale, s'il manifestait l'intention de se fier de nouveau aux Anglais, dont le nom était passé en proverbe parmi le peuple, comme synonyme de faux et de menteur [1]. Vaincu cependant par les promesses et les flatteries de l'agent anglais, le roi des Hovas consentit à renouveler le traité, mais il fallait obtenir l'assentiment du peuple.

Dans ce but, Radama fit convoquer un grand kabar, où il s'efforça d'expliquer clairement les intentions du gouvernement anglais, et les avantages qui devaient résulter de cette alliance pour Madagascar. Ses propres ministres, accueillirent son discours par de sourds murmures et l'un des plus puissants chefs de l'île, l'ancien souverain d'Antscianac, Rafaralah prit la parole pour lui répondre. Il retraça l'histoire du traité de 1847, et s'étendit sur tous les avantages qui résultaient de ce traité, puis, arrivant à sa rupture de la part du gouvernement anglais, il se tut, comme s'il eût été incapable d'exprimer l'indignation qu'il ressentait d'une aussi lâche conduite. Son éloquent silence produisit sur l'assemblée un tel effet que le rejet de la proposition parut dès ce moment assuré. Il s'éleva alors un grand tumulte et dans la confusion qui s'en suivit, Radama, se tournant vers l'agent anglais, lui dit : « Vous le voyez. Je suis disposé à l'alliance, mais mon peuple ne l'est pas. Celui même qui ne possède ni un esclave,

---

[1] Ellis dit en propres termes: « That he feared little sort of a general insurrection would be occasionned by his again trying to trust the English, that it had become a kind of proverb amongst his subjects, —*False as the English* » (William Ellis, pag. 227 et 230).

ni une piastre, sera contre moi. J'ai entendu parler de la conduite des Français, envers un de leurs derniers rois, le roi Louis XVI, et je redoute son sort [1]. »

Malgré ces vives et nombreuses résistances, James Hastie parvint pourtant à vaincre les scrupules de Radama et de ses ministres. Le traité fut signé et le commerce des esclaves aboli de nouveau. Radama fit stipuler dans la convention dont il s'agit la condition expresse : « que le gouvernement anglais élèverait à ses frais vingt jeunes Hovas, dix à Maurice et dix à Londres, et les instruirait aux arts et aux métiers européens. » C'est ainsi que d'un seul coup les Anglais regagnèrent à Madagascar l'influence qu'ils avaient perdue par leur faute, mais cette influence, sans aucune racine dans le peuple malegache lui-même, ne reposait que sur la volonté d'un homme. Il était présumable dès lors que, cet homme une fois mort, cette influence s'éteindrait avec lui.

Vers cette époque, Radama fit une expédition gigantesque contre les Sakalaves du sud. Il partit avec 70 à 80,000 combattants, mais un tiers périt de faim ou de maladies, faute d'approvisionnements. Cette guerre se renouvela l'année suivante, et Radama ayant débuté par quelques succès, Ramitrah, chef des Sakalaves, lui proposa une alliance que le roi des Hovas s'empressa d'ac-

---

[1] William Ellis, tome II, pag. 230, 237.

cepter. Il la cimenta même en épousant la fille de ce chef nommée Rasalime.

Cependant le révérend docteur Jones de son côté ne perdait pas de vue le but de son voyage et de son apostolat. Aussitôt que le drapeau anglais flotta à Tananarive à côté de celui d'Imerne, le missionnaire reçut l'autorisation d'ouvrir une école. Ce fut le 8 décembre 1820 que commença cet enseignement auquel vinrent coopérer, l'année suivante, M. Griffiths et sa femme. Radama leur avait permis d'instruire son peuple, sans autoriser cependant la prédication du christianisme, dont il ne se faisait alors aucune idée. Il fit bâtir pour M. Jones une case commode, et, lorsqu'elle fut achevée, il vint la consacrer en y jetant de l'eau et en y faisant les cérémonies habituelles. Les progrès de la mission croissaient chaque jour. Admis en qualité d'instituteurs primaires, les missionnaires anglais s'attachèrent à donner à leurs nouveaux élèves une éducation plutôt politique que religieuse ou élémentaire, et, sans éveiller la défiance, à leur inspirer l'amour de leur souverain et par suite la haine d'une domination étrangère. Les jeunes Hovas apprenaient sans cesse à répéter des maximes formulées en ce sens par leurs maîtres. Ces maximes étaient entre autres, — que Radama n'a point d'égal parmi les rois, — qu'il est au-dessus de tous les chefs de l'île, et le maître de tout, — que Madagascar lui appartient et n'appartient qu'à lui seul. De plus, les élèves d'Ancôve, rigoureusement astreints à des exercices militaires, étaient destinés à devenir une pépinière d'officiers, un arsenal vivant capable d'interdire l'approche de l'île aux ennemis communs. Ajoutez à de pareilles mesures la persévérance et la libéralité qui caractérisent la politique anglaise, et on aura une idée de l'influence acquise par cette nation à la cour du roi d'Imerne. Plusieurs personnes envoyées par la société des Missions de Londres, et notamment des imprimeurs avec des presses et des caractères, étaient venues se joindre à MM. Jones et Griffiths. Des exemplaires de la Bible imprimés sur les lieux se répandaient par milliers sur la surface de l'île. L'examen des écoles fait en 1826 par Radama lui-même, constata la présence de plus de deux mille écoliers dans ces établissements. Deux ans après, la Mission comptait trente-deux écoles disséminées dans le pays d'Imerne et plus de quatre mille élèves [1].

On comprend facilement que l'Angleterre n'organisait ainsi une forte unité dans le centre de l'île que pour pouvoir, dans un temps donné, dominer les populations nourries de ses principes, élevées par ses nationaux. Les avertissements en ce sens ne manquèrent pas d'être donnés au gouvernement français par les habitants de Bourbon mieux placés que d'autres pour juger de l'état des choses à Madagascar et pour donner d'utiles

---

[1] William Ellis, tome II, page 252, 386.

conseils. Tous les jours les Hovas, poussés par les Anglais, semblaient faire un pas en avant et arriver jusqu'au littoral. Radama, quoique éloigné de Sainte-Marie, ne cessait de chercher l'occasion d'agir hostilement à notre égard. S'il existait à Madagascar un point dont la possession nous fût légitimement acquise, c'était assurément le fort Dauphin. Il était donc difficile de penser que Radama pût songer à envahir une contrée où jamais un Hova n'avait paru, et avec laquelle ce prince n'avait même eu, à aucune époque, la moindre communication. On était d'autant plus fondé à repousser cette pensée qu'il avait souvent répété lui-même qu'il ne se serait point établi à Foulepointe, s'il eût trouvé ce point occupé par les Français.

Cependant, vers la fin du mois de février 1825, un corps de troupes hovas d'environ quatre mille hommes, sous la conduite de Ramananouloun, vint camper à peu de distance du fort Dauphin, alors occupé par un poste français composé d'un officier et de cinq soldats. Le général des Hovas notifia à l'officier français qu'il était envoyé par Radama pour prendre possession du fort Dauphin. Cette prétention ayant été repoussée, il fut convenu entre les deux chefs qu'aucun acte d'hostilité n'aurait lieu pendant deux mois, afin de laisser à l'officier français le temps de recevoir des ordres du gouverneur de Bourbon. Mais, au mépris de cette convention, les Hovas, profitant des facilités que leur donnait l'armistice, se portèrent, le 14 mars 1825, sur le fort et y entrèrent de vice force. Le pavillon français fut arraché et remplacé par celui de Radama. L'officier et les cinq soldats furent faits prisonniers; mais on les remit presque aussitôt en liberté, en leur rendant tout ce qui leur appartenait.

M. de Freycinet ne se dissimula point la gravité de cet événement; il crut toutefois devoir s'abstenir d'une vengeance qu'il considéra comme devant être sans utilité, d'après le peu de forces dont il pouvait disposer. Il lui parut d'ailleurs qu'il fallait temporiser, jusqu'à ce que le gouvernement de la métropole lui eût fait connaître ses intentions. Il se borna donc à envoyer chercher le détachement français, qui s'était réfugié à Sainte-Luce.

L'influence anglaise, qui, dans l'opinion de M. de Freycinet, avait déterminé l'agression du fort Dauphin par les Hovas, ne tarda pas à se montrer plus ouvertement et d'une manière fort préjudiciable à nos intérêts [1].

Par un décret publié officiellement dans la Gazette de Maurice, le 18 juin 1825, Radama permit l'entrée de tous les navires anglais dans les ports de Madagascar, moyennant un droit de 5 pour 100 sur la valeur des marchandises, et il autorisa les Anglais à résider dans l'île, à y commercer, à y construire des navires, à y bâtir des maisons et à y

___

[1] *Précis sur les établissements français* de Madagascar, publié par le département de la marine, p. 37.

cultiver des terres. M. de Freycinet ne doutait point que Radama, qui n'avait pas fait sans quelque crainte sa première irruption à Foulepointe, ne consentît, si on le réclamait, à nous appliquer les dispositions de ce décret et ne s'abstînt d'inquiéter les Français qui s'établiraient individuellement à Madagascar; mais, dans l'état des choses, la mesure prise par le roi des Hovas lui paraissait une nouvelle manifestation du refus qu'il faisait de reconnaître nos droits, et il la considérait, non-seulement comme donnant aux Anglais la faculté de disposer en maîtres des ports de l'île, mais comme devant encore leur procurer pour l'avenir les moyens de mettre obstacle aux vues de la France sur Madagascar.

Quoi qu'il en fût, de nouveaux événements vinrent bientôt compliquer la situation politique de l'île. Deux soulèvements y éclatèrent au mois de juillet 1825 contre les Hovas; l'un dans la province des Betsimsaracs, du côté de Foulepointe; l'autre dans la province d'Anossy, du côté du fort Dauphin.

Le commandant de Sainte-Marie ne fut point étranger au premier; les Hovas ne l'ignorèrent pas. Ce commandant avait, depuis longtemps, mis tous ses soins à exciter l'esprit de mécontentement qui régnait parmi les indigènes, et au moment de la révolte, il leur fournit de la poudre de guerre et reçut dans l'île quelques prisonniers hovas. L'insurrection fut promptement réprimée dans la province des Betsimsaracs par les troupes de Radama, et le brave Tsifanin, notre plus fidèle allié, y perdit la vie. Le gouverneur de Bourbon blâma le commandant de Sainte-Marie de s'être avancé dans cette circonstance, puisqu'il n'avait pas les moyens de soutenir efficacement les indigènes. Du reste, les Anglais, de leur côté, avaient pris une part plus active encore à l'événement [1]. Un de leurs bâtiments avait servi au transport des troupes hovas sur divers points de la côte, et leur agent Hastie, débarqué à la Pointe-à-Larrée, à la tête d'un corps d'Hovas, avait puissamment contribué à replacer le pays des Betsimsaracs sous l'obéissance de Radama [2].

Les habitants de la province d'Anossy, renforcés par leurs voisins les Antavartes, s'étaient réunis au nombre de dix mille et avaient également pris les armes pour secouer le joug des Hovas ; mais, comme ils agissaient aussi en ennemis à l'égard des blancs, les traitants français établis sur la côte avaient été forcés de se réfugier à Bourbon avec leurs familles et leurs esclaves. Le général hova Ramananouloun, le même qui, après s'être emparé du fort Dauphin, occupait ce poste avec seize ou dix-huit cents hommes, envoya contre les insurgés un détachement de cinq cents hommes, qui les mit en déroute après un court combat. Toutefois, les

---

[1] *Précis sur les établissements français* de Madagascar, publié par le département de la marine, pag. 38.

[2] Boteler's narrative of a voyage of discovery to Africa and Arabia, tome II, pag. 278.

vainqueurs, s'étant engagés dans les bois à la poursuite des fuyards, y furent bientôt accablés par le nombre, et périrent tous.

Après avoir obtenu, dans leur défaite, ce faible avantage, les insurgés se montrèrent avec plus de confiance et finirent par cerner les Hovas, qui s'étaient retranchés au nombre de mille à douze cents sur le plateau du fort Dauphin. Cette situation était critique, et, pour en sortir, Ramananouloun ne vit d'autre moyen que de s'adresser au gouverneur de Bourbon. Il lui écrivit pour le prier de faire parvenir à Tamatave deux paquets destinés, l'un à Radama, l'autre à Jean René. Cette démarche plaça M. de Freycinet dans une position délicate. L'occasion était favorable pour rentrer en possession du fort Dauphin. Il suffisait d'envoyer un bâtiment de guerre sur les lieux pour exterminer les troupes qui l'occupaient; mais ce coup de main n'eût eu d'autre résultat que la reprise momentanée de notre ancien poste, car le gouverneur de Bourbon n'avait point de forces disponibles pour continuer la guerre. Or un tel succès, demeurant isolé, ne pouvait porter atteinte à la puissance de Radama, et il fermait la voie à toute conciliation, tandis qu'un acte de générosité pouvait frapper l'esprit du roi malegache. M. de Freycinet répondit donc à la confiance de Ramananouloun en faisant parvenir les paquets de ce général à Tamatave. Il profita de l'occasion pour écrire à Radama. Après lui avoir rappelé brièvement les actes d'hostilité dont les Français avaient à se plaindre, il lui offrait de désigner, de part et d'autre, une personne de confiance, pour arriver à la conclusion d'un traité d'alliance et d'amitié.

Rafaralah, chef des troupes hovas à Foulepointe, sur qui la noble conduite du gouverneur de Bourbon, dans cette circonstance, avait paru faire une grande impression, avait aussi dépêché un courrier à son souverain, pour lui représenter l'importance de s'entendre avec le gouvernement français. Le roi des Hovas répondit à M. de Freycinet, le 23 août 1825. Dans cette réponse, dont chaque expression trahissait l'emploi d'une plume anglaise [1], il reproduisait hautement ses prétentions à la souveraineté exclusive de Madagascar, et terminait en disant qu'il accueillerait honorablement à Tananarive, sa capitale, une députation solennelle qui lui serait envoyée pour la négociation projetée. M. de Freycinet ne trouva pas qu'il fût convenable d'accéder à une pareille proposition, et l'affaire en resta là.

Dans les premiers jours du mois de mars 1826, Jean René vint à mourir. Il avait désigné par testament son neveu Berora pour lui succéder dans la principauté des Bétanimènes. Cette disposition fut confirmée par Radama ; et, en l'absence de Berora, qui suivait ses études à Paris, le titre de

---

[1] *Précis sur les établissements français* de Madagascar, publié par le Ministère de la marine, page 40. *Imprimerie royale*, 1836.

prince de Tamatave fut provisoirement donné à Coroller, général au service des Hovas, et proche parent de Jean René. Ce Coroller, qui joua plus tard un si grand rôle à Madagascar et qui par ses conseils fit en grande partie échouer l'expédition française de 1829, était un mulâtre, fils d'un blanc de l'île Maurice et d'une femme malegache. Il était par sa mère neveu de Jean René. Coroller était fort laid, petit, louche et contrefait. C'est lui qui enseigna aux chefs d'Imerne toutes les ruses de la politique civilisée. Il affectait de porter sans cesse avec lui *le Prince* de Machiavel qu'il cherchait à mettre en pratique, disait-il, et à perfectionner. Radama n'en envoya pas moins à Tamatave un autre général dévoué à ses intérêts, qu'il investit du haut commandement de la province, et les termes d'une lettre qu'il écrivit, le 13 avril suivant, à M. de Freycinet ne permirent plus de douter de son intention d'établir sa domination sur cette province comme sur tout le reste de Madagascar.

L'agent anglais, James Hastie, avait été appelé auprès de Jean René dont la fin approchait. Après la mort de ce chef, qui lui avait confié l'exécution de son testament, il fit un voyage à l'île Maurice où il arriva fort malade lui-même d'une chute violente faite pendant la traversée. A peine convalescent, il revint à Madagascar où Radama le combla des marques d'une vive amitié. Cependant sa guérison n'était qu'apparente et il mourut le 8 octobre 1826.

Cette mort fut une véritable perte pour l'Angleterre dont cet agent avait puissamment servi les intérêts. Quoique les moyens qu'il employait ne fussent pas toujours délicats, ce qu'il y a de certain, c'est qu'il réussissait, après avoir déployé une rare habileté. Il avait l'esprit pénétrant, une grande connaissance des hommes, une parfaite entente des affaires qu'il maniait avec adresse. James Hastie fut enterré dans la chapelle des Missionnaires. Le roi, la famille royale, les juges, les grands officiers et un immense concours d'indigènes assistèrent à ses funérailles.

A partir de la mort de Jean René, les plus insignes vexations commencèrent à être exercées par les Hovas contre les traitants français, et particulièrement contre ceux de Sainte-Marie. Rafaralah lui-même, que l'on avait représenté à M. de Freycinet comme favorable à nos compatriotes, leva bientôt le masque. Il refusa de renvoyer à des colons de Sainte-Marie des engagés libérés par l'administration de cette île, et s'étudia à mettre des entraves au commerce de Sainte-Marie avec la Grande Terre. Il fit dire au commandant de cette île que, si les Français avaient besoin de quelques-unes des denrées que produisait la terre de Radama, ils ne seraient admis à les acheter sur aucun autre point que Foulepointe ou Fénériffe, où il avait établi des douanes; et il ajoutait que si plus tard il jugeait à propos de placer un poste à la Pointe-à-Larrée, il permettrait alors d'y commercer; mais que, pour le moment, il était défendu aux naturels, sous peine de mort, de conduire un seul bœuf en cet endroit. Radama, toujours soumis à l'influence anglaise, ne tarda pas à mettre le comble à ces mesures vexatoires. Sur la fin de 1826, il établit des droits excessifs à l'entrée et à la sortie des marchandises, et il afferma les produits de ces droits à une maison de commerce de l'île Maurice, en laissant à l'arbitraire des fermiers la fixation du taux des droits. Ce ne fut pas tout. N'osant attaquer l'île Sainte-Marie, bien fortifiée et séparée de la grande terre par un bras de mer, Radama imagina, pour forcer les Français à l'abandonner, de leur ôter les moyens de se procurer les bras nécessaires à l'exécution des travaux publics et à la culture des terres. Il défendit, en conséquence, sous peine de mort, aux naturels de la Grande Terre de vendre un seul esclave au gouvernement ou aux colons de Sainte-Marie.

Dès le mois de décembre 1826, le gouverneur de Bourbon, M. le comte de Cheffontaines, fit connaître cet état de choses au ministre de la marine, en lui exposant les suites fâcheuses du système de temporisation et de condescendance suivi jusqu'alors dans les affaires de Madagascar. Il insista sur la nécessité de prendre enfin un parti décisif à l'égard de l'île Sainte-Marie, qu'il valait mieux, disait-il, abandonner sans retard, si l'on ne se décidait pas à tirer une vengeance éclatante des insultes faites à la nation, et à rétablir notre autorité sur un pied respectable à Madagascar. M. de Cheffontaines, d'accord sur ce point avec le commandant particulier de Sainte-Marie et le conseil privé de Bourbon, pensait que nous ne pouvions reconquérir nos droits et notre influence à Madagascar, et même nous maintenir à Sainte-Marie, qu'en augmentant la garnison de l'île, qui ne se composait alors que d'une compagnie d'artillerie européenne, forte de soixante-dix-huit hommes, y compris trois officiers et de cent quatre-vingt-douze noirs engagés. Il proposait en conséquence d'envoyer à Sainte-Marie une frégate, une corvette et quelques bâtiments légers, avec quatre ou cinq cents hommes de débarquement, et d'augmenter en outre la garnison d'un corps de noirs.

L'exécution complète des mesures proposées par l'administration de Bourbon devait donner lieu à des dépenses qui n'avaient pas été prévues, et auxquelles ne pouvaient subvenir, ni le budget du département de la marine, ni celui du département de la guerre, qui pourvoyait alors aux dépenses qu'occasionnaient les garnisons coloniales. Le ministre de la marine pensa que l'on pouvait se dispenser de déployer des forces aussi considérables, et qu'il suffirait de prendre, dans le sens des vues indiquées par le commandant particulier de Sainte-Marie, quelques dispositions de nature à satisfaire aux besoins les plus urgents de l'établissement, sans dépasser les ressources financières que l'on possédait. Il existait au Sénégal, comme à

Sainte-Marie, des noirs rachetés par l'administration locale et rendus libres au moment du rachat, moyennant un engagement de quatorze années. M. le comte de Chabrol, après avoir pris les ordres du roi, chargea le gouverneur du Sénégal de diriger sur Madagascar un détachement de cent cinquante à deux cents soldats noirs, composé de nouveaux engagés, et au besoin de quelques-uns des soldats noirs déjà existants dans le pays. Il fut en outre décidé que ce corps serait complété et recruté par l'envoi ultérieur à Sainte-Marie de tous les noirs (autres que les femmes et les enfants), qui seraient saisis dans les mers situées au delà du cap de Bonne-Espérance, en vertu des lois prohibitives de la traite; sauf, si ce moyen de recrutement ne suffisait pas, à continuer de faire venir des engagés du Sénégal.

Le ministre de la marine, en donnant avis de ces mesures à M. de Cheffontaines, l'invita à examiner si, avec le secours que pouvaient offrir les deux bâtiments de guerre chargés du transport de ces deux compagnies, et les troupes disponibles des garnisons de Bourbon et de Sainte-Marie, il était possible de faire avec avantage une expédition militaire sur la côte orientale de Madagascar. Dans le cas de l'affirmative, le gouverneur de Bourbon était autorisé à l'entreprendre, en faisant concourir à ses opérations les indigènes, sur lesquels il assurait que l'on pouvait compter. Toutefois cette tentative ne devait être faite qu'autant qu'on serait sûr de pouvoir se maintenir sur les points d'où l'on chasserait les Hovas. Au surplus, aucune mesure relative à cet objet ne devait être prise qu'après un mûr examen en conseil privé [1].

Conformément aux ordres du ministre de la marine, deux compagnies de cent Yolofs chacune furent formées en 1828 au Sénégal, et transportées à Sainte-Marie par la corvette *la Meuse*, avec un cadre d'officiers et de sous-officiers d'artillerie de marine. Ce n'était point avec ce petit nombre d'hommes, non encore exercés au maniement des armes, que nous pouvions nous présenter à la Grande Terre et reprendre nos possessions. Il fallait évidemment des forces beaucoup plus imposantes pour atteindre ce but. Les troupes et les bâtiments de guerre, demandés à la fin de 1826 par le gouverneur de Bourbon, n'étaient même déjà plus suffisants pour nous assurer des succès contre le roi des Hovas, dont la puissance s'était accrue depuis cette époque, et qui comptait sous ses drapeaux jusqu'à quinze mille hommes de troupes bien disciplinées et bien organisées. Tel fut du moins l'avis du conseil privé de Bourbon, après un examen approfondi de la question. Ce conseil, qui avait appelé à ses délibérations M. le commandant particulier de Sainte-Marie, alors à Bourbon, pensa que, pour entreprendre une expédition contre Ma-

---

[1] *Précis sur les établissements français* de Madagascar, publié par le ministre de la marine, page 45.

dagascar, les forces à y consacrer ne devaient pas être moindres de deux frégates, de deux bricks de guerre, de deux corvettes de charge avec leurs équipages complets sur le pied de guerre ; plus un bataillon d'infanterie, une compagnie d'artillerie, une demi-compagnie d'ouvriers, deux cents hommes de troupes noires, et enfin un matériel de guerre proportionné, avec deux mille fusils pour armer les peuplades indigènes qui nous étaient dévouées. Il fit observer que si les troupes dont pouvait disposer le gouverneur de Bourbon étaient insuffisantes pour une opération offensive, elles ne l'étaient pas moins pour appuyer des démarches tendantes à un accommodement ; car ces démarches devaient être nécessairement suivies d'actes d'hostilité, si la voie de la conciliation ne réussissait pas.

Le conseil privé de Bourbon, pensa donc qu'il fallait traiter à main armée et demander la paix en apportant la guerre. Il sera à jamais regrettable pour la France qu'un coup vigoureux et décisif n'ait pu être porté, dès ce moment, à la puissance naissante des Hovas. Nous allons voir qu'il n'en fut rien et que notre expédition ne fit qu'enhardir leur insolente audace et préparer à nos traitants une série de persécutions nouvelles qui n'a point été interrompue, depuis cette époque fatale jusqu'aux récents événements de Tamatave.

CHAPITRE V.

SOMMAIRE. — Mort de Radama. — La reine Ranavalo est proclamée reine des Hovas. — Funérailles de Radama. — Son tombeau. — Cérémonie funèbre. — Portrait de Radama. — Son caractère public et privé. Ses passions. Son gouvernement. — Changement qui s'opère dans les affaires des missionnaires anglais. — La persécution succède pour eux à la faveur. — Mise à mort de la mère et de la sœur de Radama, du prince Rateffi, de Rafaralah, et de Ramananouloun.—Le traité conclu par Radama avec l'Angleterre est annulé par la reine Ranavalo. —M. Robert Lyall, agent anglais, est fort mal reçu à Tananarive. — La reine lui dénie le titre d'agent britannique accrédité à Madagascar.—Mauvais traitements qui lui sont infligés. — Sa mort. — Convocation à ce sujet d'un grand kabar. — Couronnement de la reine, le 11 juin 1820. — Préparatifs d'agression organisés par Ramanetak. — Sa retraite à Anjouan. — Expédition Gourbeyre. — Elle est décidée le 28 janvier 1829. — Instructions remises à M. Gourbeyre, au moment de son départ de France. — Arrivée de l'expédition à Tamatave. — Elle débarque à Tintingue et fortifie la place. — Le général en chef de l'armée hova envoie des parlementaires à M. Gourbeyre. — Réponse de celui-ci. — Les hostilités commencent. — Combat de Tamatave. — Combat de Foulepointe. — Suspension des hostilités. — La reine fait des ouvertures de paix, puis refuse de les ratifier. — Reprise des hostilités. — Envoi de deux commissaires français à Tananarive. — Nouvelles ouvertures faites par la reine des Hovas.—Ajournement des hostilités.—Départ pour la France de M. Gourbeyre. — Propositions de M. de Polignac. — La révolution de juillet s'accomplit. — Tentatives infructueuses pour conclure un traité de commerce avec les Hovas. — Evacuation de Tintingue. — Sainte-Marie est conservée par la France.

Sur ces entrefaites, Radama vint à mourir. Le roi des Hovas, dans les dernières années de sa vie, se livrait chaque nuit à des excès qui eurent bientôt affaibli sa robuste constitution. Lorsqu'il vint à Tamatave, en 1827, il était déjà souffrant. Dans le cours de l'année suivante, sa maladie ne fit que s'aggraver et il rendit le dernier soupir le 27 juillet 1828, à l'âge de trente-sept ans. La mort du roi fut soigneusement cachée à son peuple, et le 29, un kabar solennel fut convoqué pour prêter le serment à la personne qu'il plairait au souverain de choisir pour lui succéder. Cette décision avait été prise, disait-on, par Radama lui-même qui sentait sa fin prochaine. Le matin du 10 août, l'affaire fut décidée et le bruit courut que Ranavalo avait été désignée pour lui succéder. Ranavalo était la première femme, la *vadi-bé* de Radama. Quelques historiens en font sa sœur ou sa fille et même sa mère. Ranavalo n'était que la cousine du roi par le sang. Elle devint, plus tard, l'une des onze femmes de Radama.

Le 11 août, la proclamation de la mort de Radama et de l'avénement de sa première femme eut lieu dans un kabar solennel. Le premier acte de la nouvelle reine fut de régler le deuil général, quoique la mort de Radama ait été attribuée, par quelques relations, à un poison administré de la main même de Ranavalo. Quoi qu'il en soit de cette version qui, du reste, est la moins accréditée, la reine ordonna que, d'après un ancien usage, hommes, femmes et enfants, tout le monde se rasât la tête en signe de deuil, à l'exception cependant d'elle-même, de quelques-unes des personnes qui l'entouraient, des gardiens des idoles et des Européens. Elle enjoignit de plus aux femmes de pleurer, à tous ses sujets de quitter les parures et les vêtements brillants, pour ne porter que le lamba, manteau national. Il fut aussi défendu, sous peine de mort, de monter à cheval, de se faire porter dans un siége à bras, de jouer d'aucun instrument, de chanter ou de danser, de coucher autrement que sur la terre, de manger à table et de se livrer à aucun travail. Le 11 et le 12, le canon tira de minute en minute depuis le lever jusqu'au coucher du soleil [1].

Les funérailles eurent lieu avec la plus grande pompe et accompagnées de tous les honneurs militaires que rendent aux souverains morts les peuples européens. Un cercueil en bois, couvert de velours cramoisi et orné de franges et de glands d'or contenait les restes de Sa Majesté Radama-Manjaka [2]. Ce cercueil fut porté par soixante officiers supérieurs, crêpes au bras, et déposé dans une salle du palais de Bessakane, où il resta jusqu'au lendemain. Le 13, les missionnaires et les Européens qui se trouvaient à Tananarive, obtinrent de la reine la permission de porter le cercueil et les restes du feu roi de Bessakane à Tranouvola, principale résidence du souverain des Hovas. Le major-géné-

---

[1] William Ellis, tome II, pag. 395, 399.

[2] *Manjaka* est l'épithète qui s'ajoute an nom du roi ou de la reine. Elle signifie *régnant* ou *régnante*, souverain ou souveraine. On dit également *Radama Manjaka* et *Ranavalo Manjaka*. Manjaka veut dire aussi *Grand-Chef*.

ral Brady, le prince général Coroller, Louis Gros, commandant en chef des ateliers royaux et le révérend docteur Jones furent choisis pour porter les coins du drap mortuaire. Un magnifique catafalque avait été élevé dans la cour du palais. Deux escaliers y conduisaient. Ce catafalque, entouré d'une balustrade à colonnes dorées, était lui-même recouvert d'une tente dont l'intérieur était tendu de drap fin écarlate, avec des franges et des galons en or et en argent. A l'extérieur, de larges galons d'or cousus ensemble étaient placés de distance en distance. Le prince Coroller qui avait été apprenti orfèvre à l'île de France avait donné tous ses soins à ces détails qu'il semble retracer avec prédilection dans la relation qu'il a laissée de la cérémonie des funérailles de Radama. Sur les colonnes on avait assujetti des lampes sépulcrales en argent, et des chandeliers dorés représentant des soleils en cristal avec des rayons d'or. Enfin des lustres et des bougies éclairaient ce lugubre appareil. La famille royale en pleurs s'était réunie sous le mausolée.

Non loin de ce catafalque on avait édifié le tombeau royal, monument formant une terrasse en pierres d'environ trente pieds carrés de large sur seize pieds de haut et surmonté d'une chambre sépulcrale. L'intérieur de cette chambre était richement décoré ; on y avait placé une table, deux chaises, une bouteille de vin, une carafe d'eau, et deux gobelets, pour que l'ombre du feu roi, venant visiter le lieu où reposent ses restes, pût y inviter l'ombre de son père et y goûter les plaisirs qui lui avaient été chers pendant sa vie.

Dans l'après-midi, on renferma, d'après un ancien usage, dans l'intérieur du tombeau tous les effets précieux de Radama, tels que des couverts d'argent d'Europe et du pays en grand nombre; de la vaisselle plate, des soupières et des vases d'or et d'argent dont le gouvernement anglais avait fait présent au roi; des porcelaines de Chine d'un grand prix; des poires à poudre, dont une en or, ouvragée et ciselée; des zagayes et des lances sculptées et ornées d'or, d'argent et de pierreries; des sabres, des épées, des poignards arabes et malais; des montres et des pendules à répétition et à musique; des tabatières en or, des chaînes d'or d'Europe et du pays; des bagues en diamants, des épingles montées en pierres précieuses; ainsi qu'une infinité de bijoux de toute espèce; des malles d'habits brodés en tous genres et du linge fin; des bottes et des éperons de différents métaux; des chapeaux galonnés et ornés de riches plumets; enfin, des portraits à l'huile de l'empereur Napoléon, de Frédéric-le-Grand, de Louis XVIII et du roi d'Angleterre. On déposa aussi dans le tombeau pour une valeur considérable de piastres d'Espagne, tant en lingots d'or et d'argent qu'en monnaies de tous les pays. Cette somme est portée par les uns à trois cent cinquante mille piastres, par d'autres à cent cinquante mille, par les missionnaires enfin à dix mille piastres seulement. Six magnifiques chevaux furent offerts en victimes sur le tombeau de Radama et plus de vingt mille bœufs furent également sacrifiés dans la capitale et dans les provinces voisines. A six heures du soir, on transporta le corps du roi dans un cercueil en argent qui avait été placé dans le tombeau et à la confection duquel quatorze mille piastres fondues avaient été employées. Sur ce cercueil, furent gravés ces mots : TANANARIVE, 1$_e^r$ août 1828. RADAMA MANJAKA, sans égal parmi les Princes, SOUVERAIN de l'île.

Radama, selon le portrait qu'en a laissé le prince Coroller, était petit de taille ; il avait cinq pieds au plus, mais il était bien fait. Ses traits étaient intelligents et expressifs ; ses yeux brillants, surmontés de beaux sourcils, étaient bordés de cils très-longs. Sa peau de couleur olive claire était fine, sa main jolie, son pied petit. Il était élégant et gracieux, dit le lieutenant Boteler, et avait plutôt l'air d'un courtisan parfaitement civilisé que d'un prince à demi sauvage [1]. Il était parvenu à écrire et à parler le français. Il avait l'esprit vif et subtil.

Quoique son caractère fût affable, sa conversation agréable et séduisante, il savait pourtant, dans l'occasion prendre l'attitude imposante que donne la longue habitude du commandement. Il passait même pour éloquent parmi les siens, et se plaisait

---

[1] BOTELER'S *Narrative of a voyage of Discovrey to Africa and Arabia*. Tome II, pag. 126.

à haranguer lui-même son peuple, lorsqu'il avait à lui transmettre ses volontés. Son éloquence produisait le plus vif enthousiasme sur ceux qui l'entendaient, au dire des Européens qui ont été les témoins de ces solennités. Animé d'un orgueil extrême, surtout en public, il était si naturellement accessible à la flatterie que son peuple finit par lui rendre des honneurs comme à un dieu, sans qu'il en manifestât de déplaisir. Il aimait particulièrement qu'on le louât pour les grandes choses qu'il essayait de faire, car l'amour de la gloire était le mobile le plus puissant des actions de cet *Africain éclairé*, ainsi que le qualifiaient, non sans raison, dans leurs flatteries intéressées, les missionnaires anglais. Son activité était incroyable et ses partisans le comparaient souvent, pour cette qualité, à l'empereur Napoléon, dont il se faisait sans cesse raconter l'histoire. Il était partout allant, courant, partant tout à coup, et surprenant ses officiers par la promptitude de ses résolutions et de ses marches.

Brave, intrépide, impétueux, doué de facultés puissantes, il possédait à un haut degré le sentiment de sa propre valeur. « Les Anglais, disait-il, m'ont beaucoup aidé, mais il a fallu Radama pour faire la grandeur des Hovas. » Et, dans une autre occasion, comme on venait de lui envoyer de Londres des vêtements beaucoup trop grands pour sa taille, il s'écria avec dédain : « On me prend donc là-bas pour un géant. C'est mon esprit qui est grand ¹. » Il disait encore : « James Hastie ne m'a-t-il pas proposé l'autre jour de me faire construire, aux frais des Anglais, une belle route de calèche de Tamatave à Imerne. Il m'assurait que ce serait fort beau de voir le souverain des Hovas, Radama le Grand, faire caracoler son cheval sur une route unie comme une allée de jardin d'Europe. Je sais trop bien que cette belle route mènerait vite les habits rouges à Tananarive. Ce sont mes meilleures forteresses. *Si les Européens trouvent jamais un chemin pour aller à Imerne, c'en est fait de ma puissance et de celle des Hovas.* » Il y avait, du reste, dans le caractère de ce personnage étrange, tout à la fois beaucoup de finesse et beaucoup de grandeur. Naturellement libéral, il tenait à n'être pas trompé et il le fut rarement. Mêlant à tous les actes de sa vie des traits de bienveillance, il semblait porter, et il portait effectivement, un intérêt très-vif aux Européens, auxquels il demandait toujours individuellement, avec une sorte de sollicitude amicale, des nouvelles de leurs parents. Il aimait avec enthousiasme la musique. Sir Robert Farquhar, avait formé pour lui à l'île de France,

---

¹ Nous sommes redevables de ces renseignements si caractéristiques sur Radama, à l'intéressante brochure de M. Laverdant, intitulée *Colonisation de Madagascar*, où nous avons puisé, du reste, de très-utiles notions sur les mœurs et l'histoire de la grande île malegache. Les détails que l'auteur a recueillis sur les lieux, en passant par sa vive et brillante imagination, en ont emprunté un charme tout particulier qui captive à un haut point le lecteur.

un orchestre excellent, dont les exécutants ne le cédaient en rien aux meilleurs instrumentistes des régiments anglais.

La vie si courte de Radama fut malheureusement dominée par la passion des femmes, et, nous sommes obligés d'ajouter, par le goût des boissons spiritueuses. Sa complexion naturellement amoureuse le disposait aux excès les plus redoutables. Il avait onze femmes légitimes. La loi lui en accordait douze; mais il laissa toujours la douzième place vacante par un raffinement de volupté, afin d'exciter une rivalité de tendresse parmi ses concubines, dont le nombre était immense.

En résumé, ce fut une riche et forte organisation que celle de Radama. Il rechercha avec un noble empressement tous les moyens d'accroître son instruction et celle des naturels. Il eut le grand honneur de donner le premier une vigoureuse impulsion à la civilisation qu'il fit pénétrer autant qu'il put, au sein de la grande île malegache. Peu semblable en beaucoup de points aux despotes barbares, il fut généralement très-porté aux idées de justice et d'humanité. Les sévérités extrêmes furent rares dans sa vie. Il adoucit considérablement les lois pénales de son pays, abolit la peine de mort pour vol, et fit ce qu'il put pour faire tomber en désuétude l'horrible coutume du tanguin [1]. Il a marqué

---

[1] Voir, dans le second Livre de cet ouvrage, le chapitre *Mœurs et Coutumes*, où sont consignés les détails relatifs au tanguin.

son règne par des événements qui feront époque à Madagascar, et a bien mérité qu'on lui appliquât le surnom de Radama le Grand. La conquête de presque toute l'île, l'organisation d'une armée régulière et disciplinée à l'européenne, le traité avec les Anglais pour l'abolition de la traite, l'introduction d'une foule de métiers européens, l'adoption des caractères français, pour l'écriture de la langue malegache, et l'établissement d'un système d'éducation publique sont les événements remarquables accomplis sous le règne de Radama.

L'avénement de Ranavalo Manjaka au trône des Hovas changea complétement la face des affaires dans la grande île africaine et l'influence des agents anglais sembla cesser avec le règne de Radama.

A peine ce prince fut-il mort qu'ils purent s'apercevoir du bouleversement qui allait s'opérer dans leurs relations avec l'établissement nouveau. Les missionnaires surtout avaient en Radama un protecteur assidu qui les défendait contre les perfides et puissantes insinuations des devins indigènes et des gardiens des idoles. MM. Griffiths et Bennet voulurent, aussitôt après les funérailles du roi, quitter la capitale; mais la reine les en empêcha en leur faisant dire qu'elle était la maîtresse de fixer le jour de leur départ. Elle voulait ainsi intercepter toute communication avec la côte où la nouvelle de la mort de Radama n'était pas encore parvenue. Ce ne fut que le lendemain de la cérémonie des funérailles que les deux étrangers purent obtenir l'autorisation de s'éloigner. M. Griffiths qui, ainsi que nous l'avons dit, faisait partie de la mission anglaise, dut s'engager à ne pas quitter Madagascar et il fut obligé de laisser sa femme et son enfant comme otages à Tananarive [1].

Du reste, les plus atroces violences furent exercées sur les nationaux eux-mêmes. Les personnages en crédit ou redoutables, à un titre quelconque, furent mis à mort. Parmi ceux-ci, les plus notables furent la mère et la sœur de Radama; le fils de cette dernière, qui était l'héritier légitime de son oncle, le prince Rateffi, père de ce jeune homme et gouverneur militaire de Tamatave. Cet infortuné n'eut pas même le temps de fuir vers un port où il devait s'embarquer pour Maurice. Il fut surpris dans les bois par les soldats de la cruelle reine, et traduit devant un tribunal d'assassins qui ne firent point attendre leur jugement meurtrier. Il fut condamné à mort et exécuté auprès de la capitale. Sa femme, la propre sœur de Radama, qui était enceinte, fut d'abord exilée, puis percée de coups de zagaye avec l'enfant qu'elle portait dans son sein. Rafaralah, commandant de Foulepointe, ne tarda pas à subir le même sort, ainsi que Ramananouloun et plusieurs autres grands personnages dont la mort injuste et violente a marqué d'un sou-

---

[1] « With the death of the King, the whole aspect of missionary affairs was changed at the capital of Madagascar, etc. » William Ellis, tome II, pag. 405.

venir ineffaçable les terribles commencements du règne odieux de Ranavalo. Les prétextes de ces exécutions sanguinaires ne manquèrent pas à la reine. L'infortuné Rafaralah périt pour ne s'être pas rasé la tête et pour n'avoir pas pris assez promptement le deuil du souverain décédé [1].

L'un des premiers actes de la reine Ranavalo fut d'annuler le traité conclu par Radama avec les Anglais. Le successeur d'Hastie, M. Robert Lyall, fut d'abord fort mal reçu. Arrivé à Tamatave à la fin de 1827, il n'avait pu se rendre à Tananarive avant le mois de juillet de l'année suivante, au moment même où Radama expirait. Le deuil royal dut retarder sa présentation et il demeura dans la capitale des Hovas jusqu'au 28 novembre. La reine lui fit alors déclarer qu'elle ne se regardait pas comme liée par le traité signé avec Radama, et qu'elle refusait de le recevoir en qualité d'agent du gouvernement anglais. La saison n'était pas favorable pour s'éloigner. M. Robert Lyall fut obligé de retarder son départ jusqu'au mois de mars 1829. Il allait quitter Tananarive, lorsqu'un matin il se voit assailli dans sa maison par une multitude fanatique, à la tête de laquelle étaient le gardien de l'idole Ramavali et les ombiaches de la ville. Cette troupe de forcenés déclarèrent à M. Lyall que l'idole lui ordonnait de les suivre au village d'Ambohipéna, à six milles de la capitale, où elle

---

[1] William Ellis, tome II, pag. 405, 411.

lui ferait signifier ses volontés. Le malheureux agent anglais n'eut le temps ni de se vêtir, ni de dire adieu à sa famille. Il fut entraîné avec l'aîné de ses fils au milieu du plus horrible cortége jusqu'au village indiqué. Là, un des missionnaires parvint à le soustraire à la fureur de ses aveugles persécuteurs. On lui annonça que sa famille allait le suivre à Tamatave. Quelle était la raison de cet outrage et de ces mauvais traitements? M. Lyall avait, dans son ignorance, fait approcher son cheval d'un village consacré à Ramavali et il s'était aussi, au dire de cette multitude superstitieuse, attiré la colère de cette idole, en envoyant ses domestiques dans les bois voisins à la recherche de papillons et de serpents.

La reine fit convoquer un kabar et annoncer au peuple que les violences faites à l'agent britannique avaient eu lieu par l'ordre exprès des idoles. On lut ensuite une ordonnance de la reine qui déclarait nuls les traités faits par Radama avec les Anglais qui, disait-on, l'avaient ensorcelé et l'avaient fait mourir prématurément en lui conseillant d'abandonner les usages de ses ancêtres. Ainsi donc, il devenait évident que le démon de la barbarie personnifié dans le Caligula féminin qui trônait à Imerne remplaçait désormais à Madagascar le génie civilisateur qui venait de s'éteindre dans la personne de Radama. L'horrible traitement subi par M. Robert Lyall fit sur lui une impression si foudroyante que, peu de temps après, il fut frappé d'aliénation mentale et mourut à Maurice des tristes suites de cette maladie. Il n'y eut pas jusqu'aux animaux introduits dans l'île par les Anglais qui n'eurent à subir l'arrêt général de proscription fulminé contre eux. Les porcs et les chats, entre autres, durent à leur origine britannique d'être tous zagayés ou chassés de la ville, avant la fin du jour où le kabar avait eu lieu. Telle fut la stupide fureur de cette multitude obéissant, les yeux fermés, à des ordres aussi ridicules qu'abominables et barbares.

La durée du deuil national, qui est ordinairement d'une année, fut abrégée par la reine qui le réduisit à dix mois. Le couronnement eut lieu en grande pompe le 11 juin 1829. La reine prononça un discours et, après la cérémonie à demi sauvage de ce sacre étrange, les chefs de chaque tribu et de chaque province, les généraux, au nom de l'armée, les Européens, les grands dignitaires furent admis à prêter serment [1].

Mais la sinistre quiétude du palais d'Imerne fut bientôt troublée par des bruits de guerre civile et de guerre étrangère. Ramanetak, le cousin favori de Radama, et ancien commandant de Bombetock, dont la tête avait été mise à prix, faisait, disait-on, des préparatifs d'agression dans le nord. D'un autre côté, on apprit que le gouvernement français était sur le point d'envoyer une flotte pour reprendre possession de ses anciennes colonies. Ramatenak ce-

---

[1] William Ellis, tome II, pag. 421, 429.

pendant avait eu le temps de fuir, plus heureux que les autres proscrits, et il avait réussi à s'embarquer sur des chelingues arabes, avec sa famille, ses esclaves et cent de ses plus fidèles soldats. Tout ce parti s'était fait déposer à Anjouan, l'une des Comores. Toute l'attention publique se reporta dèslors du côté de l'expédition française qu'on annonçait devoir arriver prochainement à Madagascar.

En effet, le 28 janvier 1829, le gouvernement du roi avait décidé que *la Nièvre*, *la Chevrette*, la frégate *la Terpsichore* et la gabare *l'Infatigable* formeraient, avec les autres bâtiments qui se trouvaient alors à Bourbon, une division navale qui serait placée sous les ordres de M. le capitaine de vaisseau Gourbeyre, commandant de la frégate, et qui agirait conformément à un plan d'opérations arrêté par le gouverneur en conseil. Cette division devait porter à Madagascar cent cinquante-six hommes d'artillerie de marine et quatre-vingt-dix hommes d'infanterie légère qui devaient composer le corps expéditionnaire avec les compagnies de noirs Yolofs et un nombre égal d'hommes formant les garnisons de Bourbon et de Sainte-Marie.

Le Ministre de la marine, en notifiant cette décision à M. le comte de Cheffontaines, lui renouvela la recommandation faite par son prédécesseur de ne tenter aucune entreprise dont les résultats, en cas de non-succès, pussent compromettre les intérêts et la dignité de la France, et notamment de n'occuper militairement que les points qu'il serait démontré facile de conserver avec les forces disponibles. M. le baron Hyde de Neuville ajoutait que, dans l'incertitude où l'on était en France sur la situation réelle des choses à Madagascar, il ne pouvait donner d'instructions précises relativement aux mesures à prendre ; mais qu'il s'en rapportait aux lumières et à la sagesse du conseil privé pour employer, de la manière la plus utile aux intérêts de la France, les moyens mis à la disposition de l'administration locale.

Les bâtiments et les troupes expédiées de France se trouvèrent réunis à Bourbon dans les premiers jours du mois de juin 1829. Conformément aux intentions du ministre de la marine, M. de Cheffontaines convoqua le conseil privé pour délibérer sur la marche qu'il convenait d'imprimer aux opérations de l'expédition. Après une discussion approfondie, à laquelle M. de Cheffontaines crut devoir appeler M. Gourbeyre, il fut arrêté : 1° Que l'expédition se présenterait sur la côte de Madagascar d'une manière amicale ; 2° qu'elle ne tenterait rien avant qu'il n'eût été répondu à une notification qui serait faite à la reine des Hovas par une députation qui se rendrait immédiatement auprès d'elle et lui offrirait des présents ainsi qu'à ses principaux officiers ; 3° que la notification porterait que l'intention du roi de France était : De faire occuper de nouveau par ses troupes le port de Tintingue, d'exiger la reconnaissance de ses droits sur le fort Dauphin et la partie de la côte orientale, entre la rivière d'Yvondrou et la baie d'Antongil inclusivement, et autres points anciennement soumis à la domination française ; de rétablir, sous sa protection et sa domination, les anciens chefs malates et betsimsaracs, et enfin de lier, avec les peuples de Madagascar, des relations d'amitié et de commerce, qui ne pourraient contribuer qu'à la paix intérieure et à la prospérité du pays ; 4° que le chef de la députation demanderait une réponse prompte et précise, et que s'il ne l'obtenait pas dans le délai de huit jours, il se retirerait immédiatement près du commandant de l'expédition, qui se mettrait alors en devoir d'assurer par la force l'exécution des ordres du roi. M. Gourbeyre muni d'instructions détaillées, rédigées dans ce sens, et pourvu des vivres et du matériel nécessaires à l'expédition, partit de Bourbon le 15 juin 1829, avec la frégate *la Terpsichore*, la gabare *l'Infatigable* et le transport *le Madagascar*. Le 7 juillet, après avoir rallié, devant Sainte-Marie, *la Chevrette*, *la Nièvre* et l'aviso *le Colibri*, qui avait porté au gouverneur de Maurice l'avis du départ de l'expédition, M. Gourbeyre mit sous voile et mouilla le 9, dans l'après-midi, sur la rade de Tamatave. Les troupes expéditionnaires se trouvaient alors composées de quatre-vingt-cinq artilleurs, de vingt-un ouvriers militaires et de trois cent trente-un hommes d'infanterie, en tout de quatre cent vingt-sept hommes.

Pour juger par lui-même des dispositions des Hovas, le commandant descendit le lendemain à la

Grande Terre, accompagné de plusieurs officiers et de quelques autres personnes, et alla faire visite à André Soa, gouverneur de la province. Il lui annonça que sa mission était toute de paix, qu'il était porteur de cadeaux pour la reine Ranavalo, et qu'il désirait les lui envoyer par deux de ses officiers, pour lesquels il demandait des saufs-conduits. Ces cadeaux consistaient en deux cachemires français, une robe de cour en velours cramoisi, une autre en tulle brodé, et deux pièces de gros de Naples. Ces objets de toilette avaient été choisis avec soin, dans le but de faire connaître à la reine la beauté des produits de nos manufactures. Pendant sa visite, M. Gourbeyre eut occasion de remarquer les préparatifs de défense qui se faisaient. Des boulets arrivaient d'Imerne, et la garnison de Tamatave avait été augmentée. Des corps hovas devaient également être dirigés sur Tintingue, dans le but sans doute de s'opposer à notre établissement sur ce point. Ces dispositions déterminèrent le commandant français à ne pas envoyer d'officiers vers la reine; et, afin de ne pas s'exposer à perdre en pourparlers un temps précieux, il écrivit, le 14 juillet 1829, à Ranavalo, pour lui notifier nos prétentions et nos griefs. Il fixa, pour sa réponse, un délai de vingt jours, passé lequel le silence de la reine devait être considéré comme un refus de reconnaître nos droits. Pour mettre cet intervalle de temps à profit, la division se rendit de Tamatave à Tintingue, dont la reprise de possession eut lieu le 2 août. On s'y occupa immédiatement des travaux de fortification et d'établissement. Des fossés larges et profonds furent creusés autour de l'enceinte qu'on avait choisie; huit canons mis en batterie en défendirent l'approche. Les officiers de la *Chevrette* levèrent le plan de la baie et balisèrent les passes. De toutes parts, on rivalisait de zèle et d'ardeur. Les Betsimsaracs à la bravoure desquels on eut trop de confiance plus tard, vinrent en foule féliciter le commandant et lui faire des offres de services et des protestations de dévouement à notre cause contre les Hovas. Le 19 septembre 1829, le fort se trouva assez avancé pour qu'on pût y arborer le drapeau français. A quelque temps de là, une députation d'officiers hovas se présenta devant le commandant français pour lui remettre une lettre par laquelle le général en chef de l'armée hova, Andriamihiaja, demandait les motifs de notre établissement à Tintingue.

M. Gourbeyre répondit en rappelant les droits de la France à la possession de diverses parties de la côte orientale de Madagascar. Puis il réclama à son tour des explications sur un acte de violence des plus outrageants commis, trois ou quatre mois auparavant, contre un traitant français, nommé Pinçon, par le chef hova de Fénériffe. Ce barbare, au mépris de toutes les lois humaines, avait fait vendre publiquement notre compatriote, jeté par la tempête sur la côte voisine, et ce n'avait été qu'au prix de cinquante piastres d'Espagne que celui-ci avait pu racheter sa liberté. De plus, sur plusieurs autres points de la côte, les Français étaient notoirement maltraités par les autorités hovas. Après avoir exprimé la vive indignation que lui inspirait une telle conduite, M. Gourbeyre déclarait qu'il se rendrait bientôt, avec sa division, à Tamatave pour exiger la réparation de tous les griefs que les Français avaient à reprocher au gouvernement des Hovas.

Malheureusement, notre expédition manquait de guides et d'alliés capables de seconder l'incontestable mérite, et l'admirable bravoure de nos officiers et de nos soldats. L'ancien secrétaire de Radama, Robin, qui s'était éloigné de Tananarive, pour fuir les persécutions auxquelles étaient en butte les serviteurs du feu roi, aurait pu rendre de grands services au commandant, en l'éclairant sur la situation réelle des Hovas, sur le fort ou le faible de leurs établissements militaires. Il était alors auprès de Ramanetak à Anjouan, avec quelques centaines de partisans. Robin persistait à engager ce prince à se rendre sur la côte nord-ouest de Madagascar, à y soulever les Sakalaves du Nord, impatients du joug des Hovas et à s'efforcer de reconquérir le trône d'Imerne, auquel il avait des droits. Ce plan que Ramanetak adopta avec joie et qui, en cas de succès, offrait les plus grands avantages à la France, n'eut pas même un commencement d'exécution, parce que l'on ne mit à la disposition du prince que soixante fusils et vingt barils de poudre. Ramanetak, qui manquait d'armes et de munitions, ne pouvait songer à attaquer, avec des moyens aussi pauvres, une armée formidable, comme l'était alors celle de la reine. Il fut donc forcé d'ajourner ses projets de descente à la côte, après s'être fait une idée peu flatteuse de la générosité et de la puissance de la France.

Laissant la gabare *l'Infatigable* et trois cents hommes de garnison à Tintingue, M. Gourbeyre, se dirigea le 3 octobre sur Tamatave, avec *la Terpsichore, la Nièvre* et *la Chevrette*, et vint, le 10 octobre, s'embosser à trois cents toises du fort hova. Le lendemain, dès le point du jour, ces trois bâtiments et les troupes expéditionnaires se préparèrent au combat; mais, avant de commencer le feu, M. Gourbeyre fit demander au prince Coroller, commandant en chef de la côte orientale de Madagascar, s'il avait reçu de la reine Ranavalo les pouvoirs nécessaires pour traiter. Sur sa réponse négative, un officier de la frégate lui remit, avec une déclaration de guerre, une lettre qui lui annonçait que les hostilités allaient immédiatement commencer.

C'est ce qui eut lieu en effet.

Peu d'instants suffirent pour détruire le fort; et quelques obus bien dirigés ayant causé l'explosion du magasin à poudre, les Hovas épouvantés abandonnèrent leurs retranchements. Pour rendre le succès complet, on mit à terre un détachement de deux cent trente-huit hommes de troupes de débarquement sous les ordres du capitaine Fénix, et l'ennemi, forcé bientôt de lâcher pied, s'enfuit dans les montagnes d'Yvondrou, laissant en notre pouvoir vingt-trois canons ou caronades et plus de deux cents fusils. Les Hovas eurent dans cette affaire plus de cinquante hommes tués. Poursuivis vivement par nos soldats dans l'intérieur des terres jusqu'à Ambatoumanoui, ils y éprouvèrent une nouvelle défaite, qui leur fit perdre à peu près autant de monde.

L'impression que ce succès produisit sur l'esprit des Betsimsaracs fut telle, qu'ils offrirent de se soulever contre les Hovas, et ne demandèrent que quelques jours pour mettre sur pied six à huit mille hommes et exterminer leurs ennemis; mais il aurait fallu leur laisser un bâtiment, avec un détachement de soldats français, et l'hivernage approchait : cette double circonstance ne permit pas de profiter de leurs bonnes dispositions [1].

Après le poste de Tamatave, le plus important de ceux que les Hovas occupaient sur la côte était sans contredit Foulepointe. M. Gourbeyre crut devoir s'y porter pour continuer les hostilités. Retenue quelque temps à Tamatave par les vents contraires et par la nécessité de protéger l'évacuation des traitants, la division ne put jeter l'ancre à Foulepointe que le 26 octobre. Là, nos armes ne furent pas aussi heureuses qu'elles venaient de l'être

---

[1] *Précis sur les établissements français* à Madagascar, publié par le Ministère de la marine, page 54. *Imprimerie royale*, 1836.

à Tamatave. Le 27, le canon des bâtiments était parvenu à déloger les ennemis des batteries qu'ils avaient établies pour la défense du rivage, et nos troupes mises à terre s'étaient avancées en bon ordre contre une redoute d'où partait une très-vive fusillade, lorsque leur ardeur à se porter en avant vint mettre la confusion dans leurs rangs. En ce moment, une décharge subite de sept à huit coups de canons chargés à mitraille déconcerta le courage de nos soldats. Ce fut alors que le brave capitaine d'artillerie Schœll, qui n'avait pas voulu tourner le dos à l'ennemi, tomba percé de coups. Seul avec deux marins, blessé d'une balle à la cuisse, et s'appuyant sur son sabre pour marcher, il s'était défendu héroïquement contre quinze Hovas. Sa mort fut l'objet de regrets universels.

L'échec éprouvé dans cette rencontre était d'autant plus inattendu que ce fut, précisément au moment où la victoire était à nous, que quelques-uns de nos soldats lâchèrent pied. Si la colonne d'attaque eût été formée comme elle devait l'être par le capitaine qui la commandait, la redoute était enlevée à la baïonnette, et nos troupes triomphaient en un instant d'un ennemi trois fois supérieur en nombre. Malgré la fâcheuse issue de notre attaque, les Hovas n'eurent pas moins de soixante-quinze tués et de cinquante blessés, tandis que le nombre de nos morts ne s'éleva pas à plus de onze et celui de nos blessés à plus de quinze.

Dans l'espoir d'effacer le souvenir de cette journée, M. Gourbeyre conduisit, le 3 novembre, sa division à la Pointe-à-Larrée, où les Hovas avaient établi un poste militaire qui menaçait à la fois nos établissements de Tintingue et de Sainte-Marie. La victoire ici fut complète. Le feu ayant commencé le 4 au matin, nos boulets ne tardèrent pas à faire une brèche au fort des Hovas. La plupart des canonniers ennemis périrent sur leurs pièces. Les Hovas, qui avaient fait jusque-là une courageuse résistance, ayant vu succomber les plus intrépides d'entre eux, abandonnèrent des bastions qui ne les défendaient plus contre les obus et la mitraille, et ne songèrent plus qu'à la fuite. Poursuivis par nos tirailleurs, ils perdirent encore beaucoup de monde. A midi, le pavillon français flottait sur le fort des Hovas. Cette journée, dans laquelle l'ennemi eut cent vingt-cinq hommes tués, nous valut huit canons, sept cents livres de poudre et un troupeau de deux cent cinquante bœufs. De notre côté il n'y eut que onze tués. Il est juste d'ajouter que toutes les précautions avaient été prises pour assurer le succès de cette attaque, et que le moral de nos troupes avait été relevé par les chaleureuses harangues de leur brave commandant. Les bâtiments de la division restèrent deux jours au mouillage pour qu'on mît à bord tout ce qui pouvait être emporté, et ils partirent le 6 novembre pour retourner à Sainte-Marie.

Après le combat de la Pointe-à-Larrée, le chef de l'expédition aurait désiré pouvoir parcourir la côte et détruire successivement tous les postes occupés par les Hovas au nord de Tintingue, afin d'assurer la conservation de cet établissement; mais les bâtiments avaient peu de munitions de guerre, les équipages et les troupes étaient affaiblis par les travaux et les maladies, et le moment approchait où la saison deviendrait un obstacle à de nouvelles hostilités. Ces considérations déterminèrent le commandant français à suspendre les opérations qu'on ne pouvait plus continuer sans danger pour les équipages comme pour les troupes de l'expédition. Les mêmes motifs lui firent sentir combien il était important d'achever les fortifications de Tintingue avant l'hivernage. Il porta en conséquence jusqu'à quatre cents hommes la garnison de cette place, dont le commandement fut confié à M. Gailly, capitaine d'artillerie. Quant à la garnison de Sainte-Marie, son effectif fut fixé à cent cinquante hommes. Deux bâtiments, *l'Infatigable* et *la Chevrette*, restèrent en croisière sur la côte pour protéger ces deux établissements.

Cependant le bruit de la première victoire remportée par nos troupes répandit une terreur panique à Imerne, où résidait Ranavalo, et disposa le gouvernement hova à négocier. D'après leurs propres aveux, les Hovas auraient eu trois cent quatre tués et cent seize blessés, dans les quatre combats dont il a été parlé plus haut. Le 20 novembre, deux envoyés de ce gouvernement, le prince Coroller et le général Ratsitouhaine firent demander à M. Gour-

beyre un sauf-conduit pour se rendre auprès de
lui, afin de lui remettre deux lettres de la reine et
traiter de la paix. M. Gourbeyre consentit à les recevoir à la Pointe-à-Larrée. L'entrevue eut lieu à
bord de *la Terpsichore*, le 22 novembre. Les envoyés
manifestèrent les sentiments les plus pacifiques, et
déclarèrent à M. Gourbeyre que la reine était disposée à accorder toutes les réparations demandées
pour les griefs dont la France avait à se plaindre.
Ils repartirent, le 26 novembre, emportant un
traité dont la ratification par Ranavalo devait avoir
lieu au plus tard le 31 décembre. Pour preuve de
son désir de voir la bonne harmonie rétablie entre
les Français et les Hovas, le prince Coroller, avant
de quitter la Pointe-à-Larrée, remit au commandant
Gourbeyre une invitation à tous les traitants français de rentrer à Tamatave et dans les autres lieux
occupés par les Hovas, un ordre aux chefs de la
côte de cesser immédiatement les hostilités, et une
lettre portant que les navires du commerce français
seraient admis comme par le passé dans tous les
ports sous la domination de Ranavalo. En attendant
la réponse de la reine, M. Gourbeyre quitta les côtes
de Madagascar où sa présence n'était pas alors nécessaire, et se rendit à l'île Bourbon, pour se con-
certer avec le gouverneur de cette colonie sur les
opérations ultérieures. D'après les sentiments ma-
nifestés par les envoyés hovas, la ratification du
projet de traité ne paraissait pas douteuse ; elle fut
pourtant refusée, et la teneur des réponses de Ra-

navalo porte à croire que ce refus fut l'œuvre des missionnaires anglais établis dans la capitale du pays des Hovas [1].

Il fallut dès lors songer à recommencer les hostilités. Sur la demande de M. le capitaine de vaisseau Gourbeyre et du conseil privé de Bourbon, le gouvernement de la métropole ordonna l'envoi, à Madagascar, de huit cents hommes du seizième léger, d'un certain nombre d'artilleurs et d'un matériel de guerre proportionné. On affecta au transport de ces troupes la frégate *la Junon*, la corvette de charge *l'Oise* et la corvette *l'Héroïne*. L'expérience ayant démontré que les soldats noirs étaient la force sur laquelle on devait principalement compter pendant la mauvaise saison, le département de la marine fit organiser au Sénégal deux nouvelles compagnies d'Yoloffs pour les établissements de Madagascar. L'envoi de ces renforts était d'ailleurs d'autant plus nécessaire que les garnisons de Tintingue et de Sainte-Marie avaient subi les effets de l'hivernage de 1829 à 1830. Tous les blancs avaient été malades et quelques-uns avaient succombé. Les équipages des bâtiments de l'État en station sur la côte avaient également souffert de l'influence de l'hivernage.

En accordant le personnel et le matériel que le conseil privé de Bourbon, d'accord avec M. Gour-

---

[1] *Précis sur les établissements français* à Madagascar, publié par le département de la marine, page 58. *Imprimerie royale*, 1836.

beyre, avait déclarés être nécessaires pour continuer la guerre contre les Hovas, le gouvernement métropolitain avait eu principalement en vue de donner, par un déploiement de forces imposantes, assez de poids aux négociations ultérieures pour que la paix se rétablît sans qu'il fût besoin d'employer de nouveau la voie des armes. Le ministre de la marine ne le laissa point ignorer au gouverneur de Bourbon. «C'est à une conclusion prompte, honorable et sans effusion de sang, lui écrivait-il le 8 juin 1830, que doivent tendre tous vos soins et ceux de M. Gourbeyre. A cet effet, sans négliger les secours que l'on peut tirer de la jalousie des peuples rivaux ou mécontents des Hovas, il faut éviter de prendre avec ces peuples des engagements tels qu'une conciliation ultérieure avec la reine devînt impossible. Si les négociations n'amènent pas un résultat favorable, les forces qui vous sont données, insuffisantes pour une guerre d'envahissement et de conquête, qui n'entrerait en aucun cas dans les intentions du roi, permettront non-seulement de se tenir sur une défensive respectable à Tintingue ainsi qu'à Sainte-Marie, mais même de renouveler au besoin les opérations militaires qui ont eu lieu en 1829. Toutefois, comme le seul but de Sa Majesté est, en soutenant l'honneur du pavillon, d'obtenir la reconnaissance des droits de la France sur certaines parties du littoral et de procurer toute sécurité au commerce français, il convient de n'entreprendre d'expédition armée qu'autant que le succès en serait prompt et propre d'ailleurs à forcer la détermination de la reine relativement à la conclusion de la paix. La colonie de Bourbon, ajoutait le ministre, appréciera, je n'en doute pas, les sacrifices que fait le gouvernement pour soutenir une cause embrassée à sa demande et presque uniquement dans son intérêt; mais ces sacrifices ne peuvent être d'une longue durée, et il importe essentiellement de rentrer au plus tôt, quant à la dépense, dans les limites des crédits qui ont été accordés par le budget. A cet effet et sans attendre de nouveaux ordres, dès que la paix sera faite, ou, dans le cas contraire, dès que nos établissements de Tintingue et de Sainte-Marie pourront se passer de secours extraordinaires, vous renverrez en France toutes les troupes qu'il ne serait pas indispensable de conserver [1]. »

M. Duval-Dailly, qui venait de succéder à M. de Cheffontaines dans le poste de gouverneur de Bourbon, ne négligea rien de son côté pour éviter la reprise des hostilités. Vers le milieu de 1830, les relations indirectes de l'administration de Bourbon avec Imerne, ayant fait connaître que le gouvernement hova se trouvait dans des dispositions pacifiques et qu'il céderait volontiers les territoires réclamés, cette administration crut devoir profiter des moments où l'absence des forces demandées en

---

[1] *Précis sur les établissements français* à Madagascar, publié par le Ministère de la marine, page 60. *Imprimerie royale*, 1836.

France ne lui permettait pas d'agir hostilement, d'abord pour s'assurer du véritable état des esprits à la cour d'Imerne et éclairer la reine sur les dangers où l'exposerait la continuation de la guerre, et ensuite pour chercher à conclure un traité sur des bases également avantageuses aux deux parties. Cette mission fut confiée à MM. Tourette, secrétaire greffier de l'administration de Sainte-Marie, et Rontaunay, négociant de Bourbon, lequel possédait, de compte à demi avec la reine, une sucrerie à Mahéla, près de Tamatave. Ce dernier devait se rendre à la cour d'Imerne sans caractère officiel, afin de pouvoir mieux seconder de son influence les démarches de son collègue. Les deux commissaires voyagèrent séparément. M. Tourette partit de Tamatave le 21 juillet ; de son côté, M. Rontaunay avait quitté Mahéla quelques jours auparavant, pour se rendre auprès de la reine Ranavalo.

Après quelques difficultés qui furent bientôt aplanies, le prince Coroller, commandant les troupes hovas du littoral, donna à M. Tourette une garde pour l'accompagner ; mais, arrivé à quelques lieues de la capitale, M. Tourette fut obligé de s'arrêter dans un village, où le général Andriamihiaja, premier ministre de Ranavalo, accompagné d'agents dévoués au gouverneur de Maurice, vint à sa rencontre pour lui signifier qu'il était chargé par la reine de conférer avec lui sur l'objet de sa mission. M. Tourette avait appris la veille, par des rapports secrets, que la démarche du premier ministre n'avait d'autre but que de l'empêcher d'arriver jusqu'à Ranavalo, et d'entrer en relation avec les personnes influentes de la cour qui désiraient la paix. Après avoir inutilement insisté pour obtenir la permission de continuer son voyage jusqu'à Tananarive, M. Tourette fut contraint à la fin de revenir sur ses pas sans avoir pu même entamer une négociation. M. Rontaunay, qui n'avait pas pris de titre officiel, fut plus heureux. Il parvint, sur la fin d'août 1830, à Tananarive. Il y trouva le parti du premier ministre trop puissant et trop contraire à un arrangement pour que ses démarches pussent obtenir un résultat immédiat. Il ne réussit pas à voir la reine ; mais il employa les moyens qui étaient à sa disposition pour faire comprendre aux personnages du parti opposé à celui d'Andriamihiaja les avantages que la paix procurerait au pays hova, et combien il y avait de danger pour Ranavalo à continuer la guerre avec les Français ; puis il quitta Tananarive après une résidence de quinze jours, sans avoir pu agir ouvertement dans le sens de sa mission. Cependant ses efforts, quoique tentés par une voie indirecte, ne furent pas sans succès. Après son départ, le parti favorable à la paix triompha, à la suite d'une émeute dans laquelle Andriamihiaja fut assassiné. On attribua la mort de ce général au mécontentement produit par son opposition à toute transaction avec la France. On trouva dans ses papiers toutes les lettres adressées par M. Gourbeyre au gouvernement hova. Le prince Coroller assura plus tard qu'elles n'avaient jamais été communiquées à la reine ni aux autres ministres, et que Andriamihiaja faisait seul les réponses, en employant abusivement le nom et la signature de Ranavalo. Peu de temps après cet événement, le général Coroller fit savoir au commandant de l'un des bâtiments de la station française que la reine Ranavalo devait adresser prochainement au gouverneur de Bourbon des propositions de paix conformes à la convention arrêtée précédemment par M. Gourbeyre.

D'après la réception faite à nos commissaires, il ne convenait plus à la dignité de la France d'entamer de nouvelles négociations avant de connaître la nature de ces propositions. Cependant, afin de ne pas perdre une occasion de terminer à l'amiable la lutte où nous étions engagés, le gouverneur de Bourbon chargea, le 8 novembre 1830, M. le lieutenant de vaisseau de Marans de se rendre à Tamatave avec la frégate *la Junon*, et de sonder adroitement le général Coroller sur les véritables intentions de la reine. Celui-ci écrivit à cette occasion à M. Duval-Dailly, que sa souveraine, inspirée par des conseils plus sages, était disposée à consolider par un traité une paix avantageuse aux deux nations. Mais l'entretien que M. de Marans eut avec ce général ne lui donna point une opinion favorable de sa sincérité, et aucun message de la reine ne vint confirmer les dispositions pacifiques qu'on lui attribuait. Il était de fait pourtant que nos bâtiments étaient bien accueillis sur tous les points occupés par les Hovas, et que les traitants français n'étaient ni inquiétés ni molestés.

Cependant les troupes hovas, éclairées par l'expérience ou plus habilement conseillées, avaient reculé leur ligne de défense dans l'intérieur, hors de la portée des canons de nos bâtiments, en sorte qu'il était devenu impossible de les attaquer avec avantage avant d'avoir reçu le matériel d'artillerie demandé en France ; d'un autre côté, on ne pouvait reprendre l'offensive qu'après la rupture des négociations entamées, et le résultat définitif de ces négociations ne devait parvenir à la connaissance de l'administration de Bourbon qu'à une époque de la saison qui n'eût pas laissé assez de temps pour assurer le succès des opérations commencées. Il fut donc décidé que les hostilités, dans le cas où elles devraient être reprises, ne le seraient qu'au mois de juillet 1831. M. Gourbeyre crut devoir profiter de ce délai pour repasser en France, dans la pensée que sa présence à Paris le mettrait à même de donner au ministre de la marine beaucoup de renseignements qu'on avait peut-être négligé de lui transmettre, et de répondre à une foule de questions, toujours trop tardivement résolues par la correspondance. C'est à cette époque que des ouvertures pacifiques furent faites à la reine Ranavalo par le gouvernement français représenté par M. le prince de Polignac, alors président du conseil des ministres, et chargé du portefeuille des relations extérieures. Le roi Charles X ordonna à cet homme d'État de proposer à la reine Ranavalo l'occupation par la France des principaux points de l'île, sous la garantie d'un protectorat dont les conditions eussent été débattues sur des bases très-larges. Ces ouvertures n'eurent malheureusement aucune suite [1].

Sur ces entrefaites, la révolution de juillet s'accomplit. L'un des premiers soins du département de la marine fut d'examiner si, dans la situation grave où cette révolution plaçait la France, il ne convenait pas de faire cesser au plus tôt les dépenses extraordinaires qu'occasionnait Madagascar. M. le lieutenant général comte Sébastiani, qui venait d'être chargé du portefeuille de la marine, convoqua le conseil d'amirauté qui, réuni sous sa présidence, exprima l'avis « que le parti le plus sage à

---

[1] Le prince de Polignac écrivit, de sa propre main, à la reine des Hovas une longue lettre, dans laquelle il lui déclare que la France attachait le plus grand prix à la possession de Madagascar, qu'elle avait toujours envié la possession définitive de cette colonie comme le contre-poids naturel de la puissance coloniale de l'Angleterre en Orient. Le journal anglais, le *Times*, en annonçant récemment la découverte de la lettre autographe du ministre français, ajoute : « Par cette lettre, le premier ministre du roi Charles X promettait à la reine, de la part de Sa Majesté Très-Chrétienne, de lui fournir abondamment des armes et des munitions, une certaine somme d'argent, et de lui envoyer des officiers français pour discipliner ses troupes, sous la condition que la France pût faire de grands établissements dans la baie Saint-Augustin, dans celle de Diego-Suarez, et dans deux ou trois autres ports de l'île » (*The Times of* 12th *May* 1845).

prendre à l'égard de Madagascar était de renoncer, au moins quant à présent, à tout projet d'établissement sur cette île, en prenant toutes les précautions nécessaires pour sauver l'honneur de nos armes. » Le ministre de la marine adopta cet avis, et, sur sa proposition, le roi Louis-Philippe décida, le 27 octobre 1830, 1° que l'on rappellerait immédiatement en France les quatre bâtiments de guerre affectés à l'expédition, et tout ce qui, en infanterie et en artillerie, excéderait l'effectif des garnisons ordinaires de Bourbon et de Sainte-Marie ; 2° que le gouverneur de Bourbon serait chargé de négocier avec la reine des Hovas un traité où l'on s'abstiendrait, au besoin, de discuter la question de souveraineté, et qui aurait pour but essentiel de régler les relations commerciales entre la France et Madagascar.

Cette décision fut immédiatement notifiée à M. Duval-Dailly. Mais, avant qu'elle lui parvînt, ce gouverneur avait déjà fait quelques dispositions en ce sens. Quoique la paix ne fût pas faite avec les Hovas, nos établissements se trouvaient alors à l'abri de leurs attaques, et il avait jugé suffisant de conserver à Bourbon, en sus des forces affectées au service ordinaire de Madagascar, deux cents hommes d'infanterie pour renforcer, au besoin, la garnison de Tintingue, et quatre bâtiments pour assurer les communications avec Bourbon. Comme la colonie de Bourbon souffrait beaucoup de cette guerre, ses caboteurs n'étant plus admis dans les ports de la côte orientale, et les approvisionnements en riz et en bœufs qu'elle tire annuellement de Madagascar, lui manquant depuis longtemps, M. Duval-Dailly dut s'empresser d'exécuter les ordres du ministre. Ces dispositions ne parurent pas influer d'ailleurs défavorablement sur notre situation politique à Madagascar. La reine des Hovas, sans se montrer toutefois mieux disposée à la paix, laissait les navires français commercer en toute liberté, sur les côtes de la Grande Terre.

La dépêche ministérielle qui notifiait au gouverneur de Bourbon les ordres du roi, relativement à Madagascar, l'autorisait en outre à faire évacuer Tintingue et Sainte-Marie. Afin de rendre plus avantageux le traité de commerce qu'il lui était recommandé, par cette dépêche, de conclure avec les Hovas, M. Duval-Dailly ouvrit avec le gouvernement d'Imerne des négociations, où l'évacuation de Tintingue, quoique arrêtée à l'avance, fut cependant présentée comme une compensation des avantages commerciaux réclamés par la France; mais le gouvernement hova, instruit par ses communications avec l'île Maurice des intentions de la France, quant à l'évacuation, et certain dès lors d'obtenir ce qu'il désirait par la temporisation et sans aucun sacrifice, se refusa à tout traité. Cette dernière tentative ayant ainsi échoué, l'évacuation de Tintingue fut définitivement ordonnée par le gouverneur de Bourbon, le 31 mai 1831, après avoir été approuvée le 25 mars précédent par le conseil privé, et le 20 avril par le conseil général de la colonie. Elle s'effectua paisiblement, du 20 juin au 3 juillet, sous la protection de la corvette *l'Héroïne* et de la gabare *l'Infatigable*. Un corps de trois mille Hovas s'avança seulement jusqu'en vue de la place, mais il ne fit aucune démonstration hostile. Les fortifications de Tintingue furent détruites, et l'on livra aux flammes les édifices en bois élevés par nous, attendu que leur démolition et les frais de transport auraient coûté au delà de la valeur des matériaux. Le personnel et le matériel furent ensuite embarqués et transportés, soit à Sainte-Marie, soit à Bourbon.

L'évacuation de Sainte-Marie fut indéfiniment ajournée. Il fallait donner aux colons, qui s'y étaient établis sur la foi des promesses du gouvernement, le temps nécessaire pour exporter les produits et le matériel de leur exploitation. D'un autre côté, un assez grand nombre d'indigènes, ennemis des Hovas, et qui avaient pris parti pour la France, s'étaient réfugiés dans l'île au moment de la destruction du fort de Tintingue, et on leur devait asile et protection jusqu'à ce qu'ils eussent pu se soustraire à la vengeance des Hovas en choisissant une autre retraite. Il parut nécessaire d'ailleurs de conserver des moyens de protection efficaces, à l'égard de notre commerce sur la Grande Terre, et de constater, par la présence de notre pavillon, que la France maintenait tous ses droits sur nos anciennes possessions à Madagascar [1]. On réduisit, au reste, le

---

[1] *Précis sur les établissements français* de Madagascar, publié par le Ministère de la marine. *Imprimerie royale*, 1836.

personnel salarié de Sainte-Marie au strict nécessaire, et l'on fit rentrer dans la condition d'engagés travailleurs les Malegaches qui avaient été incorporés dans les compagnies militaires de Yoloffs. Aussitôt que les Français eurent quitté le rivage de la grande île malegache, les Hovas massacrèrent un grand nombre de Betsimsaracs, qui avaient reconnu l'autorité de la France et construit des villages sous la protection de nos forts.

Telle fut la fin de l'expédition de 1829, durant laquelle des fautes nombreuses et capitales, ainsi qu'on vient de le voir dans ce qui précède, furent commises par tout le monde. Depuis cette époque, les hostilités semblèrent cesser entre les Français et les Hovas. Nos relations commerciales parurent se rétablir sur le littoral comme par le passé, mais cette apparente quiétude politique ne devait pas être d'une longue et solide durée.

CHAPITRE VI.

Sommaire. — Nouvelles tentatives faites en 1832 pour arriver à fonder un établissement à Madagascar. — Exploration de la baie de Diego Suarez, par ordre de M. le comte de Rigny, ministre de la marine. — Ressources présentées par cette baie. — Moyens proposés pour y former un établissement maritime. — Avis du conseil d'amirauté à ce sujet. — Ce projet est abandonné. — Dispositions relatives à Sainte-Marie. — Cette île est de nouveau conservée par la France. — Situation des missionnaires anglais à Tananarive. — La reine forme le projet de les chasser et de détruire le christianisme. — Sinistres paroles prononcées par elle à ce sujet. — Discours de l'un des Grands Chefs à la reine. — Mesures prises par la reine pour arriver à l'abolition du christianisme à Madagascar. — Elle enjoint d'abord aux missionnaires de respecter les coutumes du pays, de s'abstenir de baptiser ses sujets et de célébrer le dimanche. — Doléances adressées à ce sujet à la reine par les missionnaires. — Il est répondu à ces doléances par un édit plus rigoureux encore, à la suite d'un *kabar*. — Texte de cet édit de la reine, sous forme de proclamation adressée aux naturels. — Cet édit reçoit son exécution. — Les missionnaires abandonnent Tananarive, le 18 juin 1835. — Réflexions à ce sujet. — Rébellions vers le Sud réprimées par les Hovas. — Renseignements donnés au ministre de la marine par un capitaine au long cours sur le commerce de Madagascar. — M. l'amiral Duperré envoie un émissaire à la reine. — L'envoyé français est mal reçu. — Deux corvettes anglaises et deux corvettes françaises se présentent à Tamatave, pour demander des explications sur les persécutions infligées aux traitants européens. — Repos momentané. — Émissaires anglais envoyés à la reine pour demander des émigrations à Maurice de travailleurs malegaches. — Leur peu de succès. — Nouvel échec de M. Campbell, agent officiel envoyé à Madagascar dans le même but. — Histoire des acquisitions récentes de la France dans le canal de Mozambique. — Récit des derniers événements de Tamatave, d'après le *Moniteur.* — Rapport de M. Romain Desfossés. — Conclusion.

Lorsque les premières années qui suivirent la révolution de juillet se furent écoulées, et que la paix parut se maintenir sur le continent européen, malgré le peu de succès des tentatives précédemment faites pour fonder un établissement durable à Madagascar, l'importance de la possession d'un port dans ces parages ne pouvant être méconnue, le projet d'y rétablir avec honneur le pavillon français parut trouver quelque faveur dans les Chambres et au dehors. Vers le milieu de l'année 1832, M. le comte de Rigny, alors ministre de la marine, pensa qu'il ne serait peut-être pas impraticable d'acquérir à Madagascar, soit par voie d'achat, soit en échange de nos possessions peu salubres de la côte orientale, un territoire plus sain et offrant des facilités pour y établir à peu de frais un comptoir, en attendant qu'on pût y former un établissement maritime.

La baie de Diego-Suarez, située au nord de Tintingue, avait été indiquée à l'administration de la marine comme réunissant ces avantages. M. de Rigny chargea M. le contre-amiral Cuvillier, nommé gouverneur de Bourbon, du soin de la faire explorer en même temps que les parties avoisinantes du littoral. Cette exploration fut exécutée en 1833 par le commandant et les officiers de la corvette *la*

Nièvre. Des diverses parties de la côte visitées par les explorateurs, aucune ne leur parut plus propre en effet à la formation d'un établissement maritime que la baie de Diego-Suarez. Cette baie est extrêmement vaste et contient plusieurs beaux ports; l'eau douce quoique rare y est suffisamment abondante ; les terres qui la bordent, quoique peu riches en apparence, paraissent susceptibles de culture; et, à en juger par la bonne santé que l'équipage de la corvette *la Nièvre* avait conservée pendant un séjour de trois mois sur cette côte, et par les renseignements recueillis auprès des marins du commerce qui la fréquentent, on n'y avait point à craindre l'insalubrité qui règne dans les parties de Madagascar où nous nous étions précédemment établis.

Les moyens d'exécution furent discutés. M. le contre-amiral Cuvillier et M. Bédier, commissaire-ordonnateur à Bourbon, tombèrent d'accord que ce n'était ni par voie d'achat ni par voie d'échange, comme l'indiquaient les instructions ministérielles, que la France pourrait acquérir la possession de la baie de Diego-Suarez, mais bien par la conquête, en enlevant aux Hovas la domination du littoral de Madagascar, et en faisant rentrer cette nation belliqueuse dans ses anciennes limites, avec le secours de toutes les peuplades auxquelles elle avait imposé son joug. Huit bâtiments de guerre, douze cents hommes de troupes blanches, un corps de soldats yoloffs, avec un matériel d'artillerie assez considérable, telles étaient les forces jugées indispensables pour cette expédition. L'importance des questions qui se rattachaient à ce nouveau plan détermina le successeur de M. le comte de Rigny, M. le contre-amiral Jacob, à en renvoyer l'examen au conseil d'amirauté. Le conseil d'amirauté considérant : d'une part, que les dépenses qu'il faudrait faire pour fonder dans la baie de Diego-Suarez l'établissement projeté seraient très-considérables, et qu'on n'obtiendrait que difficilement des Chambres les crédits spéciaux nécessaires pour y subvenir; d'autre part, que le gouvernement manquait de renseignements suffisants sur les avantages que pouvait présenter la localité proposée, fut d'avis qu'il y avait lieu d'ajourner tout projet d'établissement maritime à Madagascar, quelque utile qu'il dût être pour la France de posséder un port dans une mer où nous en manquions absolument. Cet avis fut adopté par M. l'amiral Jacob.

Quant à l'île Sainte-Marie, on ne crut pas devoir l'abandonner. Les intérêts des colons français qui s'y étaient établis sur la foi des promesses du gouvernement ne pouvaient être ainsi sacrifiés. D'un autre côté, un assez grand nombre d'indigènes, ennemis des Hovas, et qui avaient pris parti pour la France, s'étaient réfugiés dans l'île au moment de la destruction du fort de Tintingue, et on leur devait asile et protection jusqu'à ce qu'ils pussent se soustraire à la vengeance des Hovas en choisissant une autre retraite. Il parut nécessaire, d'ailleurs, de conserver des moyens de protection efficaces à l'égard de notre commerce sur la côte orientale de Madagascar, et de constater, par la présence de notre pavillon, que la France maintenait ses droits sur ses anciennes possessions. On se borna donc à réduire le personnel et les dépenses de l'établissement au strict nécessaire.

Depuis lors, l'état de guerre avait paru cesser entre les Français et les Hovas ; mais les relations commerciales ne furent qu'imparfaitement rétablies sur la côte orientale de Madagascar.

D'un autre côté, la puissance anglaise voyait s'éteindre rapidement dans la personne de ses missionnaires, le peu d'influence qui leur restait depuis l'avénement au trône de Ranavalo. La reine manifestait hautement une haine croissante contre ses hôtes pieux. Durant les hostilités de l'expédition de 1829, les missionnaires anglais parurent un instant oubliés ; mais dès que la crainte cessa de glacer ces débiles courages, la persécution recommença plus ardente que jamais.

Cependant la reine ne voulut songer à l'expulsion des étrangers qu'après avoir obtenu d'eux tout ce qu'ils pouvaient enseigner à son peuple dans l'art de tisser les étoffes, de fondre le fer, de travailler le bois, de construire les machines. Ses intentions restèrent ainsi à peu près secrètes jusqu'en 1835. Vers cette époque, la reine se montrait plus assidue au culte des idoles, culte que les missionnaires s'étudiaient à flétrir et à déconsidérer. Un jour, Ranavalo qui relevait de maladie, allant en procession solennelle, remercier l'Idole du rétablissement de sa santé, passa devant la chapelle des missionnaires anglais, d'où les chants sacrés vinrent frapper son oreille et réveiller sa haine assoupie. Elle prononça alors ces paroles sinistres : « Ils ne se tairont que lorsque la « tête de l'un d'eux sera tombée. »

L'aversion sainte des prêtres anglais contre le culte des idoles s'accroissait de jour en jour, et d'autre part, les naturels s'irritaient de voir ainsi des étrangers attaquer sans cesse les objets de leurs antiques croyances. Il était visible qu'un événement se préparait. A cette époque, un chef influent et d'un rang élevé, se présenta au palais de la reine et demanda à être admis à lui parler. Quand il fut en sa présence, il lui dit : « Je suis venu demander une zagaie à Votre Majesté, une zagaie acérée. J'ai vu le discrédit jeté par des étrangers sur les gardiens sacrés de cette terre, sur la mémoire des illustres ancêtres de Votre Majesté, à la protection desquels notre pays doit son salut. Les cœurs de votre peuple sont détournés des coutumes de nos ancêtres et de celles de Votre Majesté ; c'est que les instructions, les livres, la fraternité prêchée par ces étrangers, ont déjà gagné à leurs intérêts bien des hommes puissants, dans l'armée et dans le gouvernement, bien des hommes libres et un nombre immense d'esclaves. Tout cela n'est fait que pour préparer l'arrivée de leurs compatriotes qui fondront sur nous, au signal que tout est prêt, et qui s'empareront d'autant plus aisément de notre pays que le peuple leur est acquis. Telle sera la conséquence de leur enseignement et comme je ne veux pas vivre pour voir une telle calamité infligée à mon pays, et nos propres esclaves employés contre nous, je viens vous demander une zagaie, une zagaie acérée pour me percer le cœur, afin de mourir avant la venue de ce jour fatal. »

Après avoir entendu ce discours étrange, on dit que la reine versa des larmes de douleur et de rage, et qu'elle resta sans paroles pendant un long moment ; puis elle s'écria qu'elle mettrait fin au christianisme, dût-il en coûter la vie à tous les chrétiens de l'île.

Le plus profond silence régna alors dans le palais. La musique, les danses, les fêtes, les amusements ordinaires, furent suspendus durant quinze jours entiers. La cour d'Imerne semblait comme frappée d'une calamité nationale et la consternation la plus morne régnait dans tous les cœurs. Enfin, des mesures furent prises pour arriver à cette abolition tant souhaitée du christianisme. Un premier message de la reine enjoignit aux missionnaires de respecter les coutumes du pays tout en suivant librement les leurs et de s'abstenir de baptiser ses sujets ou de leur faire célébrer le dimanche, cérémonies formellement contraires aux coutumes ou aux lois du peuple hova. Les missionnaires adressèrent, à ce sujet, des représentations à la souveraine de Tananarive. Il n'y fut répondu que par un édit plus rigoureux encore publié solennellement dans un kabar convoqué le 1er mars 1835. A ce kabar assistèrent plus de cent cinquante mille indigènes de tous les rangs.

Voici cet écrit reproduit littéralement et adressé à son peuple par la reine en manière de proclamation directe, mélange inouï de formules barbares et d'idées empruntées, dans ce qu'elle a de moins éclairé, à la civilisation moderne: « Je viens vous le déclarer. Je ne suis pas une souveraine qui trompe et vous n'êtes pas des sujets trompés. Je vais vous dire ce que je me propose de faire et comment je vous gouvernerai. Quel est l'homme qui voudrait changer les coutumes de vos ancêtres et des douze souverains de cette contrée? A qui le royaume a-t-il été laissé en héritage par Dianampouine et par Radama, si ce n'est à moi? Eh! bien, si quelqu'un d'entre vous veut changer les coutumes de vos ancêtres et des douze souverains, j'abhorre cela. »

« Maintenant, quant à avilir les idoles, à traiter la divination de plaisanterie, à renverser les tombes des Vazimbas[1], je déteste ces crimes. Ne faites point cela dans mon royaume. Les idoles, dit-on, ne sont rien. Mais n'est-ce pas par elles que les douze rois ont été établis? Et maintenant elles seraient changées au point de ne devenir rien! La divination que vous traitez de la même manière et les tombes des Vazimbas, ne sont-ce pas là des témoignages de leur puissance? Le souverain lui-même les regarde comme sacrées et, vous, le peuple, vous les estimeriez moins que rien? C'est là mon af-

---

[1] Les *Vazimbas* sont les aborigènes de l'île. Leurs tombes sont regardées comme sacrées. Voyez à ce sujet, et pour plus de détails, le chapitre *Ethnographie, Mœurs et Coutumes*, dans le second Livre de cet ouvrage.

faire et je tiens pour criminel quiconque détruit les tombes des Vazimbas. »

« Quant au baptême, aux associations, aux lieux de prière, autres que les écoles, et aux prescriptions du dimanche, combien y a-t-il donc de souverains sur cette terre? N'est-ce pas moi, moi seule qui règne? Ces choses ne se doivent pas faire, elles sont illégales dans mon pays, car elles ne font point partie des coutumes de nos ancêtres, et je ne changerai point leurs coutumes, excepté pour les choses qui peuvent être utiles au bien de mon pays. »

« Eh bien donc, je vous accorde un mois pour vous dénoncer, vous qui avez reçu le baptême, qui faites partie des associations ou qui allez prier dans des maisons séparées, et si vous ne venez pas dans ce délai et attendez d'être découverts et accusés par d'autres, je vous déclare dignes de mort. Remarquez bien le délai fixé. C'est un mois, à partir du coucher du soleil, que je vous donne pour confesser votre état coupable. Vous, écoliers, voici mes ordres. Tant que vous serez écoliers et recevant l'instruction des Européens dans leurs maisons, observez le dimanche. Cependant, ce sera pour les leçons seulement que vous devrez l'observer et non pour toute autre chose, quelle qu'elle soit. Et plus tard, dès que vous aurez quitté les écoles, vous n'observerez en quoi que ce soit le dimanche; car, moi, la souveraine, je ne l'observe pas du tout, et pareille chose ne doit pas avoir lieu dans le pays. »

« Souvenez-vous que ce n'est pas au sujet de ce

qui est sacré dans le ciel comme sur la terre et qui a été tenu pour sacré par douze souverains, ni pour offense aux idoles sacrées que vous êtes accusés maintenant, mais parce que votre conduite n'est pas d'accord avec les coutumes de vos ancêtres et c'est ce que j'abhorre. »

Ce fut vainement que plusieurs des Grands Chefs intervinrent pour faire modifier la rigueur de cet édit, en proposant de ne pas lui donner d'effet rétroactif et de ne pas exiger que les coupables se dénonçassent eux-mêmes. Tout fut inutile, et le lendemain, la reine fit publier par ses officiers qu'au lieu d'un mois, elle ne donnait qu'une semaine pour se dénoncer. Placés entre l'obéissance ou la mort, les nouveaux chrétiens, sous l'empire de la terreur inspirée par l'édit royal, vinrent en foule remettre entre les mains des officiers désignés à cet effet les exemplaires des livres saints qu'ils tenaient des missionnaires anglais. Plus de quatre cents officiers furent privés de leurs grades et ceux d'entre le peuple qui se trouvèrent du nombre des coupables furent condamnés à des amendes plus ou moins fortes.

Ce fut le 18 juin 1835 que les missionnaires abandonnèrent définitivement la capitale des Hovas. Ils y laissèrent moins encore le germe de la parole divine que le souvenir des arts, des sciences et des métiers qu'ils avaient appris à leurs barbares catéchumènes. Telle fut la triste fin de cet apostolat hardi qui avait duré plus de quinze ans. Cette tentative de la Société des Missions à Madagascar n'atteignit que la moitié de son but plus politique encore que religieux, ainsi qu'on a pu le voir par tout ce qui a été dit précédemment. Les missionnaires s'éloignèrent donc, laissant le terrain à des successeurs plus heureux ou plus habiles. Ce départ fut un échec notable pour la politique anglaise qui vit ainsi détruit, en un jour, sur cette terre qu'elle avait disputée sourdement à la France avec tant de persévérance, le fruit de ses efforts prolongés et des sommes considérables que ses agents avaient jetées en pure perte dans le gouffre toujours ouvert et toujours inassouvi de l'avidité malegache.

Après le départ des missionnaires anglais, les Hovas eurent à réprimer de redoutables rébellions qui se déclarèrent surtout dans les provinces du Sud de l'île. Les actes de la plus horrible cruauté signalèrent les victoires remportées par ces féroces dominateurs dont le joug usurpé, secoué sans cesse par les peuplades de la côte, ne s'impose que par le massacre et la terreur.

On put croire pendant quelque temps que le gouvernement d'Imerne se montrerait disposé à céder, à l'égard de la France, aux sentiments des tribus qui, en grand nombre, nous sont restées fidèles. En effet, à la fin de 1835, M. l'amiral Duperré, alors ministre de la marine, reçut de plusieurs capitaines marchands qui venaient de faire le voyage de Madagascar des rapports de nature à attirer de nouveau l'attention du gouvernement sur la grande île africaine. L'un de ces capitaines avait été parfaitement accueilli à Tamatave et y avait placé sans difficulté une cargaison de la valeur de deux cent quarante tonneaux. La reine Ranavalo avait fait dire à ce capitaine, par le prince Coroller, alors commandant de Tamatave, qu'elle verrait avec plaisir la France signer avec elle un traité de commerce et d'amitié, traité d'autant plus désirable et d'autant plus avantageux que les Français paraissaient préférés aux Anglais, malgré tous les efforts faits antérieurement par ceux-ci pour s'emparer moralement du pays. Enfin, en adressant son rapport au ministre de la marine, ce capitaine y exprimait l'avis que si la France voulait, dans le but indiqué, envoyer un agent officiel à la cour de Tananarive et ne soumettre qu'à de faibles droits les marchandises importées de Madagascar en France, on obtiendrait d'excellents résultats commerciaux dans nos rapports avec cette grande île, peuplée, selon le rapport, de cinq à six millions d'habitants et où les produits de notre industrie s'échangeraient avantageusement contre des denrées coloniales de toute nature.

Ce fut sans doute pour tirer parti de ces dispositions si favorables, du moins en apparence, que M. l'amiral Duperré envoya à Tananarive, en décembre 1837, un capitaine de navire qu'il chargea de jeter les bases d'un traité de commerce et d'amitié avec la reine Ranavalo. Arrivé dans la capitale des Hovas, l'envoyé français n'eut pas de peine à se convaincre que le gouvernement d'Imerne n'avait aucun désir sincère de nouer des relations sérieuses avec les étrangers, de quelque nation qu'ils fussent. Les conseillers de la reine lui firent savoir, avec l'accent de la mauvaise humeur la plus marquée, « qu'on ne pouvait accéder aux articles du traité de commerce qu'il présentait et qu'on le ferait sortir du pays, s'il en reparlait. »

Depuis cette époque, les farouches oppresseurs de la grande île malegache, vivant dans leur inquiet et stupide isolement, regardent avec crainte à l'horizon si aucune nation de l'Europe ne vient donner à leurs victimes les armes destinées à anéantir leur tyrannie chancelante. Habitués à maltraiter sans contrôle les populations indigènes, les Hovas n'ont pas craint de reporter jusque sur les traitants européens l'aveugle oppression qu'ils imposent à l'île entière. Des plaintes nombreuses et fréquentes sont venues dénoncer hautement les vexations incroyables, les persécutions inouïes dont les Européens ont à souffrir sur toute la côte où sont établies leurs factoreries. Il est triste d'ajouter que ces mauvais traitements infligés au commerce local sont dus, en grande partie, s'il faut en croire les bruits malheureusement unanimes, à l'influence qu'un Français, M. Delastelle, a acquise sur l'esprit de la reine pour laquelle il est venu récemment à Paris faire des achats considérables en ameublements, bijoux, et autres objets. M. Delastelle est en effet un des conseillers de Ranavalo, surtout en ce qui concerne la politique commerciale de son gouvernement. Il a été élevé à la dignité d'*andrian* ou prince, et il jouit dans le royaume d'Ancove des droits attribués aux classes les plus privilégiées.

En 1838, un capitaine appartenant au cabotage de Maurice faillit être victime d'un guet-à-pens de la part des Hovas. Le gouverneur sir William Nicolay expédia à Madagascar deux corvettes pour exiger une réparation de cet outrage. Des munitions de guerre avaient été embarquées sur ces deux bâtiments, quand les bâtiments anglais arrivèrent à Tamatave, ils y trouvèrent *le Lancier* et *le Colibri*, corvettes françaises, envoyées également par le gouverneur de Bourbon pour demander des explications au gouvernement hova sur ses mauvais procédés à notre égard. Le moment paraissait venu de châtier ces oppresseurs barbares, si les réparations exigées n'étaient pas accordées sur-le-champ. L'apparition de ces forces jeta une consternation aussi grande chez les traitants européens que chez les naturels. En effet, à la moindre agression de la part des étrangers, les ordres de la reine sont d'incendier indistinctement toutes les propriétés des blancs. Ces craintes se réalisèrent, ainsi que le redoutaient les Européens. Le feu se déclara dans la nuit avec violence, mais grâce aux secours des marins français, on se rendit bientôt maître de l'incendie. Le lendemain, des garanties furent exigées de Ramanache, gouverneur du fort, et ces garanties donnèrent pour quelque temps un peu de sécurité aux Européens établis sur la côte et qui purent ainsi continuer leur négoce.

Comme on le voit, depuis la mort de Radama, la présence des Européens à Madagascar n'a été que l'objet des plus indignes traitements de la part du gouvernement d'Imerne. A cette noble ardeur qu'inspiraient à Radama ses instincts civilisateurs, a succédé la plus brutale sauvagerie. Les conseillers de la reine n'ont su que la maintenir dans des sentiments d'hostilité aussi bien contre les Anglais que contre les Français. Nous avons vu ce règne sanglant inauguré par l'expulsion des missionnaires et de l'agent de la Grande-Bretagne. Les traitants des deux nations ont eu à souffrir des mêmes vexations, aussi insensées que contraires aux véritables intérêts de ces peuples. Ce système barbare n'a pas cessé de prévaloir dans les conseils de la reine Ranavalo qui, tantôt paraît encourager les étrangers à l'acquisition de terres dans l'île, à la formation d'établissements, et tantôt les soumet aux plus odieuses persécutions.

Il est évident que le gouvernement d'Imerne semble vouloir se refuser à toutes relations, même les plus avantageuses et les plus utiles pour lui, avec les Européens. En effet, au commencement de 1839, un négociant de Maurice vint à Madagascar, avec l'autorisation du gouvernement anglais, dans le but de solliciter de la reine Ranavalo la permission d'emmener avec lui huit cents naturels pour cette colonie que l'affranchissement des esclaves avait privée des bras nécessaires au travail agricole et manufacturier. La reine n'a voulu entendre aucune proposition à ce sujet et l'envoyé du gouvernement de Maurice a été obligé de repartir sans avoir obtenu de résultat. Une mission officielle ayant le même objet fut donnée, peu de temps après, à M. Campbell. Ranavalo fit entendre à cet envoyé qu'il était étrange que les Anglais, qui avaient affranchi leurs esclaves, vinssent chercher ses sujets libres pour le travail de leurs terres ; elle défendit, sous peine de mort, tout engagement pour Maurice, et l'on dit que plusieurs Malegaches, qui avaient traité secrètement avec M. Campbell ayant été découverts, furent zagayés par les ordres de la reine, sous les yeux mêmes de l'envoyé britannique.

L'acquisition de Nossi-bé et celle de Mayotte sont des actes significatifs que nous ne devons point omettre dans la série des faits politiques que nous avons énumérés. En juillet 1840, Tsioumeka, reine des Sakalaves a fait cession au roi des Français de l'île de Nossi-bé et de l'île de Nossi-Cumba, et lui a abandonné tous ses droits de souveraineté sur la côte occidentale de Madagascar, depuis la baie de Passandava jusqu'au cap Saint-Vincent. En 1841, Tsimiaro, roi d'Ankara, a également fait, de son côté, cession à la France de l'île de Nossi-Mitsiou, des autres îles qui entourent son royaume d'Ankara, ainsi que de ses droits de souveraineté sur Madagascar. Andriansala, chef de Nossi-Fali, a aussi transmis au roi des Français la propriété de cette dernière île.

Enfin, dans la même année, le 25 avril 1841, l'île Mayotte a été cédée en toute propriété à la France par le sultan Andrian-Souli.

Disons quelques mots de la manière dont ces différentes cessions furent faites à la France et des événements qui les ont inévitablement amenées. En 1838, M. de Hell, alors gouverneur de Bourbon, avait chargé M. Passot, son aide de camp, capitaine d'infanterie de marine, de s'enquérir de la situation politique des peuplades du nord de Madagascar, et, dans ce but, il avait mis à la disposition de ce dernier le brig *le Colibri*. Les Sakalaves réfugiés dans l'île de Nossi-bé, avec la jeune reine de Bouéni, Tsioumeka, exposèrent à l'envoyé de M. de Hell la situation critique dans laquelle ils se trouvaient, menacés d'un côté jusque dans leur retraite par les Hovas, et, d'autre part, ne recevant aucune réponse à une demande de secours adressée par eux à l'iman de Mascate, Seïd-Saïd. Les chefs Sakalaves chargèrent M. Passot de faire connaître au gouverneur de Bourbon que, dans de telles circonstances, ils invoquaient la protection du roi des Français.

Comprenant dignement la mission de tout agent français dont les populations opprimées réclament l'appui, M. Passot se présenta avec le brig *le Colibri* sur la côte-ouest de Madagascar, devant le poste de Mourounsang, et signifia au commandant hova qu'il eût dorénavant à s'abstenir de toute hostilité contre les habitants de Nossi-bé, attendu qu'ils venaient de réclamer la protection de la France.

Dès ce moment, les Hovas ne firent aucune tentative sur l'île et si ce n'avait été les désordres intérieurs qu'amenaient les mésintelligences de leurs chefs, les réfugiés auraient pu y trouver un peu de repos et de bien-être. Les dispositions manifestées par les chefs des Sakalaves de Nossi-bé, dernier débris de la population du Bouéni, bien qu'elles fussent inutiles pour établir vis-à-vis de toute puissance étrangère nos droits de souveraineté sur Madagascar, n'en étaient pas moins bonnes à constater, comme adhésion de la population à cette souveraineté pour le moment où il conviendrait de l'exercer [1]. Aussi M. le gouverneur de Hell envoya-t-il, à peu de temps de là, M. Passot à Nossi-bé avec l'autorisation de dresser un acte par lequel les Grands Chefs concéderaient leur pays à la France et se reconnaîtraient, eux et leurs tribus, comme des sujets français.

L'iman de Mascate n'avait, dans cet intervalle, donné aucun signe de vie, ni la moindre espérance pour l'avenir. Il avait eu sans doute connaissance des droits qui nous étaient acquis depuis longtemps sur Madagascar, à l'exclusion de toute autre puissance, et il prévoyait que l'opposition de la France viendrait bientôt rendre inutiles les dépenses qu'il aurait pu faire pour établir son autorité sur quelque point du Bouéni. Les chefs Sakalaves et

---

[1] Documents sur la partie occidentale de Madagascar, par M. le capitaine de corvette Guillain, page 141. *Imprimerie Royale.* 1846.

la jeune Tsioumeka, reine de Bouéni, signèrent alors l'acte de cession dont nous avons parlé, le 14 juillet 1840. Telles sont les circonstances politiques qui ont précédé l'occupation de Nossi-bé par la France.

Quant à Mayotte, voici le récit sommaire des événements qui ont amené Andrian-Souli à invoquer l'appui du gouvernement français.

Amadi, fils du sultan de Mayotte, était lié d'amitié avec Andrian-Souli, roi des Sakalaves, lequel depuis la mort de Radama, chassé de ses États par les Hovas, résistait dans le Bouéni à leurs attaques incessantes. Amadi vint se réunir à son ami Andrian-Souli, épousa une de ses parentes et ne quitta Madagascar que pour aller succéder à son père à Mayotte. Ses rapports d'amitié avec Andrian-Souli continuèrent, et, fatigué d'un pouvoir qui l'exposait, d'un moment à l'autre, à être assassiné par des prétendants, il lui envoya son fils Buona-Combé pour lui offrir la souveraineté entière de Mayotte ou le partage de l'île, et celui de ses biens. Andrian-Souli accepta l'offre de son ami, mais il ajourna momentanément son départ pour Mayotte. Dans l'intervalle, Amadi avait été assassiné par son frère. Mais ce dernier fut chassé du pouvoir aussitôt que Buona-Combé se présenta.

Dans ces circonstances, Buona-Combé s'empressa d'écrire à Andrian-Souli, confirma et renouvela les offres précédentes de son père et l'engagea à hâter son arrivée. Ce dernier passa en effet sur un bateau arabe, avec ses Sakalaves et ses esclaves, dans cette île où il fut reçu comme un père. Une partie de Mayotte lui fut immédiatement assignée comme sa propriété et il se mit à la cultiver. Les cultures des Sakalaves, plus laborieux que les indigènes, prospérèrent bientôt. Cette prospérité excita la jalousie de ces derniers qui envoyèrent leur bétail dans les plantations de riz d'Andrian-Souli. La justice, réclamée avec instance contre ces procédés, ayant été refusée, Andrian-Souli fut obligé de faire tirer sur les bœufs de Buona-Combé.

La guerre se déclare entre eux dès ce moment. Buona-Combé, bloqué à Zaoudzi, demande quartier, l'obtient et abandonne Mayotte, pour se réfugier à Mohéli, chez Ramanetak à qui, pour prix de son hospitalité, il fait don de l'île Mayotte, dont Andrian-Souli était devenu le maître. Ce dernier acte fut, dit-on, le résultat d'une fraude de Ramanetak.

Quoi qu'il en soit, Ramanetak, à la tête d'une petite armée, envahit Mayotte, en 1836, en chasse Andrian-Souli, laisse le commandement à un officier, et retourne à Mohéli. Andrian-Souli, qui s'était réfugié chez Abdallah, sultan d'Anjouan, s'empare de nouveau de Mayotte avec l'assistance de ce prince. Ensuite, il vient bloquer, à Mohéli, Ramanetak, lequel, à la faveur d'un coup de vent qui met à la côte la flottille d'Anjouan, s'empare d'Abdallah et le laisse mourir de faim en prison. Depuis lors, à l'instigation de Ramanetak, Salim, oncle d'Alaouy, chasse d'Anjouan son neveu, qui fuit à Comore, de là à Mozambique, à Mascate, et qui, en dernier lieu, se réfugie à Maurice. Salim devient l'ennemi naturel d'Andrian-Souli, à cause des liaisons de ce dernier avec Alaouy ; il manifeste quelques prétentions à la souveraineté de Mayotte, sous prétexte qu'elle aurait été autrefois, ainsi que les autres Comores, une des dépendances d'Anjouan. Salim se borne toutefois, de concert avec Ramanetak, à favoriser à Mayotte la rébellion d'un jeune chef de la province d'Antankare, accueilli par Andrian-Souli et qui, depuis lors, après avoir réuni autour de lui les Sakalaves mécontents et quelques Mayottais, finit par succomber dans la lutte.

Tel était l'état des choses en 1841, lorsque Andrian-Souli fit cession de l'île Mayotte à la France. Depuis cette époque, Buona-Combé, seul prétendant sérieux, est mort, ainsi que Ramanetak. Andrian-Souli lui-même vient de mourir. Quant à Alaouy, ancien sultan d'Anjouan, il est mort aussi en 1846, à l'île Maurice, laissant après lui, comme prétendant opposé à Salim, un de ses parents nommé Saïd-Hamza. Ce Saïd-Hamza a formulé, dans les premiers moments, une protestation contre l'occupation de Mayotte par la France, manifestant ainsi, quant à la souveraineté des Comores, des prétentions parallèles à celles de Salim ; mais, depuis lors, il est venu demander lui-même au gouverneur de Bourbon de l'aider à reconquérir ses droits vrais ou supposés sur Anjouan, demande qui n'a pas été accueillie. Les événements feront connaître lequel, de Salim

ou d'Hamza, conservera définitivement la souveraineté d'Anjouan, mais aucune réclamation sérieuse sur celle de Mayotte ne peut désormais s'élever de leur part. Par un acte authentique daté du 19 septembre 1843, Salim a même renoncé positivement à tous ses droits de souveraineté sur Mayotte en reconnaissant « comme une chose juste et vraie que
« depuis la mort du sultan Alaouy, les sultans
« d'Anjouan n'ont aucune espèce de droits à faire
« valoir sur l'île Mayotte, et que ses habitants sont
« libres d'en disposer suivant leur volonté. »

Ces diverses acquisitions faites par la France, et surtout celle de Mayotte, la plus importante de toutes, en enveloppant la grande île africaine d'un réseau de stations françaises auraient dû donner à réfléchir au gouvernement d'Imerne. En effet la puissance si douteuse et si précaire de la petite tribu des Hovas se trouve, maintenant, comme noyée au milieu des nombreuses peuplades qui leur sont hostiles et qui sont dévouées à la France. Nos fidèles alliés, les Betsimsaracs, les Bétanimènes, les Sakalaves, attendent avec impatience le jour de la délivrance et sont prêts à nous servir d'auxiliaires, pour le moment où la France voudra sérieusement soutenir leur dévouement. C'est à ce point de vue politique que nos acquisitions récentes, dans le canal de Mozambique doivent être envisagées selon leur réelle et véritable importance. Sainte-Marie a toujours été le refuge des Betsimsaracs et des Bétanimènes fuyant les Hovas et se jetant dans nos bras.

Mayotte, Nossi-bé, Nossi-Mitsiou et Nossi-Fali, sont également l'asile des Sakalaves nos alliés et des peuplades du Bouéni. La plus grande partie de la population indigène de Madagascar a donc des sentiments français. La minorité est évidemment du côté des tyrans d'Ancove. La présence de la France dans le canal de Mozambique aurait dû inquiéter les Hovas et convaincre la reine du ferme dessein qu'a la France de faire respecter dans ces mers son pavillon et d'y étendre son commerce sur de plus grandes proportions. Il n'en a rien été pourtant, comme on va le voir par le récit des événements de Tamatave. Des persécutions inqualifiables, un ordre brutal d'expulsion qui n'a été motivé sur aucun acte répréhensible, de la part de nos nationaux, sont venus mettre le comble aux mauvais traitements infligés par le gouvernement d'Imerne aux traitants européens.

Au mois de juin 1845, le commandant de la station française des côtes orientales d'Afrique, M. Romain Desfossés apprit, par des rapports officiels, les persécutions dont nous parlons [1]. Deux heures après la réception de ces rapports, M. Romain Desfossés fit partir *la Zélée* pour Tamatave, avec ordre au capitaine Fiéreck de couvrir de la protection du pavillon français les Européens qui lui de-

---

[1] Nous reproduisons scrupuleusement le récit des faits qui vont suivre d'après les rapports adressés les 7, 13, 16 et 17 juin 1845, au ministre de la marine par M. Romain Desfossés et tels qu'ils ont été officiellement insérés au *Moniteur* par le Gouvernement du roi.

manderaient asile et assistance, quelle que fût leur nation. *Le Berceau*, monté par M. Romain Desfossés lui-même, mouilla peu de temps après devant Tamatave, mais il avait été devancé de deux heures par la corvette anglaise *le Conway*, venant de Maurice dans un but analogue. Cependant *le Conway* avait été primé par *la Zélée* qui avait déjà offert aux traitants anglais et français un asile sous la sauvegarde de notre pavillon. Le capitaine Fiéreck avait eu avec le Second Chef ou Grand Juge hova, un *kabar* ou entretien sans résultat avantageux pour nos traitants. Le capitaine Kelly, commandant *le Conway*, n'avait pas été plus heureux. La reine avait signé un décret d'expulsion contre tous les Européens, et ce décret était exécutoire sur-le-champ, sous peine de mort pour tout agent hova qui chercherait à l'éluder.

M. Romain Desfossés ne crut pas devoir demander une entrevue au gouverneur de Tamatave qui, prétextant une indisposition, avait déjà refusé de recevoir le capitaine Kelly et M. Fiéreck. Le commandant français se borna à envoyer un officier lui porter deux lettres, l'une pour lui, l'autre pour la reine Ranavalo. Les officiers français et anglais envoyés à terre pour recueillir les traitants, avec tous les objets transportables qu'ils pouvaient embarquer, ne purent mettre le pied sur la plage que gardaient de nombreux détachements de Hovas.

Une conférence eut lieu entre le capitaine Kelly et M. Romain Desfossés. La position des traitants des deux nations était identique. Douze traitants anglais et onze traitants français avaient été dépouillés et chassés de Tamatave [1]. Le commandant du *Berceau* et celui du *Conway* reconnurent d'un commun accord que s'ils exerçaient, sans une provocation bien patente, un acte d'hostilité contre les Hovas, ils exposeraient peut-être à de graves dangers les Français et les Anglais qui résidaient encore sur d'autres points de Madagascar, depuis le fort Dauphin jusqu'à Vohémar. Cette puissante considération contint dans de sages limites l'indignation ressentie par les deux commandants, en présence de la sauvage spoliation qui venait de frapper leurs nationaux. Ils rédigèrent et signèrent une protestation énergique qu'ils firent partir pour être remise à la reine Ranavalo.

Le Berceau, *la Zélée* et *le Conway* s'étaient embossés à trois cents toises des forts de Tamatave et sous la protection de leurs batteries, et, avec l'aide de leurs embarcations, le transport des marchandises appartenant aux traitants des deux nations se continua. Le capitaine Kelly déclara à M. Romain Desfossés que son opinion personnelle était que les Hovas, déjà aussi insolents que leurs sauvages instincts le comportent, seraient enhardis par notre modération et prendraient l'initiative des hostilités. Telle ne fut pas la pensée du commandant français, mais celui-ci assura qu'il était décidé, quoiqu'il

---

[1] Rapport officiel du 13 juin 1845, inséré au *Moniteur*.

arrivât à châtier tout acte d'agression comme toute insulte de la part des Hovas.

Nous allons maintenant laisser la parole au brave commandant du *Berceau*, pour le récit des événements qui ont suivi ces préparatifs et ces courtes négociations.

M. Romain Desfossés s'exprime ainsi, dans le rapport adressé par lui à M. le ministre de la marine, sous la date du 16 juin 1845. « Monsieur le ministre, lorsque le 13 de ce mois, je rendais compte à Votre Excellence des événements qui m'avaient amené à Tamatave, et que je l'entretenais de la situation si déplorable et si digne d'intérêt, dans laquelle je venais de trouver les Français qui, pendant plusieurs années, avaient vécu et travaillé dans ce pays sous la sauvegarde du droit des gens, j'espérais encore que les représentations énergiques que j'allais adresser à la reine Ranavalo, ainsi qu'au gouverneur de la place, ne seraient pas sans résultat heureux pour nos traitants, et qu'en attendant une nouvelle décision du gouvernement d'Imerne, le délégué de la reine à Tamatave jugerait prudent et sage de suspendre l'exécution de la loi spoliatrice qui venait de frapper d'une manière si inattendue les Européens. »

« Cette espérance a été déçue, monsieur le ministre; je n'ai pas tardé à me convaincre que j'avais affaire à des hommes pour qui toutes les questions de justice, de droit des gens, de respect des personnes et des propriétés sont des choses inconnues ou méprisées, qui enfin ne savent céder qu'à la force qui se déploie menaçante et inexorable. Votre Excellence sera convaincue, j'ose l'espérer, par la lecture des divers documents que je viens de réunir pour les joindre à ce rapport, qu'avant de me résoudre à punir l'insolent orgueil de ces insulaires, j'ai tenté tous les moyens de conciliation, et fait, de concert avec le capitaine William Kelly, de la frégate de S. M. Britannique *le Conway,* tout ce qu'il était honorablement possible de faire pour arriver à un arrangement amical de cette affaire. »

« Vendredi dernier, 13 juin, après avoir longuement conféré avec les principaux traitants et acquis la certitude positive que, indépendamment de ce qu'ils étaient exposés à de continuelles et grossières insultes, beaucoup d'entre eux sont créanciers des chefs hovas, et tous possesseurs d'immeubles ou de marchandises d'une grande valeur, qu'ils vont se trouver forcés d'abandonner, j'écrivis à la reine Ranavalo, ainsi qu'au gouverneur de Tamatave. »

« L'officier que j'envoyai à la plage pour faire remise de ces lettres demanda au chef de la douane l'autorisation de les porter lui-même au gouverneur, ou tout au moins au grand-juge; mais il ne put l'obtenir. On l'empêcha même de sortir de son canot, et il lui fut dit, après d'interminables pourparlers, que la nuit étant proche et le grand-juge occupé, il eût à revenir à la plage le lendemain, et qu'on verrait. »

« Dans ce moment, tous nos traitants, à l'exception d'un seul, qui avait voulu mettre en sûreté sa femme et ses enfants, étaient encore à terre occupés à emballer ce qu'ils avaient de plus précieux ; je leur fis dire de hâter le lendemain l'embarquement de ces objets, ainsi que celui de leurs personnes, et je me décidai à endurer jusque-là, sans mot dire, tous les procédés hostiles des chefs de Tamatave. Dans la nuit, les magasins et l'habitation du sieur Bédos, qui était venu coucher en rade avec sa famille furent pillés par les Hovas. Ce commerçant, ayant voulu embarquer une chèvre qui allaitait son enfant, âgé de quatre mois, les douaniers lui arrachèrent brutalement cet animal, quoiqu'il leur offrît une forte somme, pour qu'il lui fût possible de l'embarquer. »

« Au point du jour, je fis une nouvelle tentative pour faire parvenir entre les mains d'un des chefs mes lettres à Ranavalo, ainsi qu'au gouverneur, et cette fois, je les envoyai porter par le second de *la Zélée,* qui parlait la langue sakalave et avait pu mettre pied à terre la veille. J'employai ce moyen détourné, ayant été informé par les traitants que j'étais l'objet de l'animosité toute spéciale des Hovas, parce qu'en arrivant sur la rade, je m'étais refusé à dire au capitaine du port ce que j'y venais faire, et que, fatigué de l'insistance inconvenante de cet officier, je l'avais prié de se retirer. Le lieutenant de *la Zélée* revint à huit heures avec le paquet que je lui avais remis. Il n'avait pu descendre ni obtenir du chef de la garde qui bordait la plage qu'on reçût mes lettres. Le gouverneur et le grand-juge étaient, lui dit-on, à la campagne, et n'avaient que faire des lettres des Français. Un officier anglais du *Conway,* arrivé là dans un but analogue, reçut le même accueil que mon envoyé. Je pense néanmoins que mes lettres auront suivi leur destination, parce que je les confiai, en désespoir de cause, à un de nos traitants, qui me dit depuis avoir rouvé moyen de les faire parvenir chez le gouverneur. »

« Durant tous ces essais de conciliation, les embarcations françaises et anglaises, armées en guerre, opéraient en commun, et sans distinction de personnes ni de pavillons, tant sur les bâtiments de guerre que sur quelques caboteurs de Bourbon et de Maurice qui se trouvaient sur la rade, l'embarquement de tout ce que les traitants pouvaient enlever de leurs établissements. Ces effets et marchandises étaient portés ou traînés jusqu'au bord de la mer par nos malheureux traitants eux-mêmes, ou par des Hovas qui ne prêtaient qu'à prix d'or leur coopération, les marins ne pouvant quitter leurs embarcations qu'au danger d'une collision qu'il était urgent d'éviter tant qu'il resterait à terre un Européen. Au coucher du soleil, ces travaux cessèrent. Les traitants français, répartis sur *le Berceau, la Zélée* et le navire français *le Cosmopolite*, me firent connaître qu'ils étaient tous en sûreté, et que le temps, ainsi que l'espace à bord des navires leur manquant totalement pour l'embarquement des lourdes marchandises que renfermaient leurs magasins, telles que salaisons, sel, riz, vin, alcools, etc., ils les abandonnaient forcément, se réservant d'en constater régulièrement l'état et de le soumettre humblement à qui de droit. »

« Telle était, avant-hier soir, monsieur le ministre, la situation des choses à Tamatave. L'œuvre de spoliation méditée depuis longtemps sans doute par les Hovas allait se consommer, car nos traitants n'auraient pu rester un instant de plus au milieu de ces hommes rapaces et sanguinaires, sans compromettre gravement leur existence, ou tout au moins sans s'exposer à être enlevés et vendus comme esclaves dans l'intérieur de Madagascar. Ils étaient tous en sûreté, mais ruinés pour la plupart. A ce juste grief s'en joignaient d'autres dont j'avais à demander un compte sévère au chef de Tamatave. La maison d'un Français avait été pillée, la nuit précédente, sous le canon de deux bâtiments de guerre de cette nation ; enfin je considérais comme une insulte directe faite à notre pavillon le refus de toute explication, et surtout celui de recevoir les lettres que j'avais adressées à la reine, ainsi qu'à Razakafidy. J'étais à bout de toute patience, de toute longanimité, et j'avais d'ailleurs, monsieur le ministre, la conviction profonde qu'en apprenant aux Hovas à mieux respecter à l'avenir le pavillon de la France, je remplirais le premier des devoirs dont Votre Excellence m'a confié l'accomplissement. »

« Le capitaine William Kelly se trouvait dans une situation parfaitement analogue à la mienne. Comme moi, il avait inutilement réclamé un sursis à l'exécution de la loi d'expulsion des traitants ; ses officiers, comme les officiers français, n'avaient pu descendre sur la plage durant l'embarquement des effets et marchandises. Seulement, le capitaine anglais avait obtenu, à son arrivée, un kabar, dans lequel un agent subalterne hova, se disant délégué du gouverneur, lui avait déclaré que les lois de la reine étaient sans appel, et qu'il fallait s'y soumettre. Cette déclaration s'était reproduite encore, le 13, dans une lettre de Razakafidy au capitaine Kelly. Ce digne officier étranger, qui, dans toutes ces conjonctures difficiles, n'a cessé de me donner des témoignages de parfait accord, de déférence empressée et de loyal concours, vint avant-hier m'annoncer que tous ses nationaux étaient embarqués. »

« Le moment était venu de nous communiquer nos sentiments sur la conduite des Hovas à notre égard. Nous nous trouvâmes parfaitement d'accord sur la réalité de l'insulte faite à nos pavillons, et sur la nécessité d'en punir à tout prix les auteurs. Néanmoins, avant d'en venir à ce dernier argument, nous voulûmes faire parvenir à Razakafidy, pour qu'il la transmît à la reine, notre protestation contre la loi d'expulsion et contre la manière dont elle avait été mise à exécution. Cette protestation, rédigée immédiatement en triple expédition, fut écrite en anglais et en français; les deux textes de chaque expédition furent signés en commun par moi et le capitaine Kelly, et nous nous séparâmes. »

« Hier matin, 15 juin, le premier lieutenant du *Berceau* et celui du *Conway* se présentèrent à la plage pour remettre la protestation; mais, après avoir vainement demandé qu'un officier supérieur vînt la recevoir, ils la rapportèrent, et le capitaine Kelly fut alors obligé d'aller lui-même, accompagné de mon lieutenant, demander impérativement à parler à un officier du gouverneur, qui se présenta enfin au canal et reçut la protestation, ainsi que l'avertissement verbal de ces deux messieurs, que nous attendrions jusqu'à deux heures de l'après-midi l'accusé de réception de Razakafidy. »

« Pendant toute la matinée, nous remarquâmes que les Hovas évacuaient la ville, en emportant des bagages ou des fardeaux, et qu'ils se dirigeaient pour la plupart vers les trois forts devant lesquels nos trois bâtiments étaient embossés depuis la veille sur une ligne parallèle à la plage, et aussi rapprochée du rivage que le permettait le tirant d'eau de nos bâtiments. *Le Berceau*, placé au centre de la ligne, était à 660 mètres du fort principal des Hovas. »

« Les travaux de fortification de Tamatave se composent de deux batteries à barbette, à parapets en terre, très-peu élevées au-dessus du sol, et d'un fort principal auquel les deux premiers se relient au moyen de chemins couverts. Le fort principal, peut-être unique en son genre, est, dit-on, l'œuvre de deux Arabes de Zanzibar, qui furent chargés par Ranavalo d'entreprendre ce travail après l'expédition du capitaine Gourbeyre, en 1829, et qui l'ont terminé depuis quelques années seulement. Ce fort, bâti en pierre, est protégé par une double enceinte en terre, plus élevée que son parapet, et qui en est séparée par un fossé de dix mètres environ de largeur sur six mètres de profondeur ; il est circulaire et se compose d'une galerie couverte et casematée, percée de sabords dans l'épaisseur de sa muraille extérieure comme un navire, ne laissant sur la cour intérieure qu'elle domine, que de rares et de petites ouvertures. L'enceinte extérieure en terre est percée de larges embrasures qui correspondent à celles des galeries couvertes, et qui permettent de diriger le feu partant de ces dernières sur la rade et sur la campagne. Les traitants européens, n'ayant jamais pu voir de près ces travaux de défense, n'en avaient aucune idée. Ils me firent seulement connaître que la garnison de Tamatave se composait d'un millier d'hommes, dont 400 Hovas de troupes régulières et 600 Betsimsaracs ou Bétanimènes auxiliaires. »

« Dès midi, j'avais fait connaître aux équipages et troupes passagères des deux bâtiments français qu'ils auraient vraisemblablement à punir les Hovas avant la fin du jour. Les réfugiés français me demandèrent à suivre comme volontaires nos compagnies de débarquement. Je le leur accordai et leur fis donner des armes, dont ils se sont tous bravement servis. »

« A deux heures, un canot, qui attendait à la plage la réponse demandée à Razakafidy, revint avec la courte réponse dont voici la traduction littérale : « Nous avons reçu votre lettre, et nous vous déclarons clairement que nous ne pouvons changer la proclamation que nous avons donnée comme loi de Madagascar. Je vous salue. *Signé* Razakafidy, commandant gouverneur de Tamatave. » Le capitaine Kelly me quitta aussitôt pour retourner à son bord, et, cinq minutes après, *le Berceau* et *le Conway* ouvrirent le feu sur le fort principal, tandis que *la Zélée*, placée en tête de notre ligne, dirigeait le sien sur la batterie rasante du sud. »

« Le feu des forts y répondit immédiatement, mais sans beaucoup d'activité. Toutefois, le tir des Hovas avait une précision dont nous aurions eu lieu de nous étonner, si nous n'avions été informés d'avance que leur artillerie était dirigée par un renégat espagnol, homme aussi intelligent que méprisable. Un quart d'heure à peine s'était écoulé que nos obus avaient occasionné un violent incendie dans l'intérieur et les alentours de la batterie hova du nord, qui, à partir de ce moment, fut abandonnée. A trois heures et demie, un grand nombre d'obus avaient été lancés et avaient éclaté à notre vue dans les deux forts que nous combattions. Je pensai, avec le capitaine Kelly, qu'ils avaient perdu bon nombre de leurs défenseurs et qu'il était temps de jeter à terre nos détachements. Il nous importait, d'ailleurs, de terminer cette opération avant la nuit. 100 marins et 68 soldats du *Berceau*, 40 matelots et 30 soldats de *la Zélée*, 80 matelots et soldats de marine du *Conway*, furent embarqués simultanément et avec un ordre parfait dans 14 embarcations qui, un quart d'heure après, et suivant un plan d'attaque que j'avais fait de concert avec le capitaine Kelly, se formèrent entre *le Berceau*, et *la Zélée*, sur une ligne parallèle à la plage : les Anglais à droite, *le Berceau* au centre et *la Zélée* à gauche. »

« Au signal du lieutenant de vaisseau Fiéreck, capitaine de *la Zélée*, que j'avais chargé de diriger, conjointement avec le premier lieutenant du *Conway*, l'opération du débarquement, tous les canots nagèrent vers la plage qu'ils abordèrent à la fois, à cent toises du fort principal, qui était en grande partie masqué par un rideau de palétuviers. En moins de dix minutes, nos 300 combattants furent formés en bataille, ayant au centre de leur colonne les deux obusiers du *Berceau*, montés sur leurs affûts de montagne. »

« L'ennemi se borna, durant ce débarquement, à tirer quelques coups à mitraille qui produisirent peu d'effet. Le capitaine Fiéreck donna bientôt le signal de la charge, et la petite troupe s'élança avec une ardeur indicible vers l'ennemi, qui n'avait pas osé sortir de ses retranchements. Les hommes de *la Zélée,* auxquels j'avais adjoint 20 matelots et un élève du *Berceau,* entrèrent à l'instant dans la batterie rasante du sud, y enclouèrent trois canons, en culbutèrent deux autres et refoulèrent les Hovas qui la défendaient dans le fort principal, où ils s'efforcèrent vainement de pénétrer avec eux. Là, l'enseigne de vaisseau Bertho, second de *la Zélée,* officier bien digne et bien regrettable, fut zagayé sur la porte même du fort principal, ainsi que le sous-lieutenant d'infanterie Monod. »

« Tandis que la batterie du sud avait été envahie et en partie désarmée, le gros de la colonne, formé par *le Berceau* et *le Conway,* s'élançait sur le fort principal et couronnait en un instant son enceinte extérieure. Là, et dans le fossé qui sépare les deux enceintes, commença une lutte opiniâtre, corps à corps, dans laquelle Français et Anglais ont rivalisé de dévouement et de résolution. Le drapeau de Ranavalo, après avoir été abattu deux fois par le feu de nos bâtiments, était suspendu à une gaule au bord du rempart. L'élève de première classe, de Grainville, et quelques matelots anglais et français parvinrent, malgré une vive fusillade des Hovas et en montant les uns sur les autres, à saisir et à arracher ce pavillon, qui fut ensuite loyalement partagé entre Français et Anglais. »

« Quarante minutes s'étaient écoulées depuis que nos marins occupaient l'enceinte extérieure et le fossé du fort principal ; les Hovas, après avoir combattu longtemps et bravement à ciel découvert, s'étaient retirés dans leurs casemates; nous manquions des moyens matériels indispensables pour y pénétrer après eux, car les obusiers de montagne du *Berceau,* que l'enseigne de vaisseau Sonolet avait mis en batterie sur le parapet extérieur, ne purent tirer qu'un seul coup, les étoupilles ayant été mouillées dans l'opération du débarquement. Dans ce moment, M. Prévost de la Croix, mon premier lieutenant, qui, depuis quelque temps, remplaçait le capitaine Fiéreck, blessé dans la direction de nos pelotons, me fit connaître que nos hommes, ainsi que les Anglais, avaient épuisé presque toutes leurs cartouches. »

« Les Hovas n'osaient plus se montrer à découvert. Ils avaient fait des pertes considérables; et, bien que la destruction complète de leur artillerie fût le but primitif de notre entreprise, et que ce but ne fût pas atteint, la leçon que nous venions de donner aux barbares spoliateurs de nos traitants était de nature à ne point être oubliée par eux. Je fis battre le rappel sur la plage, où nos divers détachements se reformèrent dans leur ordre primitif. Je fis embarquer nos obusiers, nos blessés et même nos morts, sauf cependant les cinq hommes tués dans la batterie rasante du sud, et que le détachement de *la Zélée,* privé de la direction de ses officiers et emporté par l'ardeur du combat, oublia d'enlever. Après avoir fait sur la plage une halte d'une heure, durant laquelle les Hovas n'osèrent plus se montrer, je dirigeai la colonne vers l'extrémité de la pointe Hastie, où l'embarquement était plus facile. Un détachement d'infanterie du *Berceau* et un des soldats de marine anglais formait l'arrière-garde. Chemin faisant, en longeant la ville, je fis mettre le feu à quelques misérables cases en paille, ainsi qu'à un magasin de la douane, à l'abri desquels les Hovas auraient pu gêner notre embarquement. Je ne voulus pas consentir à la proposition qui me fut faite de brûler toute la ville. »

« A six heures et demie, toutes les embarcations se dirigeaient vers nos bâtiments, et je quittais moi-même le rivage avec les officiers du *Berceau* et du *Conway*. Le capitaine Kelly, à son bord, et M. Durant-Dubraye, lieutenant de vaisseau, à bord du *Berceau,* n'avaient cessé de protéger tous les mouvements de nos détachements de débarquement par un feu d'artillerie habilement dirigé. *Le Berceau* a tiré six cent vingt coups de canon ; *le Conway,* qui présentait deux pièces de plus en batterie, en a tiré environ sept cents ; *la Zélée* ne m'a pas encore fait connaître sa consommation de munitions de guerre.»

« Ainsi que je crois l'avoir dit plus haut, le feu des forts hovas était peu actif, mais assez bien dirigé. *Le Berceau* a reçu dans sa coque, sa mâture ou son gréement, treize boulets, dont un a brisé son petit mât de hune. Ces projectiles sont du calibre de 18. *La Zélée* a également reçu quelques atteintes et a eu, comme *le Berceau,* son petit mât de hune brisé : ces avaries sont, à l'heure qu'il est, réparées, et les deux bâtiments prêts à faire voile.

Le Conway n'a point d'avaries. Dans une lutte de la nature de celle qui a eu lieu à terre, et dans laquelle les forces étaient numériquement si disproportionnées, nous ne pouvions manquer de faire des pertes sensibles. *Le Berceau* compte neuf morts et trente-deux blessés ; *la Zélée*, sept morts et onze blessés [1] ; *le Conway*, quatre morts et douze blessés. »

[1] Voici l'état nominatif des officiers, élèves, marins et militaires tués ou blessés dans le combat. — MORTS. — Corvette *le Berceau*. — Équipage : MM. Louis Eldut, quartier-maître voilier. — François-Jean-Baptiste Besançon, quartier-maître canonnier. — Guillaume-Marie-Joseph Lelay, *id*. – Jean Maïs, matelot de 3ᵉ classe. — Thomas-Marie Kerivel, *id*. — Joseph Imbert, *id*. — Gabriel-Louis Roussel, *id*. — 3ᵉ régiment d'infanterie de marine, 30ᵉ compagnie : MM. Jean-Pierre Noël, lieutenant. — Jean-François Adéma, soldat. — Jean-Jacques Allard, *id*. — Corvette *la Zélée*. — Équipage : MM. Joseph Bertho, enseigne de vaisseau. — Auguste-Frédéric Calmès, magasinier. — Jacques Salabéry, matelot de 2ᵉ classe. — Étienne Derennes, matelot de 3ᵉ classe. — Franzen, *id*. — Henri Gorphé, *id*. — 3ᵉ régiment d'infanterie de marine, 30ᵉ compagnie : MM. Ducimetière-Monod, sous-lieutenant. — Simon, soldat. — Belligond, *id*. — BLESSÉS. — Corvette *le Berceau*. — Équipage : MM. Ernest-Stanislas Lefrançois de Grainville, élève de 1ʳᵉ classe. — Joseph-René Bidot, élève de 2ᵉ classe. — Eugène-Mathurin-Marie Le Bris-Durumain, élève de 2ᵉ classe. — Sévère-Henri-Hippolyte Desmerliers de Longueville, élève de 2ᵉ classe. — Guillaume Lemégat, quartier-maître canonnier. — Charles-Ferdinand Yon, matelot de 2ᵉ classe. — Jean Beckman, *id*. — Charles-Adrien Loret, matelot de 3ᵉ classe. — Nicolas Le Gravot, *id*. — Christo Aghéry, *id*. — Ferdinand-Noël-Antoine Giron, *id*. — Jean-Baptiste-Raymond Cailloche, *id*. — Henri-Marie-Daniel Bourré de Goberon, *id*. — Auguste-Alexandre Pol, *id*. — Jean-Marie Tréal, mousse, *id*. — 3ᵉ régiment d'infanterie de marine, 36ᵉ compagnie : MM. Louis-Marin Calvet, sergent-major. — Casimir Sauveton, sergent. — Louis Kantzel, caporal. — David Bonnet, *id*. — Augustin

« L'enseigne de vaisseau Bertho, le lieutenant d'infanterie Noël et le sous-lieutenant Monod sont au nombre des morts. Le lieutenant de vaisseau Fiéreck, frappé d'une balle à la tête, a été rapporté à son bord pendant le combat. Sa blessure paraît ne présenter aucun danger grave. Les élèves de Grainville, Bellot, Le Bris et Desmerliers de Longueville, tous les quatre du *Berceau*, sont également au nombre des blessés. J'oserai demander à Votre Excellence, pour quelques-uns des dignes et zélés serviteurs qui m'entourent et qui acceptent depuis un an avec tant d'abnégation les privations et les écrasantes fatigues que je leur impose, le prix du sang versé ou d'utiles services rendus : je me borne ici à dire à Votre Excellence que dans cette circonstance, comme toujours, tous ont dignement fait leur devoir. »

« Je viens de mettre à la hâte sous vos yeux, mon-

Cassagne, soldat. — Jean Rivoiron, *id.* — Julien Quintard, *id.* — Jean Julien, *id.* — Antoine Labarthes, *id.* — Joseph Chaumard, *id.* — Alexandre Ferrand, *id.* — Joseph Kauffmann, *id.* — Claude Dutois, *id.* — Vidal Sallette, *id.* — Jean Huc, *id.* — Michel Grunevald, *id.* — Corvette *la Zélée.* — Équipage, MM. Delphin Fiéreck, lieutenant de vaisseau. — Toussaint-Matthieu Mattey, matelot de 1re classe. — Antoine Boudin, matelot de 2e classe. — Joseph-Julien Cato, matelot de 3e classe. — Joseph-Antoine Guiraudon, *id.* — 3e régiment d'infanterie de marine, 30e compagnie : MM. Saunières, soldat. — Brunel, *id.* — David, *id.* — Boudouard, *id.*

D'après le relevé qui précède, le nombre des Français morts est de dix-neuf; celui des blessés, de quarante. La différence que présente le rapport provient de ce que trois des blessés sont morts à bord.

sieur le ministre, le récit fidèle de tous les faits qui m'ont amené irrésistiblement à une prise d'armes contre les Hovas. Ainsi que Votre Excellence semble l'avoir pressenti, lorsqu'elle traça mes instructions du 17 juin 1844, j'ai eu à Tamatave « à demander des réparations pour des actes contraires à la dignité de notre pavillon, » comme aussi « pour des violences et des spoliations exercées à l'égard de nos traitants. » Après avoir vainement essayé tous les moyens de conciliation, j'ai frappé aussi vigoureusement qu'il m'a été possible de le faire, et l'honneur du pavillon est sorti pur de cette épreuve. »

«J'attends avec confiance et respect le jugement de Votre Excellence et les ordres qu'il lui plaira de me donner. Jusque-là, je ne modifierai en rien la conduite qu'il m'est prescrit d'observer dans le cours ordinaire des choses, à l'égard de la nation dominatrice de Madagascar. »

« Depuis hier soir, les Hovas restent silencieux dans leurs batteries. Deux des leurs se sont évadés ce matin et sont venus se présenter à bord du *Berceau*; ils ont déclaré avoir éprouvé hier une perte de deux cents tués et d'un plus grand nombre de blessés. Neuf de leurs principaux chefs, et entre autres le second gouverneur, le porte-zagaie ou porte-étendard de la reine, le chef de la douane, sont au nombre des tués. Ce matin, nous avons rédigé, le capitaine Kelly et moi, une lettre pour la reine des Hovas. Cette lettre, écrite dans les deux langues, sera déposée à Foulepointe par *la Zélée*. »

« Je viens de placer un officier solide et actif, M. Sonolet, enseigne de vaisseau, sur ce bâtiment, pour remplacer momentanément le capitaine Fiéreck, et ensuite M. Bertho, qui a été tué hier. Ce bâtiment va mettre à la voile, en passant par tous les points de la côte orientale où il existe des traitants. L'hospitalité de *la Zélée* leur sera offerte, s'ils veulent, comme je n'en doute pas, se soustraire aux lois inqualifiables émanées de Tananarive. »

« Ce matin, j'ai voulu faire encore acte d'autorité sur cette même plage où nous étions descendus hier, et dont nous allons bientôt nous éloigner. J'ai mis pied à terre avec quarante matelots armés du *Berceau*, et j'y ai fait embarquer dans nos canots un assez grand nombre de barils de salaisons, appartenant à l'un de nos traitants, et dont il lui sera fait remise à Bourbon ; ce travail a duré une heure, et a été fait sans que les Hovas aient osé sortir de leurs casemates. »

« Le 17 au matin, notre présence étant devenue désormais inutile à Tamatave, *le Berceau* et *le Conway* ont mis à la voile, il y a une heure, ainsi que les cinq navires du commerce qui se trouvaient sur la rade. *La Zélée* fait route pour Foulepointe, Fénériffe, Sainte-Marie, Vohémar et Louquez. Nos traitants rentrent à Bourbon sur le navire *le Cosmopolite*. »

Tel est, d'après les documents officiels, le récit des derniers événements de Tamatave. Une expédition se préparait à partir pour Madagascar, sous le commandement d'officiers généraux les mieux versés dans la connaissance des lieux et de l'état de la question, lorsque la Chambre des Députés, mal instruite des éléments de la discussion, crut devoir inviter tout à coup le gouvernement, dans la séance du 5 février dernier, à surseoir à toute opération militaire contre les Hovas. Des ordres en ce sens ont été immédiatement donnés pour le désarmement de l'expédition annoncée.

Toute occupation définitive de la grande île malegache par la France se trouve donc réservée par le fait de cette résolution provisoire, jusqu'au jour où le cours des événements politiques et le progrès des idées sur cette matière si peu connue rendront cette occupation nécessaire.

Quant à nous, nous sommes arrivés au terme de la tâche que nous nous étions imposée et qui consistait à raconter, dans tous ses détails, sans omettre aucun fait politique de quelque importance, l'histoire de la grande île africaine, depuis 1642 jusqu'à nos jours. Nous espérons qu'après la lecture de ce livre, il ne restera dans l'esprit du lecteur aucun doute au sujet de nos droits à la possession de ce beau territoire, droits incontestables qui, du reste, viennent d'être reconnus hautement et unanimement, tout à la fois par l'Opposition et par le Gouvernement du Roi dans les récentes discussions parlementaires.

FIN DU CHAPITRE SIXIÈME ET DU LIVRE PREMIER.

LIVRE SECOND.

LIVRE SECOND.

GÉOGRAPHIE DE L'ILE DE MADAGASCAR.

CHAPITRE PREMIER.

GÉOGRAPHIE PROPREMENT DITE DE L'ILE DE MADAGASCAR.

Sommaire. — Situation géographique de l'île de Madagascar. — Son étendue. — Sa position comme point maritime. — Sa superficie à peu près égale à celle de la France. — Sa distance de Bourbon et du port de Brest. — Sa division politique et ethnographique. — Orographie ou étude de ses formes extérieures. — Montagnes. — Des théories et des systèmes émis à ce sujet. — Opinion raisonnée de l'auteur. — Des principales chaînes de l'île. — Hydrographie ou étude des eaux. — Description des côtes, baies, havres, ports et mouillages. — Iles de la côte nord-ouest. — Étude des rivières. — Description des principaux cours d'eau. — Lacs de l'île. — Lacs de la côte. — Lacs de l'intérieur. — Route de Tamatave à Andévourante. — Climat de l'île de Madagascar. — Météorologie. — Saison sèche. — Saison pluvieuse ou *hivernage*. Insalubrité de la côte orientale. — Caractère des fièvres. — Traitement de ces maladies. — Vents. — Orages. — Ouragans. — Raz de marée. — Histoire naturelle de l'île de Madagascar. — Productions du sol. — Botanique. — Zoologie. — Ichthyologie. — Minéralogie. — Pierreries. — Cristal de roche. — Mines d'or, de cuivre, d'argent et de fer. — Fin du chapitre premier.

L'île de Madagascar, située parallèlement à la côte orientale d'Afrique, dont elle n'est séparée que par le canal de Mozambique, est la plus importante île du monde après Bornéo et l'Angleterre.

Comprise entre les 11° 57' et 25° 45' de latitude sud, et les 40° 50' et 48° 10' de longitude est, elle se trouve ainsi placée, comme la clef des deux routes de l'Inde, à l'entrée de l'Océan Indien d'où elle domine à la fois le passage du cap de Bonne-Espérance, le canal de Mozambique et le détroit de Bab-el-Mandeb.

L'île de Madagascar a 1,600 kilomètres, 360 lieues de long du nord au sud et 470 kilomètres, 105 lieues de l'est à l'ouest, dans sa largeur moyenne. Sa superficie d'environ 25,000 lieues carrées, est à peu près égale à celle de la France. Elle est éloignée de l'île Bourbon d'une distance de 150 lieues, de 85 lieues de la côte orientale d'Afrique, et de 3,380 lieues du port de Brest, en touchant à Bourbon.

Avant d'aller plus loin, qu'on nous permette d'exposer succinctement les différentes divisions de l'île.

Depuis que les Hovas dominent l'île entière, elle est divisée en 22 provinces, dont la disposition se présente sur notre carte, en allant du nord au midi, telle que nous la donnons ici :

Dix s'échelonnent le long de la côte orientale.
Cinq occupent la côte occidentale.
Sept occupent le centre.

Côte occidentale.	Centre.	Côte orientale.
Bouéni		Vohimarina. Maroa. Ivongo.

Côte occidentale.	Centre.	Côte orientale.
Ambongo.	Antscianac.	Mahavelona.
Ménabé.	Ankaye. Ancove. Betsileo. Ibara.	Tamatave. Bétanimena. Anteva. Matitanana.
Féérègne.	Tsienimbalala.	Vangaïdrano.
Mahafaly.	Androy.	Anossy.

Mais à cette division toute politique répond une division ethnographique plus vraie, et surtout plus intéressante, parce qu'elle se rattache à l'histoire même du pays. La voici :

A l'est, les deux provinces de Vohimarina et de Maroa sont habitées par les *Antankars* qui occupent l'extrémité la plus septentrionale de l'île. Ivongo répond au pays des *Antanvarts*, Mahavelona et Tamatave à celui des *Betsimsaracs;* les *Bétanimènes* n'ont pas été dénationalisés. Mais Anteva cache les *Antatchimes*, Matitanana les *Anta'ymours*, et Vangaïdrano les *Antaray*. Au centre, deux noms politiques ont été superposés à deux noms de peuples, *Ibara* à celui des *Vourimes*, Tsienimbalala à celui des *Machicores*. Ancove est la patrie adoptive des Hovas ; sa partie centrale, où s'élève leur capitale Tananarive, est connue sous le nom d'*Imerina, Imerne,* ou vulgairement *Emirne*. Ankaye est occupée par des Bétanimènes et des Betsimsaracs. A l'ouest, Mahafaly est le pays des *Mahafales*, Féérègne celui des *Andraivoulas;* Ménabé, Ambongo et le Bouéni sont occupés par le grand peuple des *Sakalaves.*

216   LIVRE II. — CHAPITRE I.

L'île de Madagascar, résultat de soulèvements probablement contemporains de ceux des chaînes de l'Afrique orientale, est, comme ces dernières, dirigée dans le sens des méridiens, c'est-à-dire du nord au sud. Cette direction n'est cependant pas d'une exactitude strictement rigoureuse, et l'axe de l'île incliné du N. N.-E. au S. S.-O., fait avec la méridienne un angle d'une vingtaine de degrés. Si l'expérience a démontré dans quelles erreurs on pouvait tomber en établissant des points géographiques par déduction, elle a montré aussi, qu'en s'appuyant sur les théories géologiques, sur l'étude des eaux et sur celle de la végétation, il était possible d'arriver à se faire une idée assez exacte de l'ensemble d'une région sur laquelle, comme celle qui nous occupe, on ne possède pas de données suffisantes pour asseoir une appréciation absolument complète.

De tous les faits acquis jusqu'à ce jour à la science par ceux qui nous ont précédés dans l'étude géographique de l'île de Madagascar, il résulte pour nous que cette grande île est un immense massif en forme de cône tronqué surbaissé, formant un vaste plateau limité, à l'est et à l'ouest, par des chaînes plus ou moins élevées, traversé par d'autres chaînes et descendant vers la mer par des terrasses successives qui s'appuient elles-mêmes sur des chaînes parallèles aux premières et au rivage. La région du cap de Bonne-Espérance est un type presque parfait de cette disposition des formes extérieures, qui se reproduit aussi sur quelques autres points du globe.

La plupart des cartes et la plupart des livres ont montré les choses tout autrement, en ce qui concerne l'île de Madagascar. Trompés par la théorie sans consistance de Buache, qui a eu une influence si fatale sur les études géographiques, les cartographes et les écrivains se sont plu à créer, vers la tête des eaux, une chaîne qui se tenant en équilibre à égale distance des deux mers et qui traversant l'île dans toute sa longueur, en constituait l'épine dorsale, ainsi qu'on l'a beaucoup trop répété depuis.

« *There does not appear to be any chain of mountains extending north and south through the Island.* » « Il ne paraît exister, dit Ellis [1], aucune chaîne de montagnes s'étendant du nord au sud à travers l'île entière. » Et, en effet, elle n'existe pas, car personne jusqu'à présent ne l'a vue, quoique l'on ait voyagé de manière à la rencontrer, tandis que le plateau central avec ses gradins a été reconnu par la plupart des voyageurs qui ont visité Madagascar.

Mais si la présence de cette chaîne centrale est due à la poursuite, jusqu'aux limites de l'impossible, d'une idée systématique, il n'en est pas de même des chaînes qui, à l'est et à l'ouest, limitent le plateau, bien que le nombre de renseignements que nous possédions à leur égard soit peu considérable. La chaîne orientale avec la seconde chaîne qui lui est parallèle a été traversée par tous les Européens

---

[1] William Ellis, *History of Madagascar*, t. II, p. 13.

se rendant de Tamatave à Tananarive. Voici ce que dit l'un d'eux[1], qui eût dépeint d'une manière complète les formes extérieures de la Grande Terre, s'il ne se fût laissé dominer par l'idée de la chaîne centrale. « Le versant occidental de cette chaîne a une pente très-douce qui se régularise en un immense plateau : le versant oriental est escarpé, mais, après s'être subitement abaissé de 1000 à 1500 mètres, une assise horizontale succède à cette pente rapide et forme un autre plateau également d'une grande étendue dont l'escarpement, du côté de l'est, vers la mer, descend aussi très-rapidement. Ces deux plateaux, par leur inégalité de hauteur au-dessus du niveau de la mer, peuvent se désigner par les dénominations de *supérieur* et d'*inférieur*, et, par suite, les montagnes qui les couronnent, se classer également en deux chaînes distinguées entre elles par les mêmes dénominations caractéristiques de *supérieure* et d'*inférieure*. De la base de cette dernière se détachent, en se ramifiant vers le littoral, des chaînons et contre-forts qui, d'abord très-élevés, s'abaissent graduellement jusqu'à la zone des marais qui règne sur toute l'étendue de la côte orientale. » Quant à nous, pour tâcher d'être mieux compris encore, nous ajouterons aux dénominations de supérieures et d'inférieures, celles de chaînes orientales ou chaînes occidentales pour désigner celles des parties est et ouest de l'île. En insistant

---

[1] *De l'Établissement français de Madagascar*, pendant la Restauration, par M. Carayon, page 8.

autant que nous venons de le faire sur le véritable caractère de la physionomie orographique de Madagascar, notre but était d'amener l'explication toute simple de faits relatifs aux climats, à l'agriculture, à la politique et dans lesquels la nature de cette physionomie joue un rôle fort important.

Les indigènes ont caractérisé l'individualité naturelle des lignes de sommets les plus saillantes par des noms particuliers, mais nous ne citerons que les plus remarquables. Depuis l'extrémité la plus méridionale de l'île, jusque vers la latitude de Tamatave, les indigènes désignent sous le nom d'*Ambohitsmènes* « les montagnes rouges, » la chaîne supérieure orientale. D'après Ellis[1], ce nom serait tout à fait inconnu à Madagascar, mais des voyageurs, dignes de créance en matière scientifique, assurent de leur côté que les renseignements les plus sérieux ne permettent pas de partager ce doute. Autour d'Ancove, de ce plateau élevé d'où les Hovas dominent l'île entière, s'élèvent comme pour en faire une forteresse, les monts Ancaratra au sud, d'Angavo à l'est, d'Andringitra au nord, d'Ambohimiangara, dite Bongoulava, « *la longue montagne,* » vers l'ouest.

Nous n'avons aucun renseignement bien positif sur la hauteur des montagnes de Madagascar. Les chaînes que nous venons de citer en dernier lieu sont mises au nombre des plus élevées; elles ne paraissent pas dépasser 8,000 à 12,000 pieds. D'après

[1] *History of Madagascar,* t. I, p. 13.

des observations barométriques faites à Tananarive, cette ville serait à environ 7,000 pieds anglais, c'est-à-dire à 2,133 mètres.

On conçoit, du reste, facilement qu'une région aussi vaste que Madagascar doit offrir les aspects les plus divers, les sites les plus variés, les panoramas les plus grandioses. Vue de la mer, cette île magnifique offre à l'œil de celui qui arrive un vaste amphithéâtre de montagnes superposées, qui sont comme les échelons des chaînes principales. Ces échelons gigantesques forment une sorte d'escalier colossal de verdure, où la pensée émerveillée monte involontairement de marche en marche, des bords de la mer jusqu'aux plateaux supérieurs de l'île, en passant par toutes les nuances propres aux montagnes, depuis le vert vif ou sombre de la végétation jusqu'aux teintes azurées des sommets les plus élevés qui se confondent avec le bleu plus foncé du ciel.

A l'exception de cette partie des côtes sud-est qui avoisine le fort Dauphin, la côte est en général plate, très-souvent basse et marécageuse. Elle forme une sorte de zône de 10 et 80 kilomètres de largeur à l'est, de 80 à 160, et quelquefois plus vers l'ouest. Sur la côte orientale, le pays devient tout à coup montagneux à quelques lieues du rivage. Au delà de ces plages, la contrée est entrecoupée de montagnes boisées, de collines, de plaines, tantôt désertes, tantôt cultivées, d'immenses forêts, de savanes couvertes de hautes herbes.

Si l'on suppose Madagascar coupée en deux parties par une ligne tirée de Tamatave au cap Saint-André, toute la partie de ses côtes, tant à l'est qu'à l'ouest, située au midi de cette ligne, et comprenant près des trois quarts de leur développement total qui est de 4,000 kilomètres ou 850 lieues, offre peu de bons mouillages, quelques rades foraines seulement, tandis que la partie qui resterait au nord, l'extrémité septentrionale, contient surtout au nord-ouest, les baies les plus vastes, les ports les plus beaux, les mouillages les plus sûrs. L'importance de ces différents points pour les relations commerciales nous engage à en dire quelques mots. Dans ces observations, pour plus de précision et de clarté, nous conserverons la division pratique de ses côtes en côtes de l'est, du nord-ouest, et de l'ouest.

La première baie que l'on trouve après avoir doublé le cap d'Ambre pour descendre le long de la côte orientale est celle d'Antombouc ou de Diego-Suarez, qui offre d'excellents mouillages ; elle se compose, à proprement parler, de trois baies appelées par les Malegaches *Douvouch-Foutchi,* la baie des cailloux blancs, *Douvouch-Varats,* la baie du Tonnerre, *Douvouch-Vasa,* la baie des Français, et enfin d'une quatrième baie moins praticable à laquelle on parvient par un canal sinueux qu'Owen, qui explora le premier Diego-Suarez en 1824, dénomma Welsh-Pool, et qui, reconnu depuis par la corvette *la Nièvre,* en a pris le nom de port de la

Nièvre. Rapprochée des autres mouillages sous le rapport de la salubrité et de la commodité des approvisionnements, la baie de Diego-Suarez présente des avantages qu'on chercherait vainement ailleurs. Aussi le gouvernement songea-t-il plusieurs fois à y former un établissement français colonial?

Un peu plus au midi se trouvent le *Port Louquez*, la *baie de Manghérévi*, puis celle de *Vohémar* (Vohimarina), puis beaucoup plus loin la vaste *baie d'Antongil*, occupée longtemps par la France. A 90 kilomètres, au midi de la *baie d'Antongil*, s'étend, parallèlement à la côte, l'île Sainte-Marie, dont l'extrémité nord forme, avec la Pointe-à-Larrée, la *baie de Tintingue*, où peuvent mouiller les vaisseaux de haut bord. De l'autre côté de la Pointe-à-Larrée et de l'île Sainte-Marie, mais un peu au sud, se présente la *baie de Fénériffe*, réputée la plus mauvaise de la côte de l'est. Le mouillage est très-loin de la terre, les courants y sont si violents que les bâtiments y sont sans cesse ballottés, la communication avec la terre y est difficile et, à la moindre apparence de mauvais temps, il faut prendre le large. Un peu plus loin que la baie de Fénériffe est *Foulepointe*, en Malegache *Marofototra*, station commode à cause de son voisinage de Tamatave, de Sainte-Marie et d'Antongil. Tamatave, qui n'était autrefois qu'un petit village de pêcheurs, était reconnu, avant les derniers événements, pour le principal marché de la côte orientale. Aussi sa rade spacieuse et sûre était-elle la plus fréquentée par les bâtiments de Maurice et de Bourbon. A partir de Tamatave jusqu'à la baie de Sainte-Luce, à 800 kilomètres ou 180 lieues de là, il n'existe aucun abri pour les navires, et ceux qui fréquentent cette côte, obligés de mouiller au large ou dans des rades foraines peu sûres, sont souvent dans la nécessité de faire leur chargement sous voile. Cependant les chargements de riz y sont tellement profitables, que quelques points, comme *Mananzari,* et *Matatane* n'en étaient pas moins très-fréquentés autrefois. La baie de Sainte-Luce, qui a environ 6,000 mètres de développement, est le premier point de Madagascar où la France ait eu un établissement, mais il ne tarda pas à être abandonné à cause de son insalubrité, ainsi qu'on l'a vu dans la partie historique de cet ouvrage.

La côte méridionale de Madagascar ne présente aucun mouillage remarquable. En s'en éloignant, la première anfractuosité de la côte occidentale que l'on rencontre, est la *baie de Saint-Augustin,* nommé *Isalaré* par les indigènes et, dans la partie septentrionale de laquelle se trouve le *Port de Tolia,* ainsi appelée à cause d'une rivière qui y débouche. Beaucoup plus loin, au nord, on mouille quelquefois dans le chenal compris entre les *îles du Meurtre* et la côte. Ce sont là les trois seuls points de la province de Féérègne, où puissent séjourner de grands navires. D'octobre en avril, le mouillage est plus sûr à Tolia qu'à Saint-Augustin. Tout près des *îles du Meurtre* est l'embouchure de la rivière *Mangouki*, qui est avec celle du *Sizoubounghi*, le seul point de la côte visité aujourd'hui dans un but commercial. *Mouroundava*, nommé *Andakabé* par les naturels, et qui est placé entre les deux rivières, était le mouillage fréquenté par les boutres et les navires de traite, à l'époque où les rois de Ménabé avaient leur résidence dans les environs. En dedans de Nossi-Marouantali, une des îles stériles, en vue des terres de Kivinza, est un mouillage vaste et le plus sûr pour les bâtiments destinés à séjourner sur cette côte.

La branche sud de la rivière Sambaho, par 16° 57, offre un tirant d'eau assez considérable pour les boutres du plus fort tonnage, et, dans les grandes marées, des navires calant 9 et 10 pieds y entreraient avec un bon pratique.

Au nord de cette rivière et de l'île qu'elle forme, Nossi-Valavou, s'avance le cap Saint-André, l'un des points les plus remarquables de ceux qui jalonnent les rivages de Madagascar. Après l'avoir doublé, on rencontre successivement les plus beaux mouillages, baies larges et sûres qui offrent l'abri de leurs eaux magnifiques à des flottes entières : les baies de Bâli, Cagembi, Bouéni, Bombetok, Matzamba, Mouramba, Narrinda, Mourounsang, Saumalaza (le *Port Radama* d'Owen), et la baie de Passandava, en face de Nossi-bé. Bâli, que les plans anglais et quelques cartes, désignent sous le nom de *Boyanna* est la seule baie de la province d'Ambongo. La baie de Cagembi, qu'Owen désigne sous le nom de *Boteler's river* (rivière de Boteler) du nom d'un de ses officiers, est presque complétement barrée à son ouverture par un banc de sable, et d'après le plan qu'en a fait dresser ce capitaine, elle serait difficilement praticable pour des bâtiments de moyen tonnage, mais avec un bon pratique ou en se donnant la peine de baliser un chenal, on pourrait, dans une marée de syzygie, y faire entrer une corvette. Au fond est le village de Kiakombi.

La baie de Bouéni, *la Rivière Makumba* d'Owen, a son entrée aussi obstruée de bancs et de récifs qui laissent entre eux un chenal d'une profondeur suffisante pour les plus grands navires et qui doit être compté au nombre des excellents havres de la côte nord-ouest. Vis-à-vis de son entrée est située l'île Makambi. C'est à quelques lieues seulement du port de Bouéni, que s'ouvre la baie dite de *Bombetok*, corruption bizarre du mot indigène *Ampampatouka* ainsi altéré par les Européens. La baie s'étend dans une direction moyenne N. N.-O. et S. S.-E., à environ 18 milles de 1,854 mètres dans les terres. Sa largeur est, à l'entrée, de 3 milles 1/2, mais en dedans elle varie de 3 à 6 et 7 milles. Les terres qui circonscrivent ce magnifique bassin présentent un aspect agréable et varié, où tout accuse la présence et l'activité de l'homme. En 1842, à l'époque où M. le capitaine de corvette Guillain visita ces parages, les baies de Matzamba et de Narrinda étaient inhabitées. Cet officier ne s'y arrêta pas. Quant à la baie de *Mourounsang* ou de Rafala, ce n'est, à bien dire, que la partie septentrionale d'un immense bassin qui comprend, en outre de cette baie, celle de Saumalaza et une troisième qu'Owen a nommée *Raminitok*. Le mouillage de Mourounsang est entièrement ouvert au nord-ouest et ne doit pas être très-bon dans la saison d'hivernage. La baie de Saumalaza est un bras de mer qui, sur une largeur de 2 à 5 milles et avec des profondeurs inégales et très-irrégulières, s'avance à environ 25 milles dans les terres. Avec vent sous vergue, il serait praticable d'une extrémité à l'autre pour les plus grands navires, mais les bancs et les récifs dont il est parsemé, surtout dans la partie nord, leur rendraient les mouvements de louvoyage fort difficiles.

Nossi-bé commande l'entrée de la grande *baie de Passandava*, dont les bords sont aujourd'hui déserts. Dans la partie S.-O. gît un petit groupe d'îles appelé *Nossi-Télou*, les *Trois îles*. Entre ces îlots et la Grande Terre il y a un excellent mouillage et sur le côté occidental du plus grand de ces îlots, se trouve une anse où l'on pourrait établir à peu de frais un excellent quai de carénage. Non loin de l'entrée occidentale de cette baie, à 15 milles dans le S.-O. de Nossi-bé, est la baie de *Bavatoubé*, qui offre un excellent mouillage pour les navires de tout rang et dont on pourrait faire une position nautique et militaire importante. A l'est de Nossi-bé, est la baie de *Tchimpayki* où l'on a 20 à 30 mètres d'eau et enfin près du cap d'Ambre, *Ambavani-bé*, nommé, par l'Anglais Owen, *Port-Liverpool*.

Des plateaux qui embrassent les parties élevées de Madagascar, des chaînes boisées qui les couronnent, réservoirs inépuisables d'eaux toujours abondantes, s'échappent un grand nombre de rivières qui s'en vont aux deux mers, à l'est et à l'ouest. A l'est ce sont : la *Tingbale* qui a son embouchure au fond de la baie d'Antongil, la *Manahar*, la *Manangourou,* la *Vouibé,* la *Mangourou*, la *Mananzari*, la *Namour*, la *Faraon*, la *Matatane*, la *Mananghare ;* au midi : la *Mandrère*, la *Ménérandre ;* à l'ouest : l'*Ongn'lahé*, qui se jette dans la baie de Saint-Augustin, et la *Tolia*, dans la province de Féérègne, la *Mangouki* ou rivière Saint-Vincent qui la borne au nord, la *Sango*, la *Mandéloulo*, la *Ranouminti*, l'*Andahanghi* (*Paraceyla* d'Owen), la *Sizoubounghi*, la *Manemboule*, la *Douko* qui arrosent le *Ménabé ;* l'*Ounara*, la grande rivière de l'*Ambongo* ; la *Mandzaraï*, la *Betsibouka* qui débouche dans la baie de Bombetok et reçoit l'*Ikoupa*, la rivière de Tananarive ; la *Soufia* dont les eaux se perdent dans la baie des Matzambas, toutes rivières du Bouéni.

Nous dirons quelques mots des plus remarquables la Manangourou, la Mangourou, la Mananghare, l'Ongn'lahé, la Mangouki, la Sizoubounghi, l'Ounara, la Betsibouka, et l'Ikoupa La *Mangourou* est probablement la seconde des rivières de Madagascar. Son cours est d'environ 400 kilomètres ou 90 lieues ; elle descend, ainsi que la Manangourou, du point culminant du plateau inférieur et leurs sources paraissent être voisines. Elles se dirigent d'abord dans un sens opposé, l'une au sud, l'autre au nord, tournant ensuite brusquement vers l'est, pour couper la chaîne inférieure et se rendre à la mer. Elles forment ainsi en quelque sorte un arc immense, dont la corde, ou la distance qui sépare leur embouchure de la mer, peut être de 355 kilomètres ou 80 lieues. Tous les cours d'eau qui se trouvent entre elles, quelque considérables qu'ils soient, ne viennent ainsi que de la chaîne inférieure. Tous les renseignements puisés sur les lieux s'accordent pour faire venir ces deux rivières de la province d'Antsianak, et, selon les uns, la Mangourou sortirait du grand lac qui se trouve dans cette contrée, tandis que selon les autres, ce serait seulement la Manangourou. Quoi qu'il en soit, la première de ces deux rivières, dont les eaux sont si impétueuses dans la partie inférieure de son cours, parcourt d'abord avec lenteur l'immense plaine d'Ancaye dans toute sa longueur ; déjà même, quoique non loin de la source, elle y serait susceptible de porter bateau, si les cascades qu'elle forme en coupant la chaîne inférieure, dont elle couronne à peu près le sommet, n'étaient un obstacle à ce qu'on l'utilisât pour la navigation. Le lieu où elle forme son coude se trouve à quarante lieues de la mer environ. Là, cette rivière reçoit un affluent considérable venant du sud et que les naturels assurent être navigable, pour les pirogues, l'espace de deux journées [1].

---

[1] *Histoire de l'Établissement français de Madagascar*, p. 13, 14.

De toutes les rivières de la côte orientale la plus importante après la Mangourou est la *Mananghare*, dont les sources se cachent dans les hautes vallées de l'Ibara, chez les Vourimes, et qui peut avoir une centaine de lieues ou 450 kilomètres de développement.

La rivière Ongn'lahé sert de limite aux pays de Féérègne et de Mahafali. Elle paraît venir, ainsi que la Mangouki, du pays des Vourimes. Leur cours peut être de 350 à 400 kilomètres.

La Sizoubounghi, ainsi que la plupart des rivières de la partie septentionale du Ménabé, descendent, comme l'Ounara, de cette chaîne qui longeant la frontière orientale du pays, a reçu le nom de Bongoulava, la longue montagne. Si l'on regarde l'Ikoupa comme la partie supérieure de la Betsibouka, cette dernière rivière sera la plus considérable de Madagascar, car elle aurait alors 500 kilomètres ou 115 lieues de cours, l'Ikoupa ayant à elle seule plus de 400 kilomètres, depuis sa source dans les montagnes d'Angavo jusqu'à son confluent avec la Betsibouka, à une centaine de kilomètres de l'embouchure de celle-ci dans la baie de Bombetok. Nous avons déjà fait observer que l'Ikoupa passe à Tananarive : elle reçoit toutes les eaux de la province d'Ancove.

Au nom de quelques-unes de ces rivières se rattachent des légendes qui leur ont donné aux yeux des populations riveraines un caractère particulier. La Matitanana, sur la côte orientale, est aussi sainte pour les Malegaches que le Gange pour les Indous, et elle a même donné son nom à la province qu'elle arrose. *Matitanana* dans la langue du pays, est un mot composé de *Mati*, mourir, mort, et de *Tanana*, main, littéralement *la main morte* (rivière de). Les traditions locales racontent, sur l'origine de cette dénomination étrange, que deux géants d'une stature extraordinaire et séparés par la rivière, se querellaient. Durant leur contestation, l'un d'eux saisit la main de l'autre d'une étreinte si violente qu'elle se détacha et tomba dans la rivière, qui depuis en a gardé le nom.

Du reste les sources, les fontaines, les eaux en général, abondent à Madagascar. Ainsi Tananarive est approvisionnée par ce que l'on nomme *Ranou-vélona*, les eaux éternelles, qui surgissent de tous les points de son territoire.

D'après le nombre des rivières, il ne faudrait pas conclure que les communications fluviales soient, à Madagascar, étendues et commodes. La constitution physique de l'île le défendait, et c'est un des graves inconvénients qu'elle présente. Il tient à ce que le sol commençant à monter très-rapidement à quelques lieues du littoral, les rivières y forment des chutes plus ou moins élevées ou sont embarrassées par des blocs ou bancs de rochers, que les petites pirogues peuvent seules contourner. Quelques-unes de ces cataractes sont fort belles et il en est qui sont même célèbres pour les gens du pays. Les rivières d'ailleurs, quoique profondes pour la plupart avant d'arriver à la mer, ont généralement leur embouchure obstruée par des hauts fonds et par des barres qui en rendent l'entrée difficile et souvent dangereuse. Beaucoup d'entre elles sont fermées par les sables qu'amoncellent les vents battant en côte et par le mouvement de la mer. Il arrive alors que ces sables ainsi entassés arrêtent le cours de ces rivières jusqu'à ce que leurs eaux soient assez fortes pour s'ouvrir de nouveau un passage dans la direction de la mer.

Mais quelquefois ces opérations spontanées de la nature n'ont pu avoir lieu et il s'est formé à droite et à gauche de ces rivières des lacs ou des marais souvent très-étendus. D'autres fois, la double influence des vents et des flots sur le sable des grèves a aussi produit le même résultat, de sorte qu'en certaines parties des côtes, telle par exemple que celle qui s'étend de Tamatave à Sakallion, sur un développement de 290 kilomètres ou 65 lieues, on voit en arrière du rivage une chaîne de lacs qui lui est parallèle. Les uns sont isolés, et séparés par des isthmes appelés *pangalane*, (littéralement: *où l'on fait son chemin*), les autres communiquent entre eux ou avec les rivières voisines. On a mis à profit cette disposition des eaux pour faciliter les communications, et la première partie de la route de Tamatave à Tananarive jusqu'à Vobouaze se fait au moyen de ces lacs. Après avoir quitté Tamatave, on remonte pendant quelque temps la rivière d'Ivondrou. Elle est séparée du premier lac, le lac de

Nossi-bé (de la grande île) par une *pangalane* sur laquelle on traîne les pirogues, aussi faut-il une heure pour le traverser bien qu'il n'ait pas 200 pas de longueur. Le lac *Nossi-bé*, qui a 35 kilomètres de tour est très-beau et très-diversifié par de pittoresques îlots couverts de plantes et d'arbres remplis de milliers d'oiseaux. L'un d'eux fut, suivant les Malegaches, le séjour d'une sorcière Mahao, fameuse dans les traditions du pays et qui leur inspire une telle frayeur que les rameurs n'ouvrent jamais la bouche en traversant le Nossi-bé dans la crainte de la voir apparaître.

Du lac on gagne le village de Fitanou près du second lac, celui d'Iranga. La terre qui les sépare est appelée *Tanfoutchi,* terre blanche. Il existait dans ce lieu, disent les Malegaches, un serpent monstrueux, un *fangane* terrible qui dévorait les hommes et les bœufs. Ses dimensions étaient telles qu'il pouvait entourer dans ses replis jusqu'à des villages de trois cents familles ; les habitants investis de cette façon étaient atteints par les sept dards dont sa langue était armée et périssaient d'une mort affreuse. La désolation était à son comble quand Dérafif, le bon principe, parut dans le canton et résolut de se délivrer de ce fléau destructeur. A cet effet, il ordonne qu'on lui fabrique une serpe proportionnée à la taille du monstre. Muni de cette arme gigantesque, il épie l'instant où le fangane se livre au sommeil, l'attaque, le dompte, divise son corps en tronçons qu'il disperse dans toute la contrée. La caverne où se retirait le fangane, l'étang où il se baignait, se voient encore à Tanfoutchi, langue de terre qui n'a pris, disent les naturels, cet aspect argileux et blanchâtre d'où lui vient son nom, que parce qu'elle était le passage habituel du dragon.

Le lac *Iranga* est beaucoup plus petit que le lac Nossi-bé, et l'on n'y trouve que 4 à 5 brasses de fond. Mais le lac *Rassouabé* qui lui succède est beaucoup plus grand. Il peut avoir 50 à 55 kilomètres de tour et abonde en poissons et oiseaux aquatiques. D'après les indigènes, le géant du feu y commande ; aussi a-t-on soin, pour le traverser, en toute sécurité, d'apporter de Tamatave des *fanfoudis,* ou charmes protecteurs. Ce lac communique au lac *Rassoua-massaye* par un canal étroit où l'on trouve à peine assez d'eau pour les pirogues. On a bientôt rencontré alors le village de Vavoune. La route traverse une forêt pendant plusieurs lieues. On arrive à Andevourante, d'où l'on peut remonter vers Tananarive.

Outre ces lacs côtiers, il en existe d'autres dans l'intérieur, mais ils ne sont connus encore que très-imparfaitement. Les plus étendus sont l'*Ihotry,* dans la partie nord du pays de Féérègne, l'*Imanangora* et le *Nossi-Vola* (lac de l'île d'Argent) dans l'Antsianak, le lac Ima ou Imania, au nord du Sizoubounghi (Ménabé), le lac Safé, dans le Milanza (Ambongo), celui que les Malegaches ont nommé *Saririaka,* image de l'Océan, à l'est de la forêt de

Bemarana, dans la partie occidentale de l'Ancove, l'Itasy, fameux par l'excellence de son poisson; enfin à l'ouest de la baie de Bombetok, le lac *Kinkouni* qui verse le trop plein de ses eaux dans la *Mandzaraï*. C'est dans une île du Nossi-Vola, que s'élevait l'ancienne capitale de l'Antsianak, *Rahidranou*. Le lac *Ima* a 31 kilomètres de long, sur 15 à 16 de large, le *Kinkouni* dans la partie sud-ouest du Bouéni, est assez large pour que de l'un des bords on ne puisse apercevoir le bord opposé, sa profondeur vers le milieu, et en certains autres endroits, va jusqu'à dix brasses ou vingt mètres; l'eau en est belle et le poisson y est très-abondant, ses bords sont très-peuplés et au milieu il y a trois petites îles dans lesquelles les habitants cherchent un refuge en temps de guerre.

On ne devra pas s'étonner si nous disons que le climat d'une terre aussi vaste, aussi diverse dans ses formes que l'est Madagascar, est très-varié. Pendant que l'on supporte à peine sur la côte une chaleur parfois étouffante, les plateaux et les hautes vallées de l'intérieur dans les provinces d'Ancove, des Betsiléos et d'Antsianak, d'Ibara (Vourimes), jouissent d'une température généralement peu élevée, souvent même très-fraîche. Le froid y est assez vif de juin à septembre, souvent très-piquant en décembre et en janvier. Les cimes des monts *Ankaratra* se couvrent alors de glace et la grêle y tombe avec abondance.

Les côtes et les deux versants de l'île sont soumis au régime climatérique des contrées intertropicales. L'année s'y divise en deux saisons, nommées par les Européens, l'une *saison sèche* ou *bonne saison*, l'autre *saison pluvieuse* ou *mauvaise saison*, la *hors-saison* de Flacourt. Cette dernière époque pendant laquelle ont lieu les pluies d'orage, les bourrasques et les ouragans, est communément désignée sous le nom d'*hivernage*. La première commence en mai et finit vers le milieu d'octobre. La chaleur est alors tempérée; de très-fortes brises soufflent pendant le jour, renouvellent et purifient l'air. La saison pluvieuse commence vers la fin d'octobre et continue jusqu'à la fin du mois d'avril. C'est dans les mois de janvier et de février que la chaleur atteint son maximum, et que le climat est le plus malsain dans les endroits marécageux.

Les vents soufflent à Madagascar à des époques fixes, suivant des directions connues. Ils se divisent en *mousson* de nord-est et de sud-ouest. Depuis le fort Dauphin jusqu'au 22ᵉ degré de latitude, les vents règnent presque constamment du nord-est. En mer, leur action ne se fait pas sentir régulièrement à plus de dix lieues de la côte. Les vents du sud-est sont rares dans ces parages.

Sur la côte occidentale de Madagascar, la brise du N.-E. règne perpétuellement d'octobre en avril, le reste de l'année elle varie du S. à l'O., depuis midi jusqu'au soir, pendant la nuit, elle passe du sud à l'est et se fixe au matin dans cette dernière aire de vent.

C'est de terre que viennent la plupart des orages. Les nuages refoulés dans le jour par la brise de nord-est sur les montagnes de Madagascar, y forment, vers, le soir une large bande bleue bien connue des navigateurs; puis, violemment repoussés vers le large, dans la nuit et quelquefois avant le coucher du soleil, ils laissent échapper de leur sein la pluie, les éclairs et la foudre. Quant aux ouragans, ils n'exercent jamais leurs ravages sur une grande étendue de territoire. Ils paraissent moins à craindre dans le nord que dans les autres parties.

L'insalubrité reprochée, de tout temps, au climat des côtes de Madagascar lui est commune avec celle de toutes les régions de terres basses situées entre les tropiques où les mêmes causes amènent les mêmes effets. Elle est presque exclusivement due aux pluies diluviales qui inondent chaque année le pays et surtout au débordement des rivières dont les eaux, fréquemment arrêtées par les sables qu'y accumulent les vents généraux et l'action des flots, se répandent sur un sol bas et plat qu'ils envahissent. Cette observation est surtout applicable à la côte orientale de l'île, du fort Dauphin à la baie d'Antongil. En janvier et février, lorsque les fortes chaleurs arrivent et dessèchent une partie de ces marais, où beaucoup de matières végétales et animales sont en décomposition, il s'exhale de leur sein des miasmes délétères que les vents, arrêtés par les montagnes et les forêts du littoral, ne peuvent emporter au loin et qui, maintenues ainsi dans les lieux mêmes où ils croupissent, engendrent, notamment à Manghafia, à Angontsy, à Tamatave, à Foulepointe et à Sainte-Marie, les fièvres meurtrières qui y règnent particulièrement à cette époque. C'est à ces miasmes mortifères qui règnent le long de la côte orientale, surtout pendant six mois de l'année, que cette côte doit le funèbre surnom qui lui a été donné par les blancs effrayés de *Cimetière des Européens*. Les indigènes de l'intérieur n'en sont pas plus à l'abri que ces derniers. Il a été reconnu, du reste, que ces fièvres ne sont pas différentes de celles de la Zélande et de Rochefort. Elles sont surtout bilieuses et ne deviennent putrides ou malignes que lorsqu'on les néglige ou qu'on emploie dans leur traitement des médicaments contraires ou insuffisants. Elles cèdent assez ordinairement à d'abondantes transpirations, à une forte dose de sulfate de quinine. Des douleurs aux articulations, une pesanteur de tête insupportable annoncent la présence du fléau.

La côte orientale de Madagascar ne cessera d'être insalubre que lorsqu'on aura détruit les causes qui la rendent telle ; opération gigantesque sans doute, mais qui n'a rien d'impossible avec les procédés de desséchement que la civilisation européenne pourrait mettre aux mains des naturels.

Le littoral occidental et surtout le littoral nord de Madagascar, sont complètement exempts de l'insalubrité reprochée à la côte orientale. On trouve sur la côte nord des plateaux élevés, parfaitement exposés aux brises de la haute mer. Les forêts y sont éloignées du rivage qui ne présente que des arbres disséminés parmi lesquels l'air circule librement. Les marais y sont rares et peu étendus, les pluies moins fréquentes et la température plus sèche que dans l'Est. Les marins qui ont visité ces parages et qui y ont séjourné quelquefois, pendant toute la durée de l'hivernage, s'accordent à dire qu'il n'y règne ni fièvres ni autres maladies endémiques ou épidémiques, à aucune époque de l'année [1].

Il y a parfois quelques ouragans à Madagascar; mais ils n'exercent jamais leurs ravages sur une grande étendue de territoire et méritent tout au plus le nom de rafales, si on les compare à ceux qui désolent, de temps à autre, les îles Bourbon et Maurice. Les ouragans paraissent, du reste, moins à craindre dans le nord de Madagascar que dans les autres parties de l'île. Les raz de marée sont assez fréquents sur les côtes de l'île; mais sur toute la côte orientale qui s'étend du fort Dauphin à la baie de Diego-Suarez, la mer ne s'élève guère de plus d'un mètre dans les plus fortes marées, tandis qu'à la côte occidentale, la mer monte de deux à trois mètres.

Du reste, les miasmes morbides des côtes de Madagascar, lorsque ces côtes sont peu salubres, n'é-

---

[1] *Notices statistiques* publiées par le Ministère de la marine, 1840, 4ᵉ partie, page 27.

tendent leurs influence qu'à dix lieues à peine dans l'intérieur des terres. A cette distance de la mer, le sol est déjà plus élevé, l'air y est généralement plus frais et le pays devient de plus en plus sain, à mesure qu'on y pénètre. Si, au delà des côtes, on observe quelques maladies, elles sont dues à des causes tout à fait étrangères au climat. La salubrité des plateaux de l'intérieur, habités par les Hovas est même renommée. Des voyageurs ont été jusqu'à dire que, sous ce rapport, le climat de la province d'Ancove était supérieur au climat de la France.

Les caractères géologiques de Madagascar sont aussi remarquables que variés, mais ils n'ont été jusqu'à présent que très-superficiellement étudiés. Les formations primitives apparaissent dans un grand nombre de localités où l'on voit le granit, la syénite et des blocs d'un quartz singulièrement pur, souvent accompagné d'un quartz rose très-beau. On y rencontre aussi fréquemment un cyst entrecoupé de larges veines de quartz et une substance ressemblant au grauwacke. Les formations schisteuses y sont étendues, et on y a observé le silex entremêlés d'une belle chalcédoine, le calcaire primitif, ainsi que différentes espèces de grès. De superbes cristaux de schorl se rencontrent fréquemment dans le pays des Betsiléos, où l'on a trouvé aussi des fossiles nombreux de serpents, de lézards, de caméléons et de végétaux revêtus d'une enveloppe calcaire. Quelques indices, des exploitations même, signalent la présence du terrain carbonifère sur plusieurs points. La pierre à chaux ne paraît pas exister dans les parties orientales, où les divers coraux la remplacent d'une manière avantageuse.

On voit quelquefois dans le Betsiléo, sur une étendue de plusieurs milles, des masses d'une lave terreuse homogène ; d'autres laves y abondent en beaux cristaux d'olivine ; les scories et les pierres-ponces se montrent sur plusieurs points. Mais cette partie de l'île n'est pas la seule où l'action violente des anciens foyers volcaniques ait été signalée. Sur la route d'Andevourante à Tananarive, dans la vallée des Bezonzons (Bezanozano), des crevasses considérables, des pierres noires et brûlées annoncent que des feux aujourd'hui éteints ont bouleversé jadis cette contrée. Au N.-E. de la capitale du Ménabé et à quelque distance, se dresse la cime noirâtre du mont *Tangoury* aux flancs arides. Un cratère ouvert à son sommet, plusieurs cavités considérables d'où jaillissent les sources du *Ranouminti* (l'eau noire), des éboulements de terre et des laves ne permettent pas de douter que ce ne soit un ancien volcan. La tradition du pays vient du reste confirmer cette assertion. « Tu vois, disait un indigène à un voyageur, en indiquant les cavernes de la montagne, la demeure de celui que les Sakalaves appellent l'ennemi des hommes ; c'est sous ces voûtes ténébreuses qu'il a bâti son palais ; il est le maître du feu qui dévorerait, s'il le voulait, les

Malegaches et leurs troupeaux. La terre elle-même ne pourrait résister à son intensité. Aussi le roi Ramitrah a-t-il soin, pour apaiser ce génie, de lui sacrifier des taureaux, à toutes les nouvelles et pleines lunes ; car ce sont les époques où il a soif de sang. Les Ombiaches et les Ampaanzares disent que plusieurs générations des Sakalaves ont existé avant celle que tu vois et que toutes ont été ensevelies dans l'estomac de feu du géant. Cependant depuis plusieurs siècles, il reste enfermé dans son palais, couché sur des monceaux d'or, qui lui servent de lit. »

Aujourd'hui l'action volcanique paraît avoir entièrement cessé à Madagascar. Des voyageurs ont assuré à Dumaine qu'il existait un volcan au nord-ouest de la baie de Diego-Suarez, auprès de l'île que les Anglais ont nommée *Woody Island,* l'île boisée. Toutefois, les voyageurs qui ont le plus récemment exploré ces parages ne signalent rien de ce genre.

Les terres des provinces du nord de Madagascar sont noires et vigoureuses, aussi le Bouéni est-il une des plus fertiles contrées de l'île. Celles du milieu de la côte de l'est sont sablonneuses jusqu'à une ou deux lieues des bords de la mer. Plus loin, la végétation devient très-riche. Dans le Sud, c'est-à-dire vers Sainte-Luce, le terrain est mêlé de sable, mais il est supérieur aux terres qui avoisinent le cap Sainte-Marie. Celles des environs du fort Dauphin sont excellentes. La partie peu montagneuse du pays des Sakalaves du Nord (le Bouéni) est fertile, surtout près des rivières et des marais et abonde en *fataka* et en esquine, fourrages excellents. La plus grande partie des plateaux de l'intérieur est au contraire rocailleuse et stérile; le terrain y est en général ocreux et ferrugineux. Dans la province d'Andrantsaï, qu'habitent les Betsiléos, les terres sont noires, brunes, rouges, jaunes et blanches. Le sol rouge y est le plus commun et il est extrêmement productif. Tels sont les champs rougeâtres des Bétanimènes.

On se ferait difficilement une idée de la richesse et de l'abondance des productions végétales de Madagascar, et elle a de tout temps excité l'étonnement et l'admiration des voyageurs qui l'ont visitée. Les botanistes surtout en ont été ravis. « Quel admirable pays que Madagascar ! écrivait Commerson à Lalande en 1771. Il mériterait seul non pas un observateur ambulant, mais des académies entières. C'est à Madagascar que je puis annoncer aux naturalistes qu'est la terre de promission pour eux. C'est là que la nature semble s'être retirée comme dans un sanctuaire particulier pour travailler sur d'autres modèles que ceux dont elle s'est servie ailleurs : les formes les plus insolites, les plus merveilleuses, s'y rencontrent à chaque pas. Le Dioscoride du Nord (Linnée) y trouverait de quoi faire dix éditions de son *Système de la nature* et finirait par convenir de bonne foi qu'on n'a soulevé qu'un coin du voile qui la couvre. »

Plusieurs naturalistes ont, depuis lors, exploré quelques filons de cette inépuisable mine et se sont toujours retirés en avouant qu'elle lasserait l'activité des hommes les plus ardents pour la science. Nous ne saurions donc avoir la prétention de donner ici la nomenclature définitive de toutes les plantes, de tous les arbres et arbustes connus de Madagascar. En nous bornant aux plus remarquables et à ceux dont l'homme a su tirer parti, notre nomenclature sera encore assez longue. Voici une énumération succincte qui peut en être faite : le fotabe (*barringtonia speciosa*), le filao (*casuarina equisetifolia*), le baobab (*adansonia*) qui abonde sur la côte occidentale ; le rofia, espèce de cyrus précieux pour les indigènes ; l'ampaly, espèce de *morus* dont la feuille rugueuse est employée à polir le bois ; *l'avoha* (*dais Madagascariensis*) avec lequel on fait, sur la côte de l'est, une sorte de papier grossier ; le *tapia edulis*, qui sert de nourriture aux vers-à-soie indigènes ; l'amiena (*urtica furialis*), l'aviavy, espèce de figuier indien, l'amontana et le voara, autres variétés du même arbre ; le bétel indien ; le foraha, *callophyllum inophyllum* ou dragonnier, le vakoa (*vaquoi*) ou Pandanus, dont il y a trois espèces : P. *hofa*, P. *sylvestris*, P. *longifolius pyramidalis*, la dernière qui fleurit à la baie d'Antongil, et le bambou (*bambusa arundinacea*) assez abondant pour avoir donné son nom, *volo*, à ce pays appelé I-volo-ina.

L'azaina (*azign* de Chapelier) est regardé comme

un des arbres les plus utiles de Madagascar ; c'est le *chrysopia* dont il y a quatre espèces et qui appartient à la famille des guttifères. Il vient très-droit, ne pousse de branches qu'à son sommet en forme de couronne, atteint 60 pieds et assez de grosseur pour donner 2 pieds d'équarrissage. Les indigènes en extraient une résine ou suc jaune appelé *kitsy*, qui leur sert à fixer leurs couteaux et autres objets dans leurs manches. On emploie le tronc de cet arbre pour la construction des pirogues, à laquelle sert aussi singulièrement le *vounoutre* ou arbre chevelu. L'*hymenœa verrucosa* fournit une abondante quantité de gomme copal. Le vouhéma, qui donne la gomme élastique, y abonde, ainsi que le roindambo, espèce de *smilax*; l'avozo, *laurus sassafras*, le cubèbe, le bélahy, espèce de *simarouba*, mais il ne paraît pas y exister de salsepareille. Le zahana, *bignonia articulata*, et le voankitsihity, le *bignonia telfaria* de Boyer, fournissent les zagaies ou javelots, les cannes, etc. Le zozoro est le papyrus de Madagascar. On y voit plusieurs espèces d'*hibiscus* et de *mimosa*; ce dernier arbre appelé *fano*, se voit fréquemment auprès des tombes des Vazimbas, l'autre sert à fabriquer des cordages et un feutre grossier. Les bords de la Sohani, de la Manamboule, de la Maramouki et d'autres rivières du pays sakalave, surtout au sud, abondent en bois de sandal.

Il faut ajouter à cette liste un nombre prodigieux d'orchidées et de fougères, l'orseille, très-commun sur les roches des bords de la mer ; le seva, *buddleia*

Madag.; l'*arivou-taon-vélou* (mille ans de vie), la panacée des Malegaches; le *cytisus caja*, ou pois à pigeon (en malegache *Ambarivatry*); le songosongo une belle espèce d'euphorbe, dont on environne souvent les terres cultivées; le laingio, *sophonicus lingum*, dont les indigènes se servent pour nettoyer leurs dents, enfin le *tanghinia veneniflua* qu'un usage terrible a rendu célèbre. Nous en reparlerons avec détail en étudiant les mœurs et les coutumes des peuples de Madagascar.

Un arbre dont il est fréquemment question dans les relations est le ravinala (*Uranisas peciosa*) connu des Européens et des créoles des îles de France et de Bourbon sous le nom d'*arbre du voyageur*, parce que l'on trouve entre les aisselles de ses feuilles de l'eau très-fraîche et très-bonne à boire; il a le tronc d'un palmier et les feuilles d'un bananier avec cette différence que, plus épaisses et plus fortes, elles se redressent vigoureusement et se disposent en éventail régulier au sommet de l'arbre. Le bois du ravinala sert à former la charpente, les feuilles les parois extérieures, les cloisons et le toit des cases. On emploie sa feuille à d'autres usages domestiques. Le ravinala croît près des ruisseaux et dans les marécages, et non dans des lieux secs et arides, comme on l'a prétendu pour colorer d'un peu de merveilleux la propriété qu'il a de fournir au voyageur altéré une boisson rafraîchissante, qui n'est autre que de l'eau de pluie.

Madagascar possède de riches épices; l'*agatho-*

phyllum aromaticum, traduction de l'appellation indigène *ravintsara*, la feuille excellente, ainsi nommée à cause de sa délicieuse odeur ; le longoza, *curcuma zedoaria*, le gingembre, le poivre sauvage, le capsicum, le tantamo, *curcuma longa*. On extrait de différents arbres douze espèces d'huiles, dont la plus connue est celle de palma-christi.

Le riz est aujourd'hui la plus importante production agricole du pays. On n'en distingue pas moins de onze variétés, qui toutes donnent des produits considérables dans les terres propres à la culture de cette céréale. Il y en a plusieurs espèces qui se cultivent dans les terrains secs, et qui, sans être aussi productives que celles des terres humides, donnent cependant des récoltes abondantes et d'aussi bonne qualité. Le riz de Manourou est le plus beau de l'île ; on lui préfère cependant, à Bourbon, un riz rouge qui vient des environs du fort Dauphin. Les vieillards s'accordent à dire que l'introduction du riz à Madagascar est récente ; mais il est probable qu'ils entendent par là son introduction dans l'intérieur, car Flacourt, il y a déjà plus de deux siècles, donne la description des différentes espèces de riz cultivées dans l'île. On pense aussi qu'il n'y a pas plus de 150 ans que le cocotier a commencé à croître à Madagascar, où sa noix, selon quelques naturalistes, aura été jetée sur le rivage par les vagues. L'arbre à pain y est d'une origine encore plus moderne, mais la patate et la banane y sont connues de temps immémorial. On y recueille différentes espèces d'ignames appelées par les naturels *ovy*, du manioc (mangahazo), du maïs, du gros millet, plusieurs espèces de fèves, des concombres, des melons, des pommes de pin, des noix de terre, des choux, des ognons, des giraumonts. Les citrons, les oranges, les limons, les pêches, les mûres, y croissent merveilleusement, et on voit encore au voisinage du fort Dauphin la plantation d'orangers qu'y firent jadis les Français. La base de la nourriture des Sakalaves du Sud est l'arrow-rout. Le sagoutier est un arbre indigène à Madagascar et la canne à sucre y est cultivée sur un grand nombre de points.

Beaucoup de racines et de plantes potagères venant pour la plupart du cap de Bonne-Espérance ou d'Europe, y ont été introduites, dans ces derniers temps, par les voyageurs ou les missionnaires anglais. L'île doit à ces derniers plusieurs variétés de la vigne du Cap, le figuier du Cap, les grenades, et seulement comme essai, les noix et les amandes. Le pays d'Ancove est du reste le seul endroit où l'on trouve du raisin, qui pourrait être bon, si l'on attendait pour le cueillir qu'il eût atteint sa maturité. Les vignes y viennent sans culture et produiraient assez pour faire du vin, mais les Hovas ne savent pas en tirer parti. Le froment, l'orge et l'avoine sont peu estimés des indigènes et semblent du reste ne se plaire que médiocrement dans le pays. Il n'en est pas de même de la pomme de terre qui y est très-recherchée.

Dans les différents lieux de la côte orientale, à Tamatave, à Mananzari, où l'on a planté le café, il a parfaitement réussi. Son produit était comparable aux meilleures sortes de Bourbon.

Le tabac de Madagascar est d'une qualité supérieure ; il réussit également bien dans l'intérieur et sur les côtes. Le coton dont les importations annuelles vont en France à près de cent millions de livres, réussit admirablement bien dans les basses terres comme sur les plateaux du centre, dans l'Ancove. Dans toutes les terres légères de l'île, on voit croître spontanément trois espèces d'indigotier et les naturels sont depuis longtemps en possession de moyens plus ou moins perfectionnés d'appliquer le principe colorant de cette plante à la teinture de leurs vêtements.

Le bois d'ébène que l'on a tiré jusqu'à présent de Madagascar, est ordinairement d'une qualité inférieure. Cela vient de ce qu'il est coupé dans les forêts marécageuses, où l'exploitation en est bien plus facile ; mais dans l'intérieur et dans la partie nord de l'île, entre Vohémar et Diego-Suarez, on trouve des forêts en terrain sec où la qualité de ce bois est de beaucoup supérieure, et égale à celui de Maurice ; c'est là que croît la plus belle espèce d'ébène, le *diospyrus ebenaster*.

Quelques espèces de bois d'aigle, de benjoin et de rose se trouvent dans les forêts de Madagascar, qui abondent aussi en une foule d'autres arbres donnant les matières premières nécessaires aux ateliers de teinture, de marqueterie et de tabletterie. On y trouve encore des écorces fort estimées, telles que le quinquina rouge. Elle renferme un nombre considérable de copalliers. L'étendue de ses forêts est immense et elles traversent l'île dans toutes les directions, se développant surtout le long des plateaux inférieurs, comme pour défendre l'approche de la région centrale. Là, au milieu d'une solitude qui n'est pour ainsi dire jamais troublée, sous la double influence d'un soleil tropical et d'une atmosphère humide, la plante naît et meurt en revêtant sans cesse les formes infinies et inépuisables d'une spontanéité que rien n'arrête. Depuis la création, il s'y produit dans le silence des phénomènes admirables, rare privilége d'un petit nombre de régions de ce globe, et dont l'imposante grandeur n'a pu être explorée encore par aucun œil humain doué d'intelligence et de sagacité comparative. En présence de ce monde d'une richesse si merveilleuse, ne doit-on pas déplorer amèrement les difficultés qui depuis si longtemps en séparent la civilisation, et la science sa compagne? Des taillis presque impénétrables, traversés dans tous les sens par des lianes et des plantes parasites sans nombre, s'y opposent incessamment à la marche du voyageur qui, pour prix de son courage, se trouve parfois exposé à l'influence funeste d'un air vicié que les courants ne peuvent renouveler, aux dangers des éboulements subits et des précipices inconnus ; car la plupart de ces grands bois courent à perte de vue sur le flanc des chaînes qu'elles transforment en un vaste amphithéâtre d'éternelle verdure.

Les quatre principales forêts de Madagascar sont Alamazaotra, Ifohara, Bémarana et Betsimihisatra, qui n'en font pour ainsi dire qu'une seule traversant, semblable à une immense ceinture, toutes les provinces de l'île sous des noms d'ailleurs différents. Ainsi sur la route d'Andévourante à Tananarive on l'appelle forêt de Fanghourou et le chemin de cette dernière ville à la baie de Bombetok la traverse en un point où, sous le nom d'Anghala-Vouri, elle sépare le Bouéni de l'Antsianac. La vaste forêt de Magnérineri, qui couvre toute la partie orientale de l'Ambougou n'est encore qu'un morceau de cet immense cordon. Les productions végétales de Madagascar sont du reste peut-être bien moins remarquables encore par leur nombre que par leur variété, et si l'on a bien saisi ce que nous avons dit plus haut de la nature de sa surface, on comprendra facilement cette vérité. En effet, sur les plans inclinés qui conduisent de la mer à plusieurs mille pieds au-dessus de son niveau on rencontre pour ainsi dire, toutes les températures. Aussi les cultures intertropicales et celles des régions tempérées s'y trouvent-elles dans d'admirables conditions, selon les zones dans lesquelles les y ont placées la main de l'homme ou la main de Dieu! Toutes les productions qui font la richesse des différentes nations du monde pourront se cultiver à Madagascar le jour où cette île magnifique sera dans les mains d'un peuple civilisé, actif et intelligent.

Le détroit qui sépare Madagascar de la côte d'Afrique est trop large, pour que les grands quadrupèdes de ce continent aient pu venir s'y fixer. Aussi n'y rencontre-t-on ni éléphants, ni lions, ni tigres, ni aucun des hôtes de nos forêts du continent. Madagascar a seulement des bisons, ou bœufs sauvages, des sangliers, des chats et des chiens errants, échappés à la domesticité et revenus à l'état sauvage. Quant aux animaux qui n'y ont pas été importés, tels que les makis (le *Lémur* de Linnée, en malgache *Varik*), les aye-aye, les tendracs, ils ont leur place propre dans l'échelle zoologique. Les sangliers sont de deux espèces; la plus nombreuse est de la grosseur des nôtres. Leurs soies sont d'un brun foncé et deviennent très-dures, quand ils sont âgés; ils ont les habitudes du sanglier d'Europe, mais la structure de leur tête est différente; celle de la laie est beaucoup plus allongée que celle du mâle. Elle a aux joues des os saillants qui laissent à peine apercevoir ses yeux dans les cavités profondes qui existent entre ces os et ceux du front. Mais si la tête de la laie est singulière, celle du sanglier est hideuse. Les sangliers de la petite espèce sont assez rares; leur conformation est la même. Ces deux sangliers ont du reste plus de peine que les nôtres à se faire à la vie domestique. Les naturels les chassent aux chiens et armés de la zagaie. A Madagascar, on a tant de vénération pour ceux qui chassent le sanglier, que, partout où ils passent, on leur offre des bœufs en cadeaux. Les chasseurs sont même autorisés par la coutume à disposer, dans un pressant besoin, des choses qui sont nécessaires à la vie. C'est un privilége que l'on est convenu de leur accorder pour les récompenser des dangers qu'ils courent et reconnaître les services qu'ils rendent aux agriculteurs. En effet, dans les contrées où les chasses ne sont pas fréquentes, ces animaux sont très-nombreux, dévastent les rizières et détruisent une partie des récoltes. Le bison, appelé par les Malegaches *ombé-hala* (bœuf du bois), est encore plus terrible à chasser que le sanglier.

Le chien malegache ressemble au renard; il a le poil fauve, les oreilles droites, le museau allongé, la queue longue et fourrée. Un grand nombre vivent sauvages dans les forêts. Lorsqu'ils mènent la vie domestique, ils paraissent avoir moins d'instinct que les nôtres. Ceux d'Ancaye sont renommés dans l'île pour la chasse au sanglier.

Il y a plusieurs espèces de makis; les plus petites et les plus jolies sont de la grandeur d'un chat ordinaire, mais plus minces. Leur fourrure tachetée de gris, de blanc et de noir, ressemble à celle de l'hermine et pourrait avoir de la valeur en Europe, s'il était possible de la conserver : on pourrait s'en procurer par milliers. La plus grande de toutes les makes est noire et blanche; elle a à son cou une sorte de fraise noire qui contraste singulièrement avec l'extrême blancheur du reste du corps.

Ses pattes sont, en outre, couvertes jusqu'aux genoux de poils noirs disposés exactement comme des gants de Crispin. Sa queue est d'un noir luisant ; elle est grosse comme un angora et de mœurs très-douces.

Le tendrac n'est pas un des animaux les moins curieux qu'il y ait à Madagascar, où il remplace les fourmilliers d'Amérique ; il est gros comme un lapin domestique. Il dort en terre pendant près de sept mois, s'engraisse et devient excellent à manger ; ses formes et son organisation ne diffèrent pas beaucoup de celle du hérisson. Ce dernier animal appelé *sora* est très-commun. L'écureuil ou *voun-t'sira* est plus gros, plus court et plus gracieux que le nôtre, sa queue est moins grande et moins touffue, son poil est d'une couleur plus agréable. Le nombre des rats est quelquefois prodigieux. Le caméléon est commun et est devenu, par suite d'une tradition superstitieuse, un objet d'effroi pour les femmes malegaches. Aux troncs et aux branches des arbres on voit souvent suspendues des chauves-souris grosses comme des poules et dont la chair est aussi bonne que celle du lièvre. Les petites chauves-souris ressemblent à celles d'Europe. On nomme babakoute (*père-enfant*, en malegache) une espèce de singe. Les plus grands ont trois pieds de haut ; ils sont presque toujours par troupes et n'habitent que les grands bois ; leur poil est ras et de la couleur de celui de la souris ; ils n'ont pas de queue. Ces animaux qui ont physiquement du rapport avec l'orang-outang, ont, comme lui, plusieurs des habitudes de l'homme.

Les espèces ailées sont très-variées à Madagascar. Les forêts sont peuplées de colibris au plumage brillant, de pintades, de merles, de faisans, de perdrix, de veuves au dos noir et au ventre orange, de perruches noires babillardes, de perroquets noirs, de ramiers verts, de pigeons bleus ou hollandais à la crête rouge. Les perroquets sont plus gros que ceux que l'on voit en Europe et parlent plus distinctement. Souvent, en longeant une rivière, on aperçoit tranquillement posé sur une feuille de songe (plante aquatique), un oiseau gros comme un pigeon, au plumage roux, que les Malegaches appellent *vouroun saranoun* (l'oiseau de bon augure), et qui, selon eux, étant le protecteur des hommes, leur annonce toujours la présence du caïman. Aux bords des rivières et des lacs apparaissent sans nombre le sirira, sarcelle à la tête rouge, le vouroun-kouik, au plumage brillant, la spatule, remarquable par sa couleur de feu, le kabouk, sorte de cygne gris orné d'une crête bleue et rouge, la bécassine, la poule d'eau, le héron. Au-dessus des rivages des mers planent le courli en corbigeau au cri mélancolique, l'alouette de mer, la frégate, le fou, qui doit son nom à la facilité avec laquelle il se laisse prendre. Parmi les oiseaux de proie, on remarque le vouroun-mahère, ce qui, dans la langue malegache, signifie oiseau fort, courageux. Il est beaucoup plus grand que l'épervier auquel il ressemble, et ne se trouve que sur les hautes montagnes d'Ancove, où il fait son nid dans les cavités des rochers les plus sauvages et les plus escarpés. Radama, roi des Hovas, en avait fait un Oiseau Royal qu'il plaçait, entouré de brillants, sur la décoration qu'il avait fondée, comme une sorte d'ordre de la Légion-d'Honneur, pour récompenser les services et le mérite de ceux de ses sujets qui savaient se faire distinguer de lui.

La volaille est abondante partout. « Le coq blanc, disent les Betsimsaracs, est l'oiseau chéri du géant Dérafif, fils de Zanaar (le bon génie), le protecteur des habitants de cette terre. Le coq blanc a le pouvoir de nous soustraire aux embûches des mauvais esprits ; il exerce sur les chefs des villages où nous passons une influence favorable et les dispose à nous bien recevoir ; enfin, lorsque l'on traverse la forêt, il préserve les chiens de la dent meurtrière du sanglier, qui, frappé de vertige, vient lui-même se précipiter sur le fer aigu des zagaies. » Aussi se met-on rarement en route à Tamatave sans emporter un coq blanc qui doit d'ailleurs être toujours bien nourri ?

La mouche phosphorescente se trouve par milliers à Madagascar, surtout pendant les chaleurs de l'hivernage, et les papillons y sont magnifiques. Il y a dans l'île quelques insectes malfaisants et même dangereux, tels que le scorpion et une araignée noire, grosse comme un petit crabe, qui vit sous terre et dont la piqûre est mortelle ; elle est heureusement assez rare. Les sauterelles se montrent quelquefois dans l'air par masses noires et compactes, pour s'abattre sur les champs de riz. Elles ressemblent à la cigale d'Europe, ont le corps gris, et les ailes d'un brun foncé. Le ver-à-soie est particulier aux environs du fort Dauphin, et on y voit, dans les bois que l'on traverse en marchant vers l'orient, des cocons aussi gros que des concombres. Les Malegaches en cardent la soie et la filent avec des fuseaux de bambous. On trouve dans les ruisseaux de grosses sangsues comme les nôtres, et dans les prairies humides beaucoup de sangsues de la grosseur d'une aiguille et très-vivaces. Les premières ne prennent pas; les autres piquent, au contraire, douloureusement et ne tirent que très-peu de sang, ce qui oblige à les poser en nombre considérable. Il y a, à Madagascar, des serpens de diverses espèces et de grosseurs différentes; un voyageur en a tué un de seize pieds de long, dont la morsure était inoffensive. Les côtes sont fréquentées sur plusieurs points par le caret (*testudo ombricata*) qui ne diffère de la tortue de mer que parce qu'il est moins gros, et que sa carapace donne de l'écaille travaillée dans les arts. Un autre amphibie, qui n'est d'aucune utilité, est le caïman, la terreur des eaux. Il y en a qui ont jusqu'à 14 pieds de longueur.

Les Malegaches prennent les caïmans à peu près de la même manière qu'on le fait en Egypte, c'est-à-dire au moyen d'un émerillon de bois très-dur semblable à ceux dont on se sert pour pêcher les requins. Ils y accrochent, pour appât, un morceau de bœuf et le déposent sur le bord des eaux. Plusieurs hommes cachés dans les joncs tiennent une corde à laquelle cet appareil est fixé et attendent que l'animal l'ait avalé, puis deux ou trois d'entre eux résistent aux efforts qu'il fait pour s'en débarrasser pendant que d'autres l'attaquent et le tuent à coups de zagaie. Du reste, malgré l'effroi général qu'inspirent les caïmans, les Malegaches prétendent qu'ils ne sont pas tous dangereux. Dans quelques endroits, ils s'opposent même à ce qu'on les tue et les Antarayes les regardent même comme leurs dieux protecteurs. A Matatane, chez les Anta'ymours, ils jouissent d'un singulier privilége; on leur laisse, nous le verrons plus tard, le soin de rendre la justice.

Le mulet, (en malegache *zompou* ou *rompou*) la carpe et le gourami (*osphronemus olfax* de Commerson) sont les meilleurs poissons d'eau douce de Madagascar. Ils sont abondants et très-gras après l'hivernage. Le mulet est plus gros de corps que celui d'Europe, mais sa tête, terminée en pointe, est beaucoup plus petite; il a le goût du saumon; les plus gros ont trois pieds de long. Le gourami est un poisson plat qui devient plus grand que le turbot; sa chair est blanche et délicate. La carpe ne diffère pas de la nôtre. On trouve à Madagascar un poisson monstrueux qui ressemble à la vieille; sa chair est insipide et dégoûtante, tant elle est huileuse. Il devient aussi gros que les plus forts marsouins et dévore quelquefois les enfants qui se baignent. La mer, à la hauteur d'Andévourante, est fréquentée par des baleines; mais les Malegaches ne harponnent que les baleineaux.

La minéralogie de Madagascar n'est guère mieux explorée que les autres branches de son histoire naturelle. On y a nié l'existence de l'or, annoncée d'une manière positive par d'anciens voyageurs dignes de foi, mais des indices certains ne permettent plus de douter de la présence de ce précieux métal. D'ailleurs, s'il nous était permis de juger de ce fait par ce qui a lieu dans le voisinage, nous nous déciderions pour l'affirmative, car les chaînes de l'Afrique orientale qui sont parallèles et d'une formation semblable à celle de Madagascar, offrent ce métal, mêlé au cuivre et au fer en très-grande abondance. On n'a pas signalé le cuivre dans la grande île malegache ; mais nous verrons que le fer y est répandu également à profusion. C'est là, d'ailleurs, un phénomène qui se répète à une bien plus grande distance, dans les montagnes du Brésil et les Andes du Chili, chaînes également *méridiennes,* c'est-à-dire parallèles aux chaînes africaines et malegaches, et dont les unes abondent en fer, les autres en cuivre. « J'ai appris, dit Flacourt, que vers le nord de la rivière d'Yonghe-lahé (l'*Ongn'-lahé* de la baie de Saint-Augustin) il y a un pays où l'on fouille de l'or. Et j'ai toujours ouï dire par les grands d'Anossi (province du sud) que c'est vers ces pays-là qu'est la source de l'or. »

Quelques Français qui avaient parcouru le sud de l'île virent de la poudre d'or entre les mains des indigènes. Nous avons rapporté la nature des croyances sakalaves au sujet du mont Tangoury. Ces traditions parlent de l'or qu'il recèle, et ce métal est si abondant sous ces rochers, que souvent pendant l'hivernage les pêcheurs de la Ranou-minti en trouvent des morceaux dans leurs filets. Les devins disent que le géant qui garde ce riche dépôt sera vaincu un jour par les Ombiaches venus de l'Orient, et qu'alors les Sakalaves pourront disposer des richesses du Tangoury. C'est dans l'espoir de reconnaître ces mines que M. Hastie, le célèbre agent anglais à Tananarive, poussa Radama à faire la queue au roi Ramitrah, grand chef des Sakalaves du Sud.

Les Malegaches assurent que leur île possède des mines d'argent, et d'anciens voyageurs affirment en avoir reconnu le minerai. Les Antscianacs sont surtout riches en argent; c'est le peuple de l'île qui en possède le plus, mais on ne sait s'ils le tirent de leur sol. Toujours est-il que l'île où s'élevait leur capitale, au milieu d'un grand lac, se nomme *Nossi-Vola*, l'île d'Argent.

Le cuivre paraît n'être l'objet d'aucune exploitation, mais il n'en est pas de même du fer, dont les riches, on pourrait dire les inépuisables minerais sont mis à profit sur un grand nombre de points. Le plateau central, le Betsiléo, l'Ancôve, l'Antscianac sont surtout remarquables à cet égard, et avant d'être les maîtres de Madagascar, les Hovas avaient acquis une grande réputation relative comme forgerons de fer. Les monts Ambohimiangara, à l'ouest de Tananarive, en renferment de telles masses, que les indigènes les ont surnommés *montagnes de fer*. Dans le Ménabé (côte occidentale), le minerai de fer est très-abondant et d'une extraction facile. Les gîtes les plus riches sont entre le Sizoubounghi et la Mouroundava. Une vaste forge, située à Andavi, près de la capitale des Hovas, paraît être alimentée par la houille que l'on tire des environs. A 80 kilomètres au sud-ouest de Tananarive, on a découvert de l'oxyde de manganèse, et certains districts possèdent un grand amas de carbure de fer (mine de plomb) avec lequel les indigènes vernissent leur poterie. Les ocres et terres colorantes sont également abondants.

Les pierres précieuses, trouvées jusqu'à présent à Madagascar, ne sont ni très-belles ni très-variées; ce sont des améthystes, des aigues-marines, des opales. Mais le cristal de roche y est en monceaux d'une abondance et d'une beauté extraordinaire. Fressange va jusqu'à donner aux plus gros blocs vingt pieds de circonférence, exagération qui peut-être ne doit donner qu'une idée de leur dimension démesurée. Une des montagnes de Béfourne, sur la route de Tamatave à Tananarive, en est parsemée et brille d'un éclat magnifique, lorsque le soleil y darde ses rayons.

Le sel gemme paraît exister près de certaines parties de la côte, et on y a observé des pyrites contenant une grande quantité de soufre. Le nitre, appelé *sira tany*, sel de terre, se montre à la surface des escarpements et d'autres endroits saillants.

Tel est l'exposé des richesses naturelles de Madagascar, ainsi que le donnent les rares explorateurs qui, jusqu'à ce jour, ont pu étudier, du point de vue de la science, la grande île africaine.

En un mot, le riz, le blé, le maïs, le coton, le safran, le tabac, l'indigo, la canne à sucre, la vigne, tous les arbres à épices et à fruits des climats intertropicaux, toutes les racines nutritives poussent spontanément dans cet admirable sol, où la croûte végétale profonde et vigoureuse n'a besoin que d'être remuée avec le pied et de recevoir des semailles pour les rendre, en quelques mois, au centuple. D'immenses savanes nourrissent des troupeaux innombrables de bœufs. Les vastes forêts de l'intérieur offrent des arbres gommeux et résineux d'un précieux rapport et les plus beaux, les plus solides bois de construction. Enfin, si vous fouillez la terre, vous y trouverez les métaux les plus recherchés et les minéraux les plus utiles, l'or, l'argent, quelques pierreries, le fer, le cuivre, l'étain, le plomb, le mercure, le cristal, le sel gemme et la houille elle-même, ce produit qui joue aujourd'hui un si grand rôle dans notre industrie et dans notre navigation, comme si la nature prévoyante avait voulu ménager à nos vaisseaux à vapeur, à moitié chemin de l'Inde, un dépôt de cet indispensable combustible. Les côtes, échancrées de baies spacieuses et de ports excellents, présentent à nos navires de guerre et de commerce toutes les ressources imaginables, les plus riches cargaisons, les vivres les plus abondants et les plus variés.

Tel est Madagascar, telle est cette île qui a toujours excité la convoitise des Européens, et si à tous les avantages du sol, à la facilité de ses abords, à la sûreté de ses mouillages, vous ajoutez celui de sa situation géographique; si vous songez qu'elle est là, jetée entre le cap de Bonne-Espérance et la presqu'île asiatique, comme pour dominer et interrompre au besoin la voie de l'Océan entre l'Europe et l'Inde, vous vous rendrez parfaitement compte de l'importance que la France paraît avoir sans cesse attachée à la possession de cette redoutable position militaire et maritime.

FIN DU CHAPITRE PREMIER.

CHAPITRE II.

Ethnographie, Mœurs et coutumes.

Sommaire. — Population de l'île de Madagascar. — Chiffre approximatif de cette population. — Des trois classes principales. — On compte vingt-cinq tribus ou peuplades, à Madagascar. — Distribution de cette population sur la surface de l'île. — Trois zones générales. — Zone orientale. — Les Antankars.— Les Antavarts. — Les Betsimsaracs. — Les Bétanimènes. — Les Ambanivoules. — Les Bezonzons. — Les Antancayes. — Les Affravarts. — Les Antatchimes. — Les Anta'ymours. — Les Tsavouaï. — Les Tsafati. — Les Antarayes et les Antanosses. — Zone occidentale. — Les Sakalaves. — Les Sakalaves du Bouéni, de l'Ambongou, du Ménabé.—Le Féerègne.—Les Mahafales. — Zone centrale. — Les Antscianacs. — Les Hovas. — Les Betsiléos. — Les Vourimes. — Les Machicores. — Les Androuy. — Les Antampates et les Caremboules. — Caractères physiques et moraux des différentes tribus et des Malegaches en général. — Leurs habitudes.—Leur origine. — Leurs préjugés.—Habitations. — Costumes. — Ablutions journalières. — Polygamie. — Naissance. — Funérailles. — Cérémonies qui les accompagnent. — Musique et instruments de musique. — Le Fifanga. — Les Kabars. — Chant, danses et fêtes. — Eloquence des Malegaches. — Le Fattidrah ou Serment du sang.— Hospitalité malegache. — Vie intérieure des naturels. — Religion. — Circoncision. — Devins. — Fanfoudis. — Lois pénales et jugement. — Epreuves judiciaires par l'eau, par le feu, par le tanguin, par les caïmans. — Gouvernement. — Système militaire. — Organisation de l'armée. — Combat. — Retraite. — Retour au foyer. — Le Malagasy.

La population de l'île de Madagascar est très-diversement évaluée. Les uns, tels que les anciens voyageurs, ne la portaient qu'à un million et demi d'habitants, les autres l'évaluent à 2,800,000 habitants, d'autres enfin, à quatre et à six millions. En réalité, il n'existe aucune donnée sérieuse qu'on puisse assigner comme base certaine à ces évaluations purement hypothétiques.

Les naturels de Madagascar, quelles qu'en soient la tribu et l'origine, sont communément désignés sous le nom de Malegaches, corruption probable du mot *Malagazi* dont ils se servent, dit Ellis, pour se dénommer eux-mêmes. Chacune des tribus a, en outre, un nom particulier.

Les tribus malegaches se partagent généralement en trois classes : les princes ou grands chefs, les hommes libres et les esclaves.

On reconnaît, à Madagascar, l'existence de vingt-cinq tribus ou peuplades principales.

Nous avons déjà indiqué, en termes généraux, la disposition des principales d'entre elles sur le sol de l'île; nous allons reprendre cette énumération pour la compléter; mais en lui conservant toutefois la même forme méthodique, afin de permettre au lecteur de se faire une idée précise de la situation relative de ces différentes tribus.

Les tribus malegaches se présentent naturellement, suivant trois zones bien tranchées; une de ces zones à l'est, comprenant tout le versant oriental, celui qui regarde Bourbon et l'Océan Indien; une à l'ouest, tournée vers le continent africain; une au centre, entre les deux autres, toutes trois disposées dans la longueur de l'île. Voici les peuplades que comprend chacune d'elles, en allant du nord au sud.

Dans la zone orientale se trouvent les Antankars, les Antavarts, les Betsimsaracs, les Bétanimènes, les Ambanivoules, les Bezonzons, les Antancayes, les Affravarts, les Antatchimes, les Anta'ymours, les Tsavouaï ou Chavoaïes, les Tsafati ou Chaffates, les Antarayes et les Antanosses.

Dans la zone occidentale on rencontre les Sakalaves qui embrassent les trois quarts de sa longueur totale, et qui se divisent en Sakalaves du Bouéni ou du nord, en Sakalaves de l'Ambongou, du Ménabé ou du sud; les Andraïvoulas du Féérègne, puis les Mahafales.

Dans la zone centrale sont les Antsianacs, les Hovas, les Betsiléos, les Vourimes, les Machicores, et les Androuy, qui comprennent les Antampates et les Caremboules.

Tous ces peuples sont d'origines diverses, ainsi que le montrent la différence de leurs types et celle de quelques-unes de leurs coutumes.

Les premiers hommes qui peuplèrent Madagascar vinrent naturellement de l'Afrique dont elle est voisine. Les caractères propres aux races[1] de ce continent sont encore empreints sur la face de ses plus anciennes tribus. L'Arabie fournit aussi à plusieurs reprises aux émigrations qui s'y firent. Du reste, ces deux faits ne diffèrent pas de ceux qui ont été observés ailleurs et rentrent dans les phénomè-

[1] Le mot *race* est pris par nous dans le sens de *variétés*.

nes généraux sur lesquels s'appuient les grandes lois ethnographiques. Madagascar n'offre, quant à cette observation, rien de plus extraordinaire que la Grande-Bretagne, en Europe, que Formose, en Asie, que toutes les grandes îles peu éloignées des continents. Aussi n'est-il pas nécessaire d'insister sur ces faits. Mais là ne s'arrête pas ce que l'on peut avoir à dire de l'origine des peuples de l'île malegache. Ce qu'elle offre de singulier est la présence, au milieu de la population, d'individus appartenant à la race malaise dont le foyer est si lointain vers le nord-est, phénomène aussi extraordinaire que l'est, en Amérique, la présence des races européennes; plus extraordinaire encore peut-être, parce que celles-ci possédaient pour envahir le vieux monde des moyens d'une puissance bien supérieure à celle dont pouvaient disposer les navigateurs des grandes îles de l'Océanie occidentale.

Les trois races ainsi juxtaposées finirent par se rapprocher, et il en est résulté deux types principaux: l'un, caractérisé par un teint cuivré ou plutôt olivâtre; l'autre, par un teint noir ou brun foncé et des cheveux crépus. Cependant il est encore aujourd'hui assez facile de reconnaître, à Madagascar, laquelle des trois, chez chacune des peuplades de l'île, a laissé le plus de traces de son individualité.

Les Antankars ressemblent beaucoup aux Cafres; comme eux, ils ont les cheveux laineux, les lèvres épaisses et le nez épaté. Ils sont plus sauvages que leurs voisins. On ne trouve pas chez eux cette vivacité, cette adresse, cette intelligence des populations Betsimsaracs.

Parmi les peuples de la côte de l'est, les Betsimsaracs et les Bétanimènes sont les plus connus des Européens qui ont avec eux, depuis plus de deux siècles, des relations suivies. Ils sont comme leurs voisins les Antavarts et les Ambanivoules, grands et bien faits; leur couleur est le marron plus ou moins foncé; leurs cheveux sont en général crépus. Ceux qui les ont légèrement ondulés ont une constitution moins vigoureuse avec des traits plus réguliers et plus délicats; leurs yeux ont une expression de douceur et de bonté qui inspire immédiatement aux blancs une confiance dont ils savent fort bien tirer parti. Les Betsimsaracs ont tous les vices de la civilisation, sans en avoir encore toutes les qualités. Cinquante Hovas suffiraient pour les mettre tous en fuite, tant ils sont indolents, paresseux et lâches; ajoutez à cela que les Hovas sont en général porteurs de sabres et de fusils anglais à l'aide desquels cette petite tribu menace incessamment ses victimes désarmées et les frappe de terreur. Menteur par habitude et rampant par intérêt, le Betsimsarac se prosterne aux pieds du premier Blanc qui possède une bouteille d'arak, ou une aune de toile de coton. Il lui prodigue les épithètes les plus adulatrices; il l'appelle son maître, son roi, son Dieu, et promet de le servir jusqu'à la mort. Les Bétanimènes diffèrent des Betsimsaracs en ce qu'ils sont moins forts, moins actifs, moins bavards et aussi moins poltrons.

Les Bezonzons (Bezanozano), peuplade peu nombreuse qui se trouve entre les Bétanimènes et les Antancayes, sont des hommes de haute taille, gros et robustes; leur cou est court, leur peau est noire ou brun foncé, et leurs cheveux généralement crépus. Le gouvernement de Tananarive les utilise en les faisant travailler comme hommes de peine (Maromites).

Les Affravarts sont une petite peuplade de guerriers, dont la bravoure et l'intrépidité ont été souvent redoutables à leurs adversaires.

Les Antatchimes, leurs voisins, sont grossiers et superstitieux, et, bien qu'ils n'aiment point voir les étrangers s'établir chez eux, ils accordent au voyageur la plus généreuse hospitalité.

Telles sont les tribus chez lesquelles domine encore le sang noir.

Les Hovas, dont le nom est devenu célèbre, habitent, ainsi que nous l'avons déjà dit, les stériles vallées du centre de l'île. La tradition rapporte que leurs ancêtres arrivèrent à Madagascar sur une flotte nombreuse de prahos et qu'ils dépossédèrent, ou exterminèrent une partie de la race indigène. La tradition, du reste, est d'accord encela avec les faits, car les Hovas ont conservé d'une manière assez frappante les traits de la race malaise. Leur taille n'est pas haute, quoique assez bien prise. Leur teint est olivâtre, et, chez quelques individus, il est moins foncé que celui des habitants du midi de l'Europe.

Les traits de leur visage ne sont pas saillants, et leur lèvre inférieure dépasse la supérieure, comme chez quelques peuples de la race caucasienne. Ils ont les cheveux noirs, droits ou bouclés, les yeux de couleur foncée; ils sont agiles et vifs; mais ils manquent de force et se laissent facilement abattre par la fatigue. L'intelligence des Hovas est assez développée et ils montrent à ces égards, sur la race noire, cette supériorité relative, qui est propre à la race jaune non mélangée. Leur habileté dans plusieurs genres d'industrie est aussi à remarquer. Malheureusement leurs qualités morales sont loin de mériter les mêmes éloges. Le peuple hova réunit en lui tous les vices des autres peuples de Madagascar. Les mauvais penchants de l'humanité semblent enracinés dans leurs cœurs, et ils étendent autour d'eux un cercle affreux de relations et d'exactions infâmes où dominent la haine, l'orgueil, l'insolence et la rapacité.

Les Betsiléos ou Hovas du sud sont, comme les Hovas proprement dits, élancés, agiles et très-libres dans leurs mouvements; ils ont les cheveux noirs et longs, mais le teint quelquefois cuivré, plus souvent d'un bistre foncé. Leurs mœurs sont douces et ils ont une prédilection marquée pour les travaux de l'agriculture. L'absence de l'énergie, de l'adresse et de la ruse, qui ont rendu les Hovas souverains de la plus grande partie de l'île, fait d'ailleurs des Betsiléos une race différente des Hovas du centre.

Deux peuples, les Antanscianacs et les Sakalaves,

le plus nombreux de l'île, tiennent à la fois de l'Africain et des Hovas ; ils sont petits et forts sans être corpulents; leurs membres sont musculeux et bien conformés ; leur teint est d'un noir foncé ; leurs traits sont réguliers ; leur allure est libre et engageante. Ils ont les yeux noirs et le regard pénétrant. Au moral ils paraissent turbulents, vaniteux, insouciants de l'avenir, défiants par ignorance et souvent cruels par superstition. Mais ils ont beaucoup d'amour-propre, une imagination vive, une intelligence assez facile, ils sont sobres, vigoureux, agiles, durs à la fatigue, capables d'enthousiasme et peu vindicatifs. Instruits et bien commandés, ils feraient d'excellents soldats.

Les Anta'ymours sont d'après leurs traditions originaires de la Mekke et ils conservent en effet des manuscrits fort anciens en caractères arabes. Ils ont le teint cuivré, les yeux vifs, les cheveux crépus; ce sont les plus superstitieux d'entre les Malegaches, mais aussi les seuls qui, jusqu'à l'époque de la fondation d'écoles chez les Hovas, aient su prêter une attention suivie à l'instruction de leurs enfants.

On trouve encore d'autres Malegaches d'origine arabe dans le nord et dans l'ouest de l'île. Ils ont pour aïeux des Arabes mahométans attirés à Madagascar par le commerce et qui se sont mêlés avec les indigènes ; on les nomme les *Antalotches*.

Tels ont été les résultats du rapprochement des deux races immigrantes des Arabes et des Hovas avec les races africaines. Mais si la race indigène s'est généralement fondue avec elles, il y en a une petite portion, cependant, qui se tenant obstinément à l'écart, montre encore dans quelques cantons de l'île, la première population de Madagascar pure de tout mélange. Ces individus portent le nom de *Vazimbas* qu'on a ingénieusement rapproché de celui de *Zimbas* d'Afrique, en signalant ceux-ci comme leurs anciens frères.

Les Vazimbas sont trapus et forts ; leur peau est d'un rouge foncé, leurs lèvres sont larges et pendantes ; ils ont le visage allongé, le front aplati, et, comme les nègres d'Afrique, des dents aiguës, qu'ils liment exprès. Leur croyance est à peu près la même que celle des Africains. Ils adorent un grand nombre de divinités et de génies malfaisants qui sont, disent-ils, occupés sans cesse à torturer les hommes. Les Vazimbas n'ont aucune industrie. Les produits de la chasse et d'une culture grossière suffisent à leurs besoins. On assure que, quand ils formaient une nation, ils mangeaient leurs prisonniers et sacrifiaient des hommes. Ce fut cet usage féroce qui arma contre eux leurs voisins, et les fit exterminer. Aujourd'hui ils diminuent incessamment et ils finiront par ne plus même exister. Il y en a encore actuellement deux groupes dans la partie occidentale de l'île, l'un entre la rivière Manih ouSizoubounghi et la rivière dite Manamboule [1].

---

[1] Les Vazimbas sont peut-être les plus anciens habitants de Madagascar, mais ce ne sont pas les seuls qui soient venus d'Afrique

Les Sandangouatsis, que l'on a confondus à tort avec les Vazimbas, sont, au dire des anciens du pays, d'autres indigènes. Leur pays, comme celui de ces derniers, porte bien le nom de Miari, mais ils n'ont jamais été confondus avec eux par les indigènes et ils ont des coutumes tout à fait particulières.

On conçoit facilement que les Européens ne se sont pas montrés à Madagascar sans y laisser des traces de leur passage. Leur nom est *Malates*, altération probable du mot *Mulâtres*. Il y avait à Madagascar deux sortes de Malates ; les premiers enfants du pirate Tom, ont été puissants dans le nord ; mais leurs vices et leurs excès finirent par les faire détester.

Les autres Malates, issus de Français et de filles de chefs, exerçaient le pouvoir avec plus de modération et de justice à Tamatave et à Yvondrou, où ils avaient su se faire aimer. Simandré, célèbre dans les chants des indigènes de cette partie de l'île, était le petit-fils d'un Français nommé Laval, chef de traite à Madagascar.

Bien que la fusion entre les diverses races qui peuplent Madagascar soit loin d'être achevée, le

---

antérieurement aux Cafres ; seulement ils sont les seuls dont une partie se soit conservée pure de tout mélange. Leurs caractères physiques et entre autres la couleur de leur peau se retrouvent dans *une partie seulement* de la population actuelle. Cette même coloration de la peau et leurs dents limées les rattachent aux populations rouges du Haut-Nil. Plusieurs peuples différents de l'Afrique ont incontestablement fait irruption sur la Grande-Terre.

climat, des rapports continuels, une organisation politique peu différente, ont donné aux habitudes, aux mœurs et aux coutumes de tous les Malegaches un caractère de similitude si prononcé qu'il est possible de formuler à cet égard une description qui leur soit commune.

Ainsi on peut dire que, sauf quelques exceptions à cet égard, les Malegaches, comme tous les peuples dans l'enfance, sont curieux, superficiels, superstitieux, ambitieux, vindicatifs, sensuels, crédules, prodigues. Leur aversion pour tout exercice, soit corporel, soit intellectuel, est assez prononcée. Ils sont paresseux, et, s'ils travaillent, ce n'est que par force; leur jeunesse se passe dans l'oisiveté et les divertissements, puis leur vieillesse s'écoule dans une indolence qui n'est jamais troublée par les remords. Ils ne regrettent point le passé et n'appréhendent pas l'avenir, nul projet de fortune ne les occupe. Vivant au jour le jour, le présent est tout pour eux, et ils passent leur vie à dormir, à chanter ou à danser, dès qu'ils ont du riz, du poisson ou des coquillages. Le travail pour eux consiste à construire des cabanes, abattre des arbres et nettoyer un peu la terre qui doit recevoir le riz; ils ne se fatiguent jamais. Quand ils sont malades, ils boivent et mangent comme à l'ordinaire, sans se soucier de la vie ou de la mort.

Le désir de la domination a seul dévoilé aux princes hovas les avantages de l'éducation pour le peuple. Ce fut un des principaux motifs qui les poussa à accueillir les missionnaires anglais et à favoriser l'enseignement des éléments de la science parmi les habitants de leur royaume.

La dissimulation, le mensonge, la fourberie, loin d'être considérés par les Hovas comme des vices, sont, au contraire, les objets de leur sincère admiration. Dans leur opinion, la mauvaise foi et la ruse sont des signes de capacité, d'habileté, de talent. Aussi s'efforcent-ils de favoriser chez leurs enfants le développement de ces penchants funestes. On conçoit quels avantages ce système d'éducation joint à leur puissance matérielle, doit procurer aux Hovas dans toutes leurs transactions commerciales ou politiques avec d'autres peuples. Leurs diplomates, dignes élèves du prince Coroller, sont doués d'une finesse et d'une astuce dont les Européens ont peu l'idée.

La sensualité est générale à Madagascar. Chez la femme, la chasteté n'est point considérée comme une qualité. Jusqu'à l'époque de leur mariage, les filles s'abandonnent aux impulsions énergiques de leurs sens. L'ivrognerie n'a aucune borne chez quelques tribus, et la passion des Malegaches pour l'arack dépasse tout ce que peut se figurer l'imagination. Mais, à côté de ces défauts, les Malegaches ont des qualités précieuses. Ils sont bons, affectueux, complaisants, hospitaliers, et ces qualités se manifestent d'une manière si marquée que tous les étrangers qui ont vécu quelque temps avec eux en gardent un vif et précieux souvenir.

Les liens de la famille et de l'amitié sont très-respectés parmi eux; l'animadversion publique vengerait l'oubli dans lequel un parent ou un ami laisserait son parent ou son ami malheureux et le *fattidrah*, ou serment du sang, dont nous parlerons plus au long, serait un témoignage le plus évident de la bonté de leur âme, si la manière généreuse dont ils exercent l'hospitalité ne la mettait de suite à découvert. L'amour des femmes malegaches pour leurs enfants est extraordinaire, et prouve en même temps l'attachement qu'elles portent à leurs maris. Une mère ne quitte jamais son enfant pendant les travaux de la campagne. Dans les voyages, elle le porte sur la hanche ou sur le dos au moyen d'une pagne. Il existe à Madagascar une coutume touchante qui ordonne aux enfants de présenter dans certaines occasions à leur mère, une pièce de monnaie que l'on nomme le *Fofoun'damoussi*, c'est-à-dire le souvenir du dos, en reconnaissance de l'affection qu'elle leur a montrée en les portant si longtemps dans la pagne; car quelquefois cela se prolonge jusqu'à l'âge de six ans. Mais cette affection dégénère en faiblesse, à mesure qu'ils grandissent, et les enfants ne tardent pas à prendre tous les vices qui peuvent résulter de l'oisiveté et de la dissipation. Pour se justifier de cette coupable condescendance, les parents s'appuient sur un raisonnement dont il est difficile de leur faire comprendre la fausseté. « Dans l'enfance, disent-ils, l'homme n'a pas assez de raison pour être corrigé, et, dans l'âge de raison, il doit être maître de ses actions. » Leur autorité est pourtant immense, car ils ont jusqu'au droit de vendre un enfant désobéissant[1].

La vénération des Malegaches pour les tombeaux est profonde; annuellement, à un jour fixé, chaque famille visite le tombeau de ses pères et y renouvelle les sacrifices qui ont accompagné les funérailles. La superstition, la crainte des revenants, se mêlent bien à ces hommages solennels, mais il y a néanmoins dans le cœur du Malegache un grand et pieux respect pour ses ancêtres, dont la volonté, soigneusement accomplie, passe comme une loi qui se lègue dans la famille de génération en génération.

Les Malegaches habitent tous dans des cases, espèces de chaumières composées d'une carcasse en charpente et revêtue de feuilles de ravinala. La construction d'une case chez tous les peuples Malegaches, occupe beaucoup de monde, parce qu'alors la besogne se fait vite. Les naturels manquant de persévérance pour les travaux qui demandent du temps, se réunissent ordinairement par centai-

---

[1] Nous devons une grande partie des détails reproduits dans ce chapitre à l'intéressante Notice placée par M. de Froberville en tête du *Voyage aux îles Comores et à Madagascar*, de M. Leguevel de Lacombe. Nous avons également consulté avec fruit cette même Notice pour certaines parties du premier livre de notre ouvrage. Le voyage de M. Leguevel contient, notamment sur l'histoire naturelle de Madagascar, des données assez neuves que nous avons cru devoir recueillir, parce qu'elles nous ont paru fondées en général sur des observations faites avec intelligence et méthode.

nes dans ces circonstances, de sorte qu'en quatre jours ils achèvent une case complète avec son entourage en pieux. La charpente est extrêmement solide et ingénieuse ; ils ne dégrossissent pas les troncs d'arbre qu'ils emploient pour cet objet, et se contentent seulement d'en enlever l'écorce. Les traverses de la case d'un homme puissant doivent se faire remarquer par leur grosseur. Les murs sont formés par un entrelacement de joncs et de feuilles ; les portes et les fenêtres sont composées d'un cadre en bois *tamien* garni ainsi de feuilles ; elles sont placées dans une rainure et s'ajustent parfaitement. Le toit est de feuillage ; les quatre extrémités des pièces de bois qui le supportent le dépassent de deux à trois pieds en se croisant après leur jonction. Le tout est souvent élevé au dessus de terre de quelques pieds, précaution nécessaire à cause des inondations.

La case entière se compose d'une ou de deux pièces ; l'une est la chambre à coucher, l'autre la salle où l'on mange, où l'on fait la cuisine ; au milieu de celle-ci est un objet important pour les Malegaches, le *salaza*, châssis en gaulettes, espèce de gril élevé de terre d'environ quatre pieds et de quatre à cinq de long et de large, sur lequel on fait boucaner la viande. Plus un homme est riche et plus son saleza doit être grand et malpropre, car aux yeux des naturels c'est un signe qu'il traite souvent ses amis et qu'il est très-généreux. L'intérieur des cases est quelquefois garni de nattes ; mais c'est un objet de luxe; le plancher se compose de lattes de bois léger ou de bambou posées les unes à côté des autres et consolidées par de la terre glaise et du sable. Les meubles ne sont pas en grand nombre ; un lit grossièrement formé par un tamien posé sur quatre petits pieux enfoncés en terre, pour s'asseoir un ou deux tabourets de nattes rembourrés avec des feuilles sèches ; un billot qui sert au même usage, un ou deux traversins, un oreiller en bois, des paniers en joncs de diverses grandeurs que l'on appelle *tante* ou *siron-kell*, tels sont les objets que l'on rencontre ordinairement dans la case d'un Malegache. Les ustensiles de cuisine et de ménage se composent de pots en terre. Sur la côte orientale on se sert de feuilles de ravinala qui remplacent les cuillers, de plats et de verres; un long bambou; dont les séparations intérieures ont été brisées, renferme l'eau. Chez les Hovas, les plats en bois, les cuillers et les gobelets en corne sont d'un usage général, ainsi que les jarres pour contenir et conserver l'eau.

Le principal et souvent l'unique vêtement des habitants de la côte orientale de Madagascar est le *sadik* ou *séidik,* pièce de toile large d'une demi-aune et longue d'une aune. Ils l'attachent négligemment autour des reins, en ramenant les deux bouts entre leurs jambes, et, après les avoir fixés dans les plis de la ceinture, les laissent pendre l'un en avant, l'autre en arrière, sans dépasser le genou; quelquefois les deux extrémités du séidik sont réunies en avant comme un tablier. Les chefs s'en entourent ordinairement le corps sans en relever les bouts entre les jambes. Le *sim'bou* ou *simébou* est la toge des Malegaches; c'est une pièce d'étoffe d'environ quatre aunes de long sur trois de large. Ils s'en drapent à la manière des Grecs et des Romains, ou le portent roulé en ceinture au-dessus du séidik, lorsqu'ils veulent avoir leurs mouvements libres.

Tous les Malegaches des castes guerrières de l'intérieur, ont le corps couvert de cicatrices qui représentent diverses figures. Elles sont le résultat des tatouages qu'on leur fait dans leur enfance avec une sorte de bistouri.

Les femmes portent le séidik, mais plus long que celui des hommes. Elles se drapent aussi du sim'bou ; souvent aussi elles s'en enveloppent entièrement jusque sous les bras. C'est ainsi qu'on les voit sortir le matin. Vers une heure après midi, elles se revêtent de leur *kanezou,* espèce de corsage dont les manches descendent jusqu'au poignet, et qui leur serre tellement la poitrine et les bras qu'il est très-difficile de l'ôter, sans le déchirer : elles le jettent lorsqu'il est sale, préférant en faire un neuf que de prendre la peine de le laver. Le séidik ne se joint point au kanezou, et leur laisse tout le tour du corps à découvert sur une largeur d'environ un pouce ; le sim'bou se porte alors comme un châle. Les *satouks*, coiffure commune aux deux sexes et assez semblable aux bonnets de nos avocats, sont des toques en jonc. Elles sont toujours plus larges que la tête et par conséquent fort incommodes ; aussi ne s'en coiffe-t-on que pour se préserver du soleil.

Depuis Angontzy jusqu'à Mananzari seulement, c'est-à-dire sur les points de Madagascar les plus fréquentés par les blancs, les femmes dans l'aisance et les élégants *barapip'*, espèces de fats aimés de la population féminine, portent aux oreilles de grands anneaux d'or et des colliers en cheveux que l'on expédie des îles Maurice et Bourbon. Les *bokhs* ou broches en or, de la dimension d'un écu de trois francs, et légèrement bombés, se placent sur le devant du kanezou et suivant une ligne verticale.

Tous les Malegaches, à l'exception des Hovas, se rendent chaque jour, matin et soir, sur les bords d'une rivière, y restent accroupis pendant quelques minutes, et se lavent avec soin le visage, les bras, les oreilles, et surtout la bouche et les dents.

Le riz forme la base de la nourriture des Malegaches comme le pain chez les Européens. Ils y joignent des légumes, des fruits, de la volaille, de la viande de bœuf, quelquefois de sanglier et de babatouke (espèce de singe). On appelle *roh'* un mets composé de poulets coupés en très-petits morceaux et bouillis avec du piment et des feuilles de citrouille et de morelle. Après le dîner on boit le *ranou'pangh'* que les Malegaches croient très-salutaire et dont ils ne peuvent jamais se passer. Cette boisson n'est que de l'eau bouillie dans la marmite où l'on a cuit le riz, et aux parois de laquelle la croûte brûlée (ampangh') de ce grain s'est attachée. Les Malegaches sont très-friands de veaux à l'état de fœtus, et, à Imerne, les grands personnages font toujours tuer plusieurs vaches pleines, quand ils donnent à dîner à leurs amis.

La polygamie est usitée dans toute l'île. Le moindre chef de village possède au moins trois femmes; la première par le rang et l'autorité qu'elle exerce, est nommée *Vadi-bé*, c'est-à-dire littéralement femme n° 1. Elle est chargée de la direction de la maison, et ne suit son mari ni en voyage, ni dans les promenades. La *Vadi-massé* est une femme libre et ordinairement jolie ; c'est comme une maîtresse, et il est d'usage de la répudier aussitôt que sa beauté commence à se flétrir. Enfin la troisième, dite *Vadi-sindrangou*, est une esclave à laquelle on donne la liberté dès qu'elle est devenue mère.

A Madagascar, la naissance des filles ne donne lieu à aucune réjouissance. Cet événement paraît produire, au contraire, un sentiment pénible pour tous les membres de la famille. Si c'est un garçon, l'allégresse est générale, après toutefois que les parents ont consulté l'ombiache, astrologue ou médecin qui décide s'il doit vivre ou mourir ; car s'il était venu dans une heure et un jour réputé malheureux, il serait, ou précipité dans une rivière, ou exposé dans une forêt, ou enterré vivant ; malheureusement pour les Malegaches, leurs astrologues reconnaissent un grand nombre d'heures et de jours malheureux. Cette coutume n'est cependant pas générale, surtout chez les peuplades de la côte orientale occupée autrefois par la France.

On dépose l'enfant à sa naissance sur une natte, à la tête de laquelle le père plante en terre sa plus belle zagaie qu'il orne de guirlandes de feuillages, puis l'ombiache s'en approche avec son mampila, planchette recouverte de sable fin sur lequel il trace des caractères, tire l'horoscope, et la famille attend avec anxiété le résultat de ses calculs cabalistiques. Cependant on suspend au cou du nouveau-né des fanfoudis pour le préserver des mouchaves que les agents du mauvais génie devaient répandre autour de sa natte.

Après que l'ombiache a annoncé l'arrêt du destin, lorsqu'il est favorable, les assistants s'empressent de féliciter le père de l'enfant sur le sort heureux que l'ombiache lui a prédit. Ils sont tous invités au banquet qui se termine par des danses guerrières exécutées par les jeunes gens du pays. Plusieurs champions, simulant un combat, feignent de se porter des coups de zagaie qu'ils parent avec leurs boucliers ; ces boucliers ne sont pas employés à la guerre, excepté par les Zafferaminians, et ne servent que dans la danse guerrière nommée *mitava*. La fête se prolonge bien avant dans la nuit.

Lorsqu'un Malegache meurt, ses proches parents lavent le cadavre avec une décoction d'aromates. Après l'avoir orné de colliers de racines et d'amulettes qui devront en éloigner les génies malfaisants, on le transporte dans un lieu solitaire de la maison, où il n'est plus permis à d'autres qu'à eux d'approcher; quelques vieux esclaves dévoués à la famille sont chargés, chez les gens riches, d'entretenir un grand feu dans le lieu où le corps est déposé. Puis tous les amis du défunt se rendent au pied d'un arbre voisin et tout le monde se met à manger un bœuf que l'on fait rôtir.

Le soir, des chants funèbres accompagnés par le bobre africain, préludent à des danses qui ne finissent qu'au jour; des chœurs de jeunes filles répètent le refrain des chansons improvisées pour l'événement, en frappant en mesure sur des bambous.

Lorsque le mort laisse beaucoup de bœufs, on en sacrifie le lendemain et les jours suivants. L'assemblée ne se sépare que lorsque ces bœufs sont presque tous consommés; c'est ainsi qu'on honore le défunt : quelques parents enlèvent alors presque furtivement le corps et lui rendent les derniers devoirs, car il n'est pas permis à d'autres d'en approcher et de l'accompagner au lieu de la sépulture. Il est triste d'ajouter que les Malegaches ne s'occupent pas plus des femmes à leur mort qu'à l'instant de leur naissance.

Comme tous les peuples indolents et sensuels, les Malegaches aiment passionnément la poésie et la musique. Le soir, dans les villages, on les voit s'assembler pour écouter les chansons que l'un d'entre eux improvise sur une mélodie connue; ils répètent en chœur le refrain, ou l'accompagnent en frappant dans leurs mains pour marquer le rhythme. Les paroles de ces chansons se composent en général de phrases courtes et sans trop de liaison entre elles. Elles ont quelquefois un sens moral et satirique, le plus souvent elles contiennent une simple image. Ces mélodies sont en général monotones. Elles ont cependant un certain charme qui provient, comme dans presque tous les chants primitifs, de leur étrange tonalité.

Les instruments de musique sont très-imparfaits, ce sont l'erahou, le bobre, le marouvané et l'azonlahé que nous décrirons en parlant de la circoncision. Le plus commun est le *marouvané*, l'instrument de prédilection des Malegaches. Le marouvané est fait avec un bambou gros comme le bras. Au moyen d'un couteau on détache, dans l'écorce filandreuse de ce roseau des filets qui soutenus par de petits chevalets, forment les cordes.

L'*erahou* consiste en une seule corde tendue sur une moitié de calebasse et que l'on met en vibration au moyen d'un archet; il n'a presque pas de son.

Le bobre est simplement un long arc, fait d'une tige de bambou ou d'une gaule d'un autre bois. La corde qui le tend est ordinairement en fil de fer ou en laiton; vers le tiers inférieur de la longueur du bois, est attachée la moitié d'une calebasse, espèce de table d'harmonie recevant les vibrations de la corde par un lien, également en métal qui l'attire dans le sens de la calebasse. Le bobre se joue avec une petite baguette de bois; on frappe alternativement sur l'une et sur l'autre section de la corde. Le son est très-faible, en sorte que le rhythme paraît être le principal objet de cet instrument.

Il existe à Madagascar des hommes qui se livrent spécialement à la culture de la poésie et de la musique ; ce sont les *sekatses* ou ménestrels. Ils voyagent sans cesse et chantent leurs compositions chez les chefs qui en retour leur font des présents considérables.

Le fifanga est l'unique jeu des Malegaches. C'est un carré long en bois rouge dans lequel il y a un grand nombre de trous régulièrement disposés, on y met des espèces de noix de galle qui servent de pions, et que l'on prend comme au jeu de dames. Les hommes et les femmes y jouent également.

Le mot *Kabar*, qui s'applique généralement à une assemblée dans laquelle on discute les affaires publiques, sert aussi à exprimer l'échange premier des relations entre deux ou plusieurs personnes qui se rencontrent. Les nouvelles se propagent de cette manière avec la plus grande rapidité. Dans les détails dont l'usage exige un compte rendu exact, on ne doit omettre aucune des moindres circonstances. Par exemple, deux voisins se quittent en sortant de leur village ; l'un va chercher son troupeau dans la prairie située à une petite distance de sa maison ; l'autre va puiser de l'eau à la rivière, qui n'est guère plus éloignée de la sienne ; s'ils se rencontrent à leur retour, ne fût-ce qu'un quart d'heure après, ils se croient obligés de s'arrêter et de se dire tout ce qu'ils ont vu sur leur chemin, n'eussent-ils rencontré qu'une poule, un oiseau ou un papillon. Aussitôt que les rameurs des pirogues entendent quelqu'un à leur portée, ils cessent de pagaier pour entendre son kabar. Il y a chez un tel peuple des éléments certains de civilisation. Les nations les plus loquaces de l'antiquité, les Gaulois, par exemple, se sont montrés les peuples les plus perfectibles, parce que, par besoin d'expansion, ils étaient les plus communicatifs.

Le rapprochement que nous faisons ici, tout bizarre qu'il peut paraître, n'en est cependant pas moins digne d'attention. En effet, les hommes de la Gaule devinrent les premiers avocats de Rome, les maîtres même de Cicéron. Tous les voyageurs parlent avec enthousiasme de l'éloquence des Malegaches. L'art oratoire est très-cultivé chez eux, et ils s'appliquent, dès leur jeunesse, à acquérir une éloquence qui égale relativement, en grandeur et en force, celle de nos plus célèbres orateurs. Il faut dire que l'idiome malegache se prête à l'expression des sentiments. Les images, les alliances de mots y abondent, les nuances les plus délicates s'y font sentir. Et puis l'orateur a la liberté de composer ses mots; à tous moments, suivant l'impulsion de son génie ou les mouvements de son âme, il peut créer ceux qui lui manquent. De cette mine inépuisable de signes verbaux, naissent pour lui des désignations ingénieuses, pittoresques, variées, qui revêtent son style des plus brillantes et des plus riches couleurs.

On appelle *fattidrah* ou serment du sang, à Madagascar, l'engagement que prennent deux personnes de s'aider réciproquement pendant la durée de leur existence, et de se considérer comme s'ils avaient une origine commune. Voici la manière dont on contracte cet engagement.

Un vase contenant de l'eau est apporté; l'officiant, qui est ordinairement un vieillard, y plonge la pointe d'une zagaie, dont les deux néophytes tiennent la hampe à pleines mains; puis un autre individu jette alternativement dans le vase de la monnaie d'argent, de la poudre, des pierres à fusil, des balles, plusieurs petits morceaux de bois et quelques pincées de terre prise aux quatre points cardinaux; en même temps, celui qui dirige la cérémonie, accroupi auprès du vase, frappe à petits coups, avec un couteau la hampe de la zagaie, rappelant le sens attaché à chacun des objets ci-dessus mentionnés; l'argent, emblème de la richesse, signifie que les deux contractants devront partager leurs biens présents et futurs; la poudre, les pierres à fusil et les balles, emblèmes de la guerre, indiquent que les dangers doivent leur être communs; les fragments de bois et de terre ont aussi une signification particulière. Quand tous ces objets ont été mis dans le vase, le même individu demande aux deux futurs parents s'ils promettent de remplir les engagements imposés par le serment, et sur leur réponse affirmative, il les prévient que les plus grands malheurs retomberaient sur eux, s'ils venaient à y manquer. Puis il prononce les conjurations les plus terribles, en évoquant Angatch, le mauvais génie. Ses yeux s'animent par degrés et prennent une expression surnaturelle, lorsqu'il adresse, d'une voix forte et sonore, cette imprécation : « Que le caïman vous dévore la langue; que vos enfants soient déchirés par les chiens des forêts; que toutes les sources se tarissent pour vous et que vos corps abandonnés aux vouroundoules (effraies) soient privés de sépulture, si vous vous parjurez! »

Cette première partie de la cérémonie terminée, le vieillard fait à chacun des impétrants, avec un rasoir une petite incision au-dessus du creux de l'estomac, imbibe deux morceaux de gingembre du sang qui en coule et donne à avaler à chacun des deux le morceau de son vis-à-vis. Il fait boire après, dans une feuille de ravinala, une petite quantité de l'eau qu'il a préparée. En sortant, on se rend à un banquet de rigueur servi sur le gazon et on reçoit les félicitations de la foule. La cérémonie du fattidrah, bien que la même dans toute l'île, subit quelques modifications dans la forme, selon la peuplade chez laquelle elle a lieu. Ainsi quelquefois le sang, au lieu d'être reçu sur un morceau de gingembre, est mêlé de suite avec l'eau, que dans le premier cas, l'on prend après.

Quoique le serment du sang ne soit pas toujours

observé religieusement par les Malegaches, il peut être utile à un étranger; bien qu'il ne soit pas toujours agréable pour celui-ci, qui devient en butte aux importunités de son frère fictif. Les liens, ainsi contractés, sont, aux yeux des Malegaches, aussi sacrés et souvent plus respectés que ceux de la fraternité matérielle, dont le *faltidrah* impose d'ailleurs tous les devoirs. Deux *frères de sang* doivent partager leur fortune, se soutenir dans le danger, mettre en commun tous les biens et tous les maux de la vie, enfin se prêter assistance en temps de guerre, quand même ils appartiendraient à des tribus ennemies. Dans ce dernier cas, ils doivent non-seulement éviter de se faire du mal ; mais encore, si l'un des deux tombe entre les mains du parti ennemi, l'autre est obligé de le préserver de la fureur de ses compagnons, qui s'abstiennent ordinairement d'attenter aux jours du prisonnier, dès qu'ils connaissent le lien qui l'unit à son protecteur.

Une femme peut faire le serment du sang avec un homme, deux femmes peuvent aussi le faire entre elles, et rien ne s'oppose à ce qu'un étranger le contracte avec un indigène. Nous avons vu les agents anglais échanger ce serment avec Radama. Ceux qui veulent voyager à Madagascar ou s'y livrer à quelque opération de commerce trouvent avantage à le faire; cette formalité facilite beaucoup leurs rapports avec les habitants, à qui il inspire tout d'abord une confiance plus grande.

Dès que deux Malegaches se sont liés par le fatti-drah, les parents de chacun d'eux prennent à l'égard de l'autre le même titre de parenté qu'ils eussent eu si la fraternité, selon le sang, avait existé naturellement entre les deux contractants. Il y a plus, les effets de cette alliance s'étendent aussi dans le même sens aux membres des deux familles, les uns par rapport aux autres. De cette coutume résulte pour l'Européen qui visite ce peuple et l'observe superficiellement, une très-grande difficulté à reconnaître les véritables liens de parenté qui existent entre les individus; et c'est pour lui une source d'erreurs fréquentes.

Cette coutume par laquelle, suivant l'originale comparaison des indigènes, ils deviennent l'un pour l'autre « comme le riz et l'eau, » c'est-à-dire inséparables, cette coutume honore un peuple à peine sorti de la barbarie [1]. Elle s'allie parfaitement avec la généreuse hospitalité qu'il exerce envers tous les étrangers. Un voyageur européen arrive dans un village, il est immédiatement accueilli par le chef qui lui cède sa plus belle case, lui envoie du riz, des poules, des fruits, et lorsque sa suite est nombreuse un ou plusieurs bœufs. Le Malegache pauvre qui voyage entre sans en être prié dans la première

---

[1] Nous avons vu non sans étonnement des voyageurs traiter cette coutume de *ridicule*. Elle pouvait être qualifiée tout au plus d'incommode, à cause de la perturbation apparente qu'elle apporte dans l'état public des individus. Mais, à coup sûr, elle est noble et touchante.

case qu'il rencontre ; le propriétaire est-il à prendre son repas auprès de sa famille, l'étranger s'assied auprès d'eux. Le kabar, ou récit de ce qu'il a vu, est le seul écot qu'il ait à payer, encore n'est-il pas tenu de dire son nom ni ses desseins. L'hospitalité est une qualité tellement inhérente au caractère malegache, que, dans tous les grands villages, on trouve toujours une espèce de hangar public où les voyageurs viennent se mettre à l'abri du soleil ou de la pluie, en attendant qu'on leur ait préparé un logement gratuit.

La religion des Malegaches est un mélange de polythéisme et de fétichisme dans lequel domine la croyance, généralement admise dans l'Orient, des deux principes, l'un qui est *Zanahar* (le bon génie), et l'autre *Angatch* (le mauvais). C'est surtout à ce dernier, dont l'essence est de nuire, qu'ils adressent leurs prières et leurs sacrifices. Ils invoquent encore d'autres êtres supérieurs, esprits ou génies qui, selon eux, comme dans l'antiquité classique, président à la guerre, à la pêche, aux cultures, à la garde des troupeaux. Ils leur attribuent le pouvoir de les protéger ou de leur nuire et leur offrent aussi des sacrifices. Sans avoir des idées bien définies sur l'âme, comme principe immatériel survivant à l'enveloppe charnelle de l'être humain, ils admettent cependant pour l'âme une autre existence. Ils parlent souvent d'une longue corde d'argent, au moyen de laquelle les esprits descendent sur la terre, et par laquelle aussi ceux des morts remontent dans l'air auprès du Dieu de la vie, où ils attendent qu'il les renvoie dans d'autres corps. Cette sorte de métempsycose est le sujet des croyances différentes. Par exemple, chez certaines tribus, les âmes des chefs prennent la forme de crocodiles, tandis que les sujets vont animer le corps des makis ou des chiens cerviers. Leur croyance à une vie extra-mondaine se manifeste encore par l'habitude qu'ils ont d'invoquer les âmes de leurs ancêtres, en les suppliant d'intercéder pour eux et de les inspirer. Leur respect pour les sépultures est très-grand. La violation des tombes est punie de mort.

Quelques ethnologues ont avancé que l'on retrouvait chez les Malegaches beaucoup de coutumes judaïques. Cette assertion est loin d'être justifiée par les faits. Dans les provinces où des colons arabes sont venus jadis s'établir, et où il existe encore de leurs descendants, on observe bien quelques pratiques défigurées de la religion de Mohamed, comme, par exemple, la circoncision, l'abstinence de porc, et l'usage de ne manger que des animaux tués par des individus de leur caste, mais les indigènes ne se conforment pas à ces deux dernières règles, et, quant à la circoncision, qui est, il est vrai, pratiquée dans toute l'île, ils ne la rattachent, du moins maintenant, à aucune tradition religieuse ou historique, bien qu'elle remonte très-probablement à l'arrivée des Arabes dans l'île. Les habitants de Sainte-Marie et de la côte voisine, qui ont été regardés, par quelques voyageurs, comme issus de Juifs, n'ont, à part cette dernière coutume, aucun usage particulier qui puisse donner quelque crédit à une telle conjecture; on ne trouve chez ces habitants, quoiqu'on l'ait prétendu, ni les traditions de Noé, d'Abraham ou de Moïse, ni la solennisation du sabbat. Il n'y a pour eux, de même que pour tous les Malegaches, entre les jours, aucune autre distinction que celle des jours heureux et des jours malheureux, dont la répartition est aussi variable dans le temps que leur influence l'est, en apparence du moins, sur les divers ordres de faits.

Chez quelques peuplades, l'idée que se font les indigènes des êtres auxquels ils consacrent leur culte n'est représentée par aucune image, ni par un signe quelconque; chez d'autres, il existe des idoles dont la structure est des plus bizarres, fétiches informes où l'on chercherait vainement à découvrir un symbole. Les Sakalaves ne paraissent pas avoir d'idoles nationales. Mais les Hovas en ont une que l'on promène en certaines occasions en processions avec d'autres moins puissantes.

La circoncision est une coutume qui, comme nous l'avons dit, est répandue dans toute l'île et qui est probablement d'origine arabe. Elle a toujours lieu vers la pleine lune. Lorsque le moment est arrivé, on transporte sur la place des villages un mât d'environ 25 pieds d'élévation, que les charpentiers du pays se mettent en devoir d'équarrir, pendant que d'autres individus s'occupent de faire un trou en terre pour l'y planter.

Le chef, avec ses ampitakh (ministres) et ses femmes, s'asseoit près du mât sur des nattes, autour desquelles on a rangé un grand nombre de calebasses et de jarres pleines de toak et de bessabess ; les parents, dont les enfants doivent être circoncis dans l'année, apportent longtemps avant la fête le miel, les cannes à sucre, les bananes, et le simarouba qui servent à faire les liqueurs.

Lorsqu'on a creusé le trou et dégrossi le mât, deux hommes et deux femmes se mettent à danser à l'entour pendant plus d'une demi-heure ; ensuite le maître du village prend une calebasse de toak, en boit une gorgée, puis en verse dans le creux de sa main, et le répand dans le trou, en prononçant à voix basse quelques paroles mystérieuses. Un ombiache vient ensuite jeter des racines dans le trou et y répand aussi le sang d'un coq blanc qu'il sacrifie.

Aussitôt après la foule s'empare du mât et le dresse.

La danse recommence bientôt, mais, cette fois, tout le monde y prend part, même les enfants que leurs mères portaient sur leur dos. On allume ensuite des feux autour du mât et les jeunes gens, armés de zagaies et de boucliers, simulent des combats en dansant au son de plusieurs tambours malegaches. Cette espèce de tambour que l'on appelle *azonlahé* est simplement le tronc creusé d'un jeune arbre. L'une des extrémités est recouverte d'une peau de bœuf avec son poil, l'autre d'une peau de cabri. Les indigènes se servent de cet instrument comme d'une grosse caisse ; ils frappent d'un côté avec une baguette, de l'autre avec la main. Le son de l'azonlahé est sourd et monotone.

Les champions, comme dans un tournoi, se portent de terribles coups de lance qu'ils parent avec beaucoup d'adresse: Ces combattants sont si agiles que quelquefois l'un d'eux s'élance entre les jambes de son adversaire et, se relevant précipitamment, l'enlève sur ses épaules aux cris d'admiration des assistants. Les danses durent toute la nuit, mais personne ne s'enivre comme aux raloubas (orgies), car la coutume prescrit d'être sobre et chaste, la veille de la circoncision.

Le lendemain, dès que l'on aperçoit le soleil à l'horizon, les Malegaches se rendent à la rivière voisine ; les femmes y portent leurs enfants qu'elles obligent à passer la nuit éveillés ; après les avoir baignés, elles leur mettent des colliers et des bracelets de mas-sirira (yeux de sarcelle) et de ravines (feuilles) et des séidiks neufs de toile de coton blanc ; ensuite, elles les rapportent au pied du mât, où l'on vient d'attacher le taureau du sacrifice. Bientôt le plus vieux des ombiaches, armé d'un petit rasoir et un séidik de toile blanche sur l'épaule gauche, se lève pour recevoir les enfants des mains de leurs mères et procède à l'opération qui est plus ou moins longue, selon le nombre des enfants. Quand elle est terminée, l'ombiache égorge le taureau, qui est coupé en une infinité de petits morceaux et partagé entre les assistants. La tête est plantée au bout de la perche, la face tournée vers l'ouest. C'était aussi de ce côté que l'opérateur s'était tourné pour circoncire ; le reste de la journée se passe en réjouissances.

Ainsi que chez tous les peuples sauvages, les coutumes superstitieuses sont très-nombreuses à Madagascar ; mais il est impossible à un Européen de les connaître toutes, parce que les Malegaches se cachent ordinairement des étrangers pour les accomplir. Dans toutes les provinces, on trouve des individus qui, outre le métier de médecin, exercent aussi celui de devin ; les Sakalaves les nomment *Ampisikidi*. Ils ont la plus grande influence sur l'esprit des autres indigènes et obtiennent tout par la crainte qu'inspire leur pouvoir supposé. Il n'est guère d'affaires qu'on entreprenne sans les consulter. S'agit-il, par exemple, de livrer une bataille, de conclure un traité, de faire un voyage, ou d'accomplir tout autre acte, même peu important, soit général, soit individuel, ce sont eux qui décident de l'opportunité et de la convenance de la chose projetée, en indiquant si tel jour est heureux ou malheureux, c'est-à-dire favorable ou non pour l'exécuter. Ils prédisent l'avenir, jettent des sorts et vendent des talismans, auxquels ils attribuent des effets surnaturels.

Les Malegaches font un grand usage d'amulettes ou talismans qu'ils nomment *fanfoudis*. Ils leur croient toutes sortes de vertus, même celle de faire connaître ce qui doit arriver. Ces talismans sont portés au cou au moyen de colliers et de cordons, et quelquefois suspendus à d'autres parties du corps. Ils n'ont aucune valeur intrinsèque : ce sont des morceaux de jeunes bambous ou de petits sachets de peau renfermant divers objets, tels que des graines, de petites pierres, des papiers couverts de signes cabalistiques. Les uns préservent de la foudre ou bien de telle maladie ; d'autres garantissent des maléfices des sorciers, que les indigènes craignent beaucoup ; il en est aussi pour se faire aimer des femmes, pour voyager sans accident. Les amulettes de guerre, nommées *sampé*, sont des bouts de cornes de bœufs, quelquefois artistement travaillées et garnies en argent, suivant les moyens ou le rang des propriétaires. Ces bouts de cornes contiennent des drogues auxquelles ils croient la propriété de rendre invulnérables ceux qui s'en servent. Quand les Sakalaves ne portent pas leurs talismans sur eux, ils les placent soigneusement dans une petite boîte, et les graissent de temps en temps avec une huile aromatique. Un homme absent est-il inquiet de ce qui se passe chez lui, il met un fanfoudi sous sa tête, pendant son repos, convaincu qu'il en apprendra ce qu'il désire savoir. Son imagination, frappée de cette idée, travaille dans la nuit ; les soupçons jaloux ou les craintes qui étaient en lui, font le sujet de ses rêves, et il s'éveille, le matin, persuadé de la vertu de son talisman et de la réalité de toutes les visions qu'il a eues pendant son sommeil.

Au nombre des pratiques superstitieuses des Sakalaves, il faut mettre l'habitude qu'ils ont de se barbouiller avec une pâte blanche faite d'une terre crayeuse très-commune à Madagascar, et à laquelle on attribue, dans toute l'île, une propriété médicale. Ils s'en servent, eux aussi, comme d'un topique; mais l'usage qu'ils en font a souvent une autre cause. Craignant singulièrement l'esprit mauvais, ils cherchent, par tous les moyens qu'ils peuvent imaginer, à se mettre à couvert de sa malice, et quand ils se persuadent qu'ils doivent le trouver sur leur passage, ils tracent sur leur visage trois lignes de cette pâte blanche, une au milieu du front et une autre, de chaque côté, entre la joue et l'oreille.

La croyance aux jours heureux ou malheureux, répandue chez tous les Malegaches, porte les Sakalaves à s'abstenir de toute affaire pendant certains jours qu'ils nomment *fâli;* ils n'oseraient alors sortir de leurs cases ni entreprendre la moindre affaire, et si un étranger se présente à l'entrée d'un village pendant l'un des jours que le chef de l'endroit regarde comme *fâli*, on le prie de rester en dehors et à quelque distance jusqu'au lendemain.

L'industrie est, comme on le pense bien, encore très-arriérée chez les Malegaches. Le petit nombre de leurs besoins n'a pas dû naturellement les porter à lui donner un grand développement. Mais dans le peu d'objets sur lesquels elle s'est exercée, ils montrent cette intelligence et cette adresse dont ils sont naturellement doués. Leurs constructeurs de pirogues sont éminemment habiles, leurs procédés pour la fabrication du fer très-ingénieux, bien qu'imparfaits, et il faut toute leur patience, cette immuable patience orientale, pour qu'ils achèvent leurs beaux lambas (pièce d'étoffe qui tient une place importance dans le costume). On serait étonné en Europe de l'activité et de l'adresse des Malegaches pour les travaux de bâtisse de tous genres.

Il y a chez eux plusieurs sortes de pirogues, les pirogues en planches, les pirogues d'une seule pièce, les pirogues à balancier et celles que construisent les Anta'ymours.

Les pirogues en planches que les Malegaches appellent *lakan'-drafitch'* ou *lakan'-pafan'* (traduction littérale de la dénomination française), sont composées de dix-sept pièces sans compter les bancs dont le nombre varie suivant les proportions de l'embarcation. Il y en a sept, huit et jusqu'à neuf, placés à une égale distance les uns des autres. Dans le milieu et sur le devant, on en met deux l'un sur l'autre ; on les perce pour y placer les mâts, dont le pied repose dans une carlingue pratiquée à cet effet sur la quille. Les bancs se nomment *sakan'* (largeur) ; celui de derrière, qui forme une espèce de tillac et qui sert de siége au timonier, s'appelle *sakan'poulan* (banc qui n'a rien derrière lui).

La forme du bateau a assez de ressemblance avec la moitié d'une noix de coco : c'est un ovale allongé et plus relevé sur l'arrière que sur l'avant.

Une pirogue de sept bancs doit avoir en longueur 18 pieds, et 12 dans sa plus grande largeur. Elle porte 3,000 pesant avec son équipage composé de six hommes et d'un patron. La pirogue de 8 bancs a 20 pieds sur 13 1/2 et porte 5,000, 14 rameurs et un patron; la pirogue de 9 bancs porte 10,000 et 15 personnes; elle a 30 pieds sur 20. En 1774 l'interprète Moyeur se rendit de Foulepointe à la baie d'Antongil dans une pirogue de ce genre avec 160 personnes.

Les voiles sont faites de rabane et gréées comme celles de nos chaloupes ; il y en a deux à chaque pirogue. Ces sortes de bateaux portent bien la voile, vont très-vite et font quelquefois 30 lieues d'un soleil à l'autre ; mais on couche tous les soirs à terre.

Les Anta'ymours ont des pirogues moins grandes que les lakan-dratitch', mais construites avec plus de soin encore. Néanmoins, même avec du lest, elles sont trop légères et trop rases pour porter la voile, mais elles sont on ne peut plus commodes pour naviguer sur des côtes à mer houleuse, et surtout pour franchir les barres qui existent à l'embouchure des rivières ; on ne peut se faire une idée de la vitesse avec laquelle elles effleurent l'eau.

Les *lakan'-an'-kongoutche* (littéralement *pirogue-jambe*), sont faites d'un seul arbre, très-longues, très-étroites, mais si vacillantes qu'une longue habitude n'empêche pas que l'on y chavire ; cependant elles portent quelquefois 8,000 avec 8 rameurs et un patron.

Les pirogues de la côte de l'ouest, sont beaucoup plus petites que les précédentes, mais aussi légères et aussi commodes pour franchir les barres ; elles sont aussi faites d'un seul arbre. Comme elles sont trop étroites pour tenir à flot, elles sont soutenues par un ou deux de ces appareils si souvent représentés dans les paysages des îles de la Polynésie (Océanie orientale) ; c'est un petit radeau assez semblable à la charpente d'un tabouret et tenu à une certaine distance de la pirogue par une gaule en bois léger, attachée sur le plat bord.

Les forges malegaches sont bien différentes des nôtres ; leurs soufflets surtout sont très-curieux et de la plus grande simplicité ; ils se composent de deux troncs d'arbres percés d'un bout à l'autre à l'exception d'une petite portion de l'extrémité inférieure qui forme le fond et au-dessus duquel est un trou. Ces cylindres ont environ 1 pied de diamètre et 3 pieds et demi de largeur ; ils ressemblent à deux pompes réunies par une mortaise pratiquée dans la longueur de l'une d'elles ; deux tuyaux en fer d'un pied environ de longueur et d'un pouce de diamètre sont placés à quelques pouces au-dessus du fond dans les trous dont je viens de parler. Les deux tuyaux, en se rapprochant, entrent dans des trous ronds que l'on pratique dans un massif de maçonnerie consolidé avec de la terre glaise. Ce foyer a la forme d'un chapeau chinois ; au milieu s'élève un tuyau en fer plus large que les premiers par où sort la fumée ; chaque pompe a un piston garni d'étoupes que le souffleur, placé au milieu, tient à chaque main, et qu'il fait aller alternativement; ces soufflets produisent beaucoup de vent. Comme les forges ordinaires n'ont pas besoin de concentrer autant de chaleur que celles qui servent à fondre le minerai, les Malegaches ne se donnent pas la peine de faire d'ouvrages en maçonnerie, et les tuyaux placés près du fond des cylindres sont seulement fixés dans une grosse pierre percée d'un trou où ils entrent.

Nous avons parlé plus haut des séidiks et des sim'-bous qui forment le costume des Malegaches de la côte. Le *salaka* et le *lamba* sont les deux parties principales et généralement les seules des vêtements des Hovas. Le premier est une pièce d'étoffe en soie, en coton ou en fil de rafia dont ils s'enveloppent la partie inférieure du corps; après avoir fait plusieurs tours au dessus des reins, son extrémité libre est arrêtée à la ceinture. Le *lamba* est une espèce de manteau dont ils se drapent et dont l'étoffe et la richesse varient selon le rang de celui qui le porte. Leurs toiles sont connues des Européens sous les noms de *pagnes* et de *rabanes* suivant leur finesse.

Les pagnes sont faites avec des fils retirés de l'épiderme des folioles de la feuille du rafia (palmier très-commun dans le pays), prises sur le bourgeon terminal, pendant que couchées sur le pétiole commun et se recouvrant les unes les autres, elles ont cette belle couleur paille qui les distingue, et qu'elles perdent aussitôt que, par le développement, elles sont exposées au contact de l'air. Les pagnes en couleur écrue sont principalement destinées aux étrangers ; celles en usage parmi les naturels sont rayées, de couleurs diverses, et prennent différents noms.

Les métiers avec lesquels on fabrique ces tissus sont simples et ingénieux. Sur de petits piquets enfoncés dans la terre sont posés des montants de bambou ou d'autre bois léger ; les fils sont liés au bout du métier sur une traverse de bambou ; cette traverse, attachée sur les montants, repose sur d'autres traverses placées de distance en distance. Le tisserand se sert d'une aiguille de bois évidée couverte de fil dans sa longueur, et d'une espèce de lame de sabre en bois qui lui tient lieu de peigne ; à mesure qu'il travaille il roule sa toile autour d'une pièce de bois carrée, dont les deux bouts sont percés et la fait entrer dans deux forts pieux de bois ferrés par le bout. Les fils qu'ils emploient n'ont pas une aune de longueur, et ils sont obligés de les nouer à chaque instant, mais ces nœuds sont faits avec tant de soin qu'ils ne paraissent pas dans la toile ; les pièces de pagne qui ont ordinairement 4 à 5 aunes de longueur sur 3/4 de large se vendent 4 et 5 piastres d'Espagne, quand elles sont très-fines ; il faut au moins trois mois pour en faire une.

Outre ces différents produits, les Malegaches font encore de la poterie et diverses pièces d'orfévrerie. Mais, en général, ils sont plutôt pasteurs, laboureurs et pêcheurs que fabricants. Du reste, la propriété n'y est pas constituée comme en Europe. Celui qui veut faire un *tavé* (cultiver un champ), choisit un endroit à sa convenance et met le feu aux arbustes et aux plantes qui y croissent ; il attend, pour cette opération, un jour où la brise souffle avec force. C'est en cela que consiste la prise de possession ; mais le terrain brûlé ne lui appartient que jusqu'à la récolte. Si, après cette préparation, un autre venait le cultiver, un troisième l'ensemencer et un quatrième récolter, la moisson appartiendrait au premier, c'est-à-dire au laboureur.

On trouvera, dans l'un des chapitres qui suivent celui-ci, les détails relatifs au commerce de Madagascar.

Les faits considérés comme crimes ou délits, ainsi que les lois qui servent à leur répression, sont à peu près les mêmes pour toutes les peuplades de l'île, et se conservent par la tradition orale. Chez les Sakalaves, les individus, particulièrement chargés de ce soin, sont nommés *ampiassy-firazanga*, et les lois ou coutumes elles-mêmes *fitera*.

Les principaux faits que la loi sakalave reconnaît comme crimes ou délits sont : la sorcellerie, la profanation des tombeaux, le meurtre sous toutes ses formes, le vol, les voies de fait envers un homme libre, la calomnie, l'adultère et l'insolvabilité.

Les peines applicables aux délinquants sont la mort, l'esclavage et l'amende.

Les causes, soit civiles, soit criminelles, sont jugées en *kabar* (assemblée) par un jury de notables pris dans la classe même de l'accusé. L'information s'établit ordinairement par témoignage et par serment. Le témoignage est une déclaration pure et simple, relative aux faits du procès. Le serment est une imprécation portée conditionnellement contre une personne qu'on cite, et par laquelle on rend en quelque sorte cette personne responsable de la vérité de ce que l'on avance. La formule usitée est celle-ci : « Si ce que je dis est faux, que tel individu soit foudroyé ! » ou bien « qu'il soit changé en tel animal ! » Le serment a d'autant plus d'influence sur les juges, que la personne sur laquelle porte l'imprécation est plus puissante ; car il doit alors attirer bien plus de dangers sur son auteur. S'il est reconnu que celui-ci a fait un faux serment, il devient l'esclave de la personne par laquelle il a juré. Les parties sont tour à tour entendues devant le jury, toutes les fois que l'une d'elles affirme une chose par serment, l'autre, si elle nie, doit aussi jurer pour appuyer sa dénégation. A chaque preuve évidente fournie par l'accusateur, à chaque témoignage en faveur de l'accusé, les juges mettent dans un vase un petit morceau de bois ; puis les débats étant clos, on compte le nombre de preuves pour et contre, représenté par celui des morceaux de bois contenus dans chaque vase, et le jugement est rendu à l'avantage de la partie pour laquelle ce nombre est le plus grand.

Si l'information faite par témoignage et par serment n'a pas suffi pour édifier complétement la conviction des juges et que l'accusé nie absolument le fait qu'on lui impute, on en vient alors aux épreuves judiciaires, assez analogues, quant au but, à celles employées au moyen âge en Europe, sous le nom de *jugements de Dieu*. Ces épreuves sont faites chez les Malegaches, par l'eau, par le feu et par le poison. L'épreuve par le poison s'accomplit au moyen du tanguin.

Quand l'accusé est soumis à l'épreuve du tanguin, l'accusateur, s'il n'est d'une classe supérieure à la sienne, doit aussi subir cette épreuve, et, dans ce cas, le jugement est rendu en faveur de celui des deux qui a le moins souffert du poison. Dans le cas contraire, l'opinion des juges se forme d'après la manière dont le patient supporte l'épreuve, appréciation qui est sans doute influencée par les préventions existant déjà pour ou contre lui dans leur esprit, à la suite de l'information préliminaire.

Si l'innocence de l'accusé demeure prouvée par le témoignage et le serment seuls, l'accusateur doit lui payer une forte indemnité, mais lorsque c'est par l'épreuve judiciaire, et que l'accusateur est d'une classe inférieure à celle de l'accusé, il devient l'esclave de ce dernier. S'ils sont tous les deux de la même classe, l'accusateur est condamné à la peine qui aurait atteint l'accusé, au cas où celui-ci aurait été reconnu coupable. Enfin, si la culpabilité de l'accusé est reconnue, le jury lui applique la peine assignée par la loi au crime ou délit qu'il a commis.

La sorcellerie et la profanation des tombeaux entraînent toujours la peine de mort.

L'individu coupable de meurtre ou d'empoisonnement est ordinairement livré aux parents de la victime, qui peuvent ou le tuer, ou le réduire en esclavage, ou le forcer à payer une forte somme en argent ou en bœufs, selon qu'il est d'une classe inférieure, égale ou supérieure à la leur.

Le vol est puni par l'esclavage, s'il est de quelque importance, et par une amende du double de l'objet volé, si cet objet est de peu de prix.

Un Malegache surpris avec la femme d'un autre, devient l'esclave du mari ou lui paie une forte amende. Le délit est considéré comme bien plus grave, si la conversation criminelle a eu lieu sous le toit conjugal, et, alors aussi le mari a le droit de tuer l'offenseur, s'il le prend en flagrant délit. Si l'adultère a été commis avec la femme d'un chef, le coupable est punissable d'une très-forte amende en esclaves ou de la perte de la vie.

Le débiteur qui ne s'acquitte pas au terme convenu est condamné à payer le double de sa dette, et l'on fixe un nouveau terme pour l'acquittement total. S'il ne peut ou ne veut alors payer son créancier, celui-ci s'empare de lui ou de l'un de ses proches parents, ou d'un certain nombre de ses esclaves, qu'il garde jusqu'à ce que son débiteur se soit libéré de ses obligations envers lui.

Quiconque a manqué au respect dû aux ancêtres

d'un autre, est condamné à lui payer une amende proportionnée à l'insulte.

Si un esclave a commis quelque crime ou délit qui le mette sous l'action de la justice, et qu'il prenne la fuite, son maître est tenu de le représenter au procès et d'en subir toutes les conséquences, à moins qu'il ne se désiste de son droit de propriété sur ledit esclave, en faveur de la partie civile.

Tout fait qui peut causer un dommage matériel ou moral à un individu de condition libre, emporte pour celui qui en est l'auteur, et au profit de celui qui l'a éprouvé, une amende fixée par le jury, proportionnellement au dommage. Les épreuves judiciaires, avons-nous dit, se font par l'eau, par le feu, par le poison. L'épreuve par l'eau est usitée aux environs du fort Dauphin, dans la partie méridionale de l'île. L'accusé est conduit au pied de la roche d'Itapère, et là c'est le plus ou moins de brise, ou le degré d'élévation de la marée qui décide du sort des infortunés que l'on y expose. Ils doivent se tenir debout, les mains appuyées sur le rocher fatal, et les jambes dans la mer jusqu'aux genoux, pendant un intervalle de temps dont la durée est fixée. Si les vagues qui viennent toujours se briser avec fracas sur les récifs dont cette côte est hérissée ne leur couvrent qu'une partie des cuisses, ils sont proclamés innocents. Mais si par malheur une goutte d'eau détachée de la lame vient à mouiller la partie supérieure de leur corps, ils tombent à l'instant percés de plusieurs coups de zagaies.

L'épreuve par le feu se fait au moyen d'un fer chaud que l'on passe sur la langue de l'accusé. S'il n'en résulte rien pour lui, il est libre. Dans le cas contraire, une fin semblable à celle qui termine l'épreuve par l'eau lui est réservée.

Quant à l'épreuve par le poison, c'est le tanguin qui en est l'instrument.

Le *tanguin* ou *tanghé* est un grand et bel arbre, le *tanguinia veneniflua*, la tanghinie vénéneuse des botanistes européens. Il porte un fruit de forme oblongue qui, arrivé à sa maturité, est de la grosseur d'une pêche et d'une couleur rougeâtre. Le suc de son noyau, pris à une dose connue, a la propriété de coaguler le sang plus ou moins vite, en occasionnant d'affreuses convulsions et d'abominables souffrances.

Il est évident que le seul effet à espérer de son emploi dans les épreuves judiciaires, devait être, tout au plus, d'arracher des aveux au patient véritablement coupable, par les tortures que le poison lui fait éprouver; mais le superstitieux Malegache y attache une idée bien autrement absurde. Il est persuadé que le tanguin administré à quelque dose que ce soit, tuera infailliblement l'accusé, s'il est coupable, et n'aura sur lui aucun mauvais effet, s'il est innocent. Aussi, quoique les résultats de cette épreuve soient toujours funestes à ceux qui la subissent, voit-on les naturels s'y soumettre de bonne volonté, et souvent la demander eux-mêmes dans les plus légers différends, afin de prouver leur bon droit. Il faut dire, toutefois, que les individus chargés de préparer le tanguin, appelés par les Sakalaves *ampi-tanghine*, ne jugent pas aussi aveuglément de ses effets et qu'ils en raisonnent beaucoup mieux l'emploi ; ils en connaissent les propriétés réelles ; ils savent, par exemple, que son action sera plus destructive, si le suc a été pris dans tel fruit plutôt que dans tel autre, et, dans chacun, au bout le plus près du germe, plutôt qu'à l'autre extrémité. Ils peuvent donc, pour les épreuves judiciaires, proportionner la dose qu'ils emploient à l'importance de l'affaire en litige ou à la gravité de la prévention. On comprend alors que les biens, la liberté et même la vie de tant d'individus condamnés à prendre le tanguin, sont entre les mains de l'ampi-tanhgine ; car le résultat d'une épreuve dépend bien plus de la conscience et de l'impartialité de celui-ci que du tempéramment du patient ou de l'énergie que peut lui donner le sentiment de son innocence. Voici d'ailleurs comment on procède à cette lugubre cérémonie.

Lorsque le tanguin doit être administré à un individu, ses parents et ceux de l'accusateur vont trouver l'ampi-tanghine, qui seul a le droit de conserver le fruit de ce nom et doit lui-même avoir subi l'épreuve. Ils fixent d'un commun accord le jour où aura lieu celle dont il s'agit. L'ampi-sikidi est aussi consulté au sujet de l'endroit où l'accusé devra la subir. Celui-ci, quarante-huit heures avant de boire le fatal breuvage, se met en jeûne et ne mange plus que du riz très-clair; puis, au jour convenu, le malheureux est conduit de grand matin à l'endroit désigné, accompagné seulement des parents des deux parties. Il se dépouille de ses vêtements et jure qu'il n'a employé aucun subterfuge pour neutraliser l'effet du breuvage qu'on va lui présenter. L'ampi-tanghine prend un noyau de tanguin et en rappelle les divines propriétés. « Ceci, dit-il, est donné par Dieu aux hommes pour témoigner de leurs actions; il est infaillible et juste dans ses effets; l'innocent n'en a rien à craindre, mais il est mortel pour le coupable. » Il adresse aussi une prière à Zanahar, le souverain juge des actions des hommes, et lui demande que l'épreuve à laquelle il va présider ait ses effets ordinaires. Il frotte alors le noyau sur une pierre raboteuse, ou bien en râpe, par un moyen quelconque, une très-petite quantité qu'il dissout dans de l'eau, puis il demande à l'accusé s'il veut avouer le crime qu'on lui impute. Si la peur faisait que celui-ci y consente, on le relâche et il est de nouveau traduit devant le jury qui prononce la peine réservée au crime ou délit avoué par lui. S'il persiste à se dire innocent, l'ampi-tanghine lui fait avaler la dissolution qu'il a préparée. Après un temps, dont la longueur varie selon le tempéramment du sujet et la dose de poison que contenait le breuvage, des convulsions affreuses s'emparent du malheureux, ses traits se décomposent, ses muscles se contractent, et il expire souvent dans des tourments horribles. S'il ne succombe pas, avant le terme voulu, et qu'à l'effet produit sur lui on juge qu'il est innocent, il est reconduit à sa propre maison, au milieu des danses et aux cris d'allégresse de ses parents et amis ; mais il s'en ressent ordinairement pour tout le reste de ses jours, et traîne une existence misérable et maladive.

Cette manière d'administrer le tanguin est ordinairement employée pour l'épreuve judiciaire ; mais il est des cas où on l'emploie plutôt à titre de supplice que d'épreuve. Par exemple, lorsqu'il s'agit d'empoisonnement ou de sortilége, et qu'à tort ou à raison, de fortes préventions s'élèvent contre l'individu qui en est accusé. Alors le prévenu est enfermé dans une case et gardé à vue. Il y a défense expresse de lui donner aucun aliment et de lui laisser voir qui que ce soit, pas même ses plus proches parents. Au bout de deux ou trois jours, on le tire de sa prison pour le conduire au lieu où il doit boire le tanguin : c'est toujours quelqu'endroit écarté au milieu d'un bois solitaire. Le breuvage préparé pour lui est si fortement empoisonné qu'il est presque impossible qu'il n'y succombe pas ; d'ailleurs, s'il arrivait qu'au bout de quelques heures le poison n'eût pas produit l'effet attendu sur le patient, les assistants se jetteraient sur lui et l'assommeraient ; son corps privé de sépulture est abandonné aux chiens et aux oiseaux de proie.

Le plus grand mal inhérent à cette absurde coutume est l'abus qu'on peut en faire. Il arrive, en effet, très-souvent, que des motifs indépendants de toute culpabilité la font mettre en usage à l'égard de quelqu'un, comme un sûr moyen de lui ôter la vie. Que le souverain du pays, ou seulement le chef du village auquel revient de droit une grande part des biens de toute personne morte dans l'épreuve du tanguin; que l'un ou l'autre veuille, soit par cupidité, soit par quelque raison politique, se défaire de quelqu'un, il fera accuser l'infortuné d'un crime quelconque et le condamnera à subir l'épreuve judiciaire. L'ampi-tanghine, toujours à la dévotion du chef, et ayant lui-même part aux dépouilles des victimes de son ministère, forcera la dose du poison, et l'épreuve deviendra ainsi pour le patient un horrible supplice dont la mort doit être la fin inévitable et souhaitée.

Quelquefois l'épreuve du tanguin s'opère d'une manière qui, pour être plus innocente dans les effets, n'en est pas moins inhumaine ni moins absurde. Au lieu de l'administrer aux personnes en cause, on fait boire le breuvage préparé comme de coutume, à des chiens ou à des poulets. Selon l'effet absolu ou comparatif produit sur eux par le poison, les personnes que ces animaux représentent sont déclarées innocentes ou coupables. Les trois épreuves que nous venons de décrire, et surtout celle du tanguin, quoique les plus usitées, ne sont pas les seules dont on fasse usage à Madagascar. Les Anta'ymours laissent aussi aux caïmans le soin de décider de la culpabilité ou de l'innocence du coupable. Une fois que la cause est entendue et que l'accusé a bien évidemment nié ce que lui impute son accusateur, l'ombiáche le prend par la main, et le conduit à la rivière. Il ôte ses vêtements, s'élance à la nage pour gagner un îlot couvert de joncs qui sert de repaire aux caïmans ; là il doit plonger trois fois et s'il échappe à leurs gueules hideuses, il peut retourner au rivage où la foule le reçoit en poussant des acclamations de joie. Le délateur est ensuite condamné à lui payer des dommages et intérêts considérables.

Les Malegaches, divisés en tribus, subdivisées elles-mêmes en villages, sont, comme tous les peuples placés dans les mêmes conditions politiques, gouvernés par des chefs dont le pouvoir est plus ou moins grand, selon que la population qui leur obéit est plus ou moins considérable. Chaque village a son chef et chaque chef a ses *ampitakhs* ou ministres chargés de faire connaître ses volontés ; ce mot signifie littéralement *parleur*. Son pouvoir absolu dans la forme ne l'est cependant pas de fait ; il est pondéré par un conseil des principaux habitants et des vieillards, qui apportent dans la gestion des affaires qu'on leur soumet leur sagesse et leur expérience et les règlent au moyen des coutumes et des lois transmises oralement par la tradition et dont la conservation intacte est confiée à une mémoire que son peu de préoccupations met à l'abri de l'inexactitude. Ces affaires se traitent dans une assemblée générale ou kabar présidé par les chefs et les anciens du pays. C'est là que tout se décide : la guerre ou la paix, les travaux relatifs à l'agriculture, les procès, en un mot tous les actes qui intéressent la communauté. La manière de procéder dans ces kabars est à peu près la même chez toutes les peuplades, sauf les modifications qui résultent de la forme différente de leur gouvernement. Ces réunions ont ordinairement lieu en plein air, au pied de quelque tamarinier voisin du village ou sous un hangar consacré à cet usage. Toute la population a le droit d'y assister : en certaines circonstances cependant, quand l'entreprise qu'on veut y discuter doit rester secrète, l'assemblée se tient la nuit dans quelqu'endroit écarté, et on en éloigne avec soin tous ceux qui ne doivent pas y prendre part.

Depuis les conquêtes des Hovas et le règne de Radama, les formes de ce gouvernement local n'ont pas changé, mais on l'a subordonné à un système plus vaste, plus compliqué, et qui permettait de faire sentir d'une manière continue aux populations soumises le joug qu'elles subissent.

L'île entière a été divisée en 22 provinces, dont nous avons donné les noms et la situation relative.

Chaque province est gouvernée par un commandant et divisée en un certain nombre de districts à la tête desquels est un fonctionnaire soumis au premier.

Mais ce gouvernement n'a que les formes extérieures de celui des Etats civilisés, il en a tous les défauts sans aucun des avantages, c'est de la fiscalité de bas étage sous un semblant d'ordre, à la faveur de laquelle l'esprit sordide et rapace des conquérants, chefs et subordonnés, se donne carrière sans aucune pudeur.

Chaque jour Ranavalo et ses ministres confisquent quelques propriétés à leur profit, chaque jour voit l'impôt peser plus durement sur les Malegaches, et le système des confiscations s'étendre de plus en plus.

Chaque chef de village est chargé de recueillir l'impôt et répond du paiement ; il remet la recette à des officiers hovas qui passent de temps en temps dans les villages. S'il y a retard de paiement, le chef est vendu. Toute famille payait annuellement à la reine un ballot de riz en paille ; c'est le *var-zé* (riz de la main). *Zé* veut dire longueur de la main. C'était la grandeur cube du ballot d'impôt par famille. Aujourd'hui on ne paie plus par famille, mais par case et on exige des ballots de 15 à 20 pouces. Depuis 1837 un nouvel impôt a été établi, tous les ans, en décembre, chaque tête libre paie en argent le poids d'un grain de riz. Les femmes des Européens, autrefois exemptes, sont aujourd'hui soumises à l'impôt. En 1835 on essaya d'imposer les esclaves. On demanda un *kiroubo*, environ le quart d'une piastre d'Espagne. Les malheureux Malegaches, avertis d'avoir à payer à certains jours, faisaient d'inutiles efforts pour trouver de l'argent, si rare dans le pays. Quelques-uns donnèrent jusqu'à trois bœufs pour avoir un kiroubo. L'agitation fut si grande, que les chefs hovas des provinces craignirent un soulèvement; ils annoncèrent qu'ils allaient écrire à la reine, et l'affaire n'alla pas plus loin.

Tout Malegache riche est dépouillé par le *Tsitialenga* (qui ne ment pas); c'est une zagaie en argent. Un Hova arrive avec des soldats, il entre dans la case, pique en terre la zagaïe d'argent. Le maître du logis fait le salut de la reine en donnant un kiroubo au tsitialenga, représentant de Ranavalo. Alors commence le kabar. On accuse le chef de la famille d'incivisme, de manque de dévouement à la reine, sur la déposition du premier venu qui témoigne par peur. On *amarre* l'accusé et on l'envoie juger au chef-lieu. S'il perd, on lui prend toute sa fortune; s'il gagne, on ne lui en retient que la moitié.

Les propriétés des Hovas sont un peu mieux respectées. Cependant à Imerne chacun cache sa richesse de peur d'en être dépouillé par les exactions.

L'art de la guerre est encore dans l'enfance à Madagascar, même chez les Hovas, que des écrivains exagérés ont représentés comme capables de lutter contre des troupes européennes. Les Sakalaves n'ont dû la supériorité militaire qu'ils ont eue pendant longtemps sur les autres peuples de l'île, qu'à leur intrépidité et au grand nombre d'armes à feu qu'ils possédaient. L'usage de fortifier les villages n'existe pas chez eux. Trop puissants pour qu'on vînt les attaquer sur leur territoire, ils négligèrent jadis cette mesure de sûreté, nécessaire principalement pour la guerre défensive, et ne l'ont pas prise aujourd'hui qu'ils sont affaiblis.

Les Sakalaves comme tous les Malegaches guerriers marchent toujours armés. Les armes dont ils se servent sont la zagaie et le fusil. Un fusil est pour eux un objet des plus précieux. Ils aiment à en faire parade et en ont un soin très-grand ; ce soin s'exerce principalement sur les parties en fer qu'ils tiennent toujours brillantes et parfaitement polies. Leur équipement se compose d'une poudrière, portée en bandoulière et d'un ceinturon en cuir ; la poudrière est faite d'une corne de bœuf, souvent ornée de plaques d'argent. Au ceinturon est attachée une espèce de giberne dans laquelle ils mettent des brosses et quelques chiffons pour l'entretien de l'arme ; des balles percées à leur diamètre et enfilées une à une ou plusieurs à la fois, sont symétriquement suspendues à ce ceinturon. Ils mettent toujours plusieurs balles dans leur fusil, avec une quantité de poudre en proportion, de telle sorte que la charge n'occupe pas moins de cinq à six pouces du canon.

Lorsque la guerre est résolue, ce qui a lieu d'après la décision des Kabars, tout homme libre ou esclave, devient soldat, s'il n'en est empêché par son âge ou par des infirmités. Il prend en outre de ses armes quelques munitions et un peu de riz, et se rend au lieu du rassemblement. Une fois en campagne, les Malegaches n'observent aucun ordre de marche. Le peu de provisions qu'ils avaient emportées étant épuisées, ils vivent de rapine, tant qu'ils sont sur leur territoire ; arrivés sur celui de l'ennemi, c'est aux dépens de ses plantations qu'ils subsistent. Les villages qu'ils rencontrent sont alors pillés ou incendiés. Le moindre obstacle arrête souvent leur marche pendant plusieurs jours. S'ils ont une rivière à traverser, ce qui arrive fréquemment à Madagascar, ils tâchent de se procurer des pirogues ou fabriquent des espèces de radeaux sur lesquels ils passent successivement ; mais ils préfèrent encore rechercher les endroits guéables. Quand ils sont arrivés près de l'ennemi, ils se placent autant que possible sur une éminence, ou se couvrent d'un bois, ou enfin se retranchent derrière une rivière ou un marais pour éviter une surprise.

C'est à l'Ampisikidi ou devin qu'il appartient de fixer le jour d'une bataille ; c'est lui qui désigne les jours heureux et malheureux, et on ne fait rien sans le consulter.

On a recours aussi à diverses pratiques superstitieuses pour effrayer l'ennemi et le rendre lâche au combat.

Quand le jour de l'action est arrivé, les Malegaches s'avancent confusément vers leurs adversaires, en s'étendant le plus possible ; si ceux-ci ne croient pas devoir en venir aux mains, et ne sortent pas de leurs retranchements, la journée se passe alors en vaines provocations et en propos insultants de l'autre part. Si l'ennemi accepte le combat, les deux partis, après avoir échangé quelques coups de fusil, et lancé quelques dizaines de zagaies, s'attaquent tumultueusement à grands cris. Celui des deux qui tient bon quelques instants et tue quelques hommes à l'autre, est presque sûr de la victoire. Les Malegaches n'ont aucune idée d'une retraite régulière, et s'ils sont contraints de céder le terrain, là fuite la plus précipitée est leur seule ressource pour échapper à un ennemi victorieux.

Après un combat où ils ont eu l'avantage, rien n'est comparable à leur arrogance. Il n'y a pas eu quelquefois plus de quatre ou cinq hommes tués dans l'affaire, mais les armes de chaque combattant n'en sont pas moins teintes de sang, en témoignage de sa bravoure.

Si une tribu de Malegaches a été porter les armes au dehors et qu'ils aient eu du succès, ils rentrent chez eux au bruit des chants et des danses de leurs familles, étalant avec orgueil leur butin et suivis des captifs qu'ils ont faits. S'ils sont attaqués chez eux par des forces supérieures aux leurs, ou que, surpris par les agresseurs, ils n'aient pu se réunir en assez grand nombre pour opposer de la résistance, ils se réfugient dans les bois et y restent, vivant de racines, jusqu'à ce que l'ennemi ait évacué le canton. Chacun revient alors au lieu qu'il habitait, mais il cherche souvent en vain, au milieu des cendres et des ruines, les débris de sa case, heureux encore si une partie de sa famille n'a pas été emmenée en esclavage.

Le malagasy ou malegache appartient à cette grande famille des langues malaises, qui sont parlées depuis les plages de l'Afrique orientale jusqu'aux rivages occidentaux de l'Amérique du Sud. Celles avec lesquelles il a le plus de rapports sont le malai, proprement dit, et le dialecte de Bâli. Le rapprochement que nous signalons ici n'est pas fondé sur ce que quelques mots leur sont communs, mais sur une comparaison générale de la structure et du génie des deux langues. Ainsi, par exemple, on remarque l'absence dans l'une et l'autre de déclinaisons indicatives du genre, du nombre, du cas, l'adjonction de pronoms au nom par le moyen d'un changement dans leur forme, particulièrement lorsqu'il s'agit d'indiquer la possession, la formation de verbes au moyen de racines auxquelles on ajoute des particules préfixes, la même particule se modifiant selon les besoins de l'euphonie; la disparition de la consonne devant ces préfixes; la formation du participe actif au moyen d'une préfixe; l'addition d'une terminaison enclitique au participe actif; la formation d'une voie passive au moyen d'une particule inséparable; la disposition de l'adjectif avant le nom, etc., etc. Mais un coup d'œil jeté sur la grammaire montre que les inflexions du verbe malagasy sont bien plus nombreuses et bien plus subtiles que celles du verbe malai, surtout dans les formes de causalité et de réciprocité.

On peut dire que l'île de Madagascar n'a qu'une seule langue. Il existe des variétés de dialectes, mais elles ne sont ni assez nombreuses, ni assez fortement marquées pour que les habitants des différentes parties de l'île trouvent quelque difficulté à converser entre eux. Les bases de la langue, son génie, sa construction, ses racines sont les mêmes partout.

Le malagasy ou malegache a beaucoup de précision philosophique et est capable d'une grande énergie et d'une grande beauté d'expression. Sa structure est simple et facile, bien qu'elle admette une variété infinie, combinée avec l'élégance. Tout en manquant de termes abstraits, il possède une admirable flexibilité, fondée sur des principes fixes et les lois de l'analogie, ce qui fait que l'on éprouve peu de difficultés à communiquer de nouvelles idées aux Malegaches. Dans quelques cas, il pourrait paraître redondant, les objets avec lesquels les indigènes sont sans cesse en contact prenant une foule de noms qui n'offrent toutefois que de faibles nuances dans leur signification.

L'absence d'un verbe substantif, correspondant à l'ESSE des Latins, est compensé par un mode de structure très-abondamment employé dans le malegache, et qui constitue un des caractères distinctifs de cette langue, c'est au moyen d'évolutions dans les adverbes et les prépositions qui leur font exprimer le passé ou le présent.

L'abondance de la langue malegache consiste non-seulement dans les mots propres, mais dans la facilité que l'on a de former au moyen d'une simple racine et suivant des règles fixes, de nombreux dérivés, qui expriment ces nuances si variées que dans d'autres langues on est obligé de rendre au moyen d'adverbes, de prépositions, etc.

Quant à l'euphonie, le malegache a, comme toutes les langues de la même famille, et par suite de l'abondance de certaines syllabes (a, o, i), une grâce et une harmonie qui se prêtent merveilleusement à la poésie et à la musique.

L'écriture n'ayant été introduite à Madagascar que depuis quelques années, les peuples de cette île n'avaient points de signe autrefois pour conserver le souvenir des choses éloignées; mais pour leur usage journalier, pour tenir le compte, par exemple, des marchandises qu'ils recevaient en dépôt, afin de les convertir en denrées du pays, ils avaient recours à trois ficelles d'inégale longueur et réunies par un bout, sur lesquelles ils marquaient par des nœuds les unités, les demies et les quarts de la subdivision de l'objet auquel elles étaient spécialement affectées. N'ayant point d'autres subdivisions que celles-là, sur le littoral du moins, leurs comptes se réduisaient ainsi à des opérations bien simples. Ils avaient toutefois une numération parlée qui leur venait des Arabes, et dont ils savaient au besoin, se servir en employant des grains de millet à la place des chiffres. Chaque nombre, jusqu'à dix, était exprimé par un mot différent, puis on disait : dix et un, dix et deux, dix et neuf, deux dix et un, trois dix et un, ainsi de suite jusqu'à quatre-vingt-dix-neuf. Un mot particulier (zatou) exprimait la centaine, et un autre (arivou), le mille.

Le malegache n'a point de mesure pour apprécier les distances. Pour lui un endroit est loin ou il est près, et ce n'est que par l'inflexion de la voix qu'il désigne les points intermédiaires. Quatre noms différents désignent quatre points du compas diamétralement opposés. Ces mots sont *tsimilots*, *antambone*, *varatraza* et *antambané*, qui correspondent, non pas à nos points cardinaux; mais au N.-E., au S.-E., au S.-O., au N.-O. Ces noms réunis deux à deux ou trois à trois, marquent les aires de vents intermédiaires. Le Malegache mesure le temps diurne par la hauteur du soleil au-dessus de l'horizon. Il le divise en huit parties : quatre pour le jour, quatre pour la nuit, qui sont : le chant du coq, le point du jour, la croissance du jour, le milieu du jour, le déclin du jour, le soir, la nuit, la grande nuit.

Le Malegache connaît aussi la semaine, le mois et l'année. La semaine est divisée en sept jours dont aucun n'est férié, chacun prenant son repos quand bon lui semble. Le mois représente une révolution lunaire et douze mois forment l'année.

Nous ne répéterons pas ici les fables répandues à plaisir par quelques écrivains sur la prétendue organisation des troupes malegaches. Aux détails qn'on a lus plus haut à ce sujet, nous ajouterons seulement comme complément particulier les différents grades institués par Radama dans l'organisation de l'armée hova.

Lorsqu'un chef dans les tribus d'Imerne, voulait récompenser un de ses soldats, il cueillait une fleur, *voninahitra* en Malegache, et la lui offrait en signe d'honneur. Le dernier roi des Hovas prit cet usage comme base de sa hiérarchie et créa treize *honneurs*, qui représentent à peu près les grades européens et dont le dernier équivaut au grade de maréchal. Le 1er est le bon soldat, le 2e est le caporal, le 3e le sergent, le 4e le sergent-major, le 5e le lieutenant, le 6e le capitaine, le 7e le major, le 8e le lieutenant colonel, le 9e le colonel, le 10e le colonel-général, le 11e le général, le 12e enfin le lieutenant-général.

Tel est l'ensemble des notions ethnographiques et politiques, telles sont les mœurs, les coutumes, l'organisation civile et militaire des peuplades qui habitent aujourd'hui la grande île Africaine.

FIN DU CHAPITRE DEUXIÈME.

CHAPITRE III.

TOPOGRAPHIE GÉNÉRALE DE L'ILE.

Sommaire.—Le pays des Antankars. Description. — Territoire. — Population. — Habitations. — Villages. — Culture. — Mœurs. — Coutumes. — Religion. — Funérailles. — Diego — Suarez. — Louquez. — Vohémar. — Angoncy. — Antavarts. — Sainte-Marie. — Tintingue. — Baie d'Antongil. — Port-Choiseul. — Ile Marosse. — Description du pays des Betsimsaracs. — Leur origine. — Etymologie de leurs noms. — Les Ambanivoules. — Description de la baie de Fénériffe, de Tamatave et de Foulepointe. — Description du pays des Bétanimènes. — Yvondrou. — Andévourante. — Vobouaze. — Description de la route de Vobouaze à Tananarive. — Les Bezonzons. — Description de cette vallée. — Les Affravarts. — Les Antatschimes. Amboudehar — Mananzari. — Les Anta'ymours. — Faraon. — Matatane. — Les Tsavouaï et Tsafati. — Les Antarayes. — Les Antanosses. — Description des pays d'Androy, de celui d'Ampate et des Caremboûles. — Les Machikores. — Les Vourimes. — Les Betsiléos ou Hovas du sud. — Leur origine. — Les Kimoss. — Les Hovas. — Province d'Ancôve. — Tananarive. — Etymologie de ce mot. — Imerne. — Description de Tananarive. — Origine des Hovas, anciens parias de l'île. — Caractère de cette tribu. — Leur industrie. — Marchés et foires à Tananarive. — Province d'Ancaye. — Les Antscianacs.—Provinces de Féerègne. Pays des Mahafales. — Les Sakalaves. — Le Ménabé. — Madjonga. — Mourounsang. — Moudzangaie. — Itinéraire de Madjonga et de Bombetok à Tananarive. — Le Bouéni. — Situation respective des Hovas et des Sakalaves.—Fin du chapitre troisième.

Après avoir étudié l'île de Madagascar dans son ensemble, à la fois géographique et ethnographique, nous allons donner ici quelques détails sur les points les plus remarquables du pays, et réunir sur chaque tribu les faits particuliers qui n'auraient pu trouver leur place dans les descriptions générales.

Le pays des Antankars porte, en Malegache, le nom d'*Ankara*. Il embrasse l'extrémité la plus septentrionale de l'île, et s'étend vers l'est, du cap d'Ambre jusque par 14° 25', vers l'ouest du même cap à la rivière Sambéranou, affluent de la baie de Passendava. Les Antankars forment la population principale de ce territoire.

Nous avons déjà fait remarquer leurs rapports physiques avec les Cafres. Ils sont plus taciturnes et moins tracassiers que les autres Malegaches. On doit ajouter aussi qu'ils sont moins intelligents et moins adroits. On ne trouve point chez eux, comme dans certaines contrées de l'île, de grandes associations d'hommes. On n'y rencontre que de misérables villages composés de 20 ou 30 cases, petites et peu solides. L'agriculture y est peu développée, et cependant elle devrait mieux y prospérer qu'ailleurs, car ils ont de bonnes terres végétales d'autant plus précieuses qu'il y a ici moins de marécages que dans la partie fréquentée par les Européens et que l'on n'a pas à y redouter les inondations souvent funestes des côtes de l'est et du sud. Les Antankars cultivent un peu de riz, des ignames qu'ils nomment kambarris, du maïs, du manioc, des patates qui font avec du bœuf bouilli la base de leur nourriture. Ils plantent aussi des cannes à sucre avec le jus desquelles, ils composent, en y mêlant une infusion de certaines écorces amères, une boisson fermentée assez agréable qu'ils nomment *bessa bessa*. Chez eux le latanier est très-commun et sa feuille remplace celle du ravinala dans la construction des cases, c'est-à-dire pour la toiture et les côtés. Le dattier, qui abonde aussi dans leur pays, fournit un chou tout aussi bon que celui du palmiste. Les deux causes du peu de développement qu'a pris l'agriculture chez les Antankars est l'abondance du poisson qu'ils trouvent dans leurs rivières, et celle du bétail qui était autrefois, pour eux, une source de richesses. Le chef du plus petit village possédait des milliers de bœufs, et on estimait à 30,000 têtes l'exploitation qui en était faite, soit en bestiaux vivants, soit en salaisons pour les colonies de Bourbon et de l'île de France. Mais depuis que les Hovas ont établi des postes de traite sur le littoral, ils se sont attribué le monopole de tout le commerce avec les étrangers.

Les mœurs, les coutumes et la religion des Antankars sont à peu près les mêmes que celles des autres peuplades de l'île. Leurs funérailles présentent cependant quelque chose de particulier. Avant de déposer le corps du décédé dans la bière, ils le soumettent à une espèce de momification.

Après la baie de Diego-Suarez dont nous avons parlé longuement, en décrivant l'hydrographie de l'île, les points de la côte du pays des Antankars les plus remarquables sont : le Port-Louquez, puis, comme points de traite, la baie de Vohémar, ou plutôt Vohémarina et Angoncy, ou Ngency, grand village près du cap Oriental, par 15° 14' de latitude sud, et 48° 10' est. (Connaissance des temps pour 1846) et le grand Manahar. Sur la côte de l'ouest se trouvent les îles Nossi-Mitsiou, Nossi-bé, Nossi-Fâli et Nossi-Comba voisines de la seconde et qui toutes appartiennent maintenant à la France, ainsi que nous l'avons dit plus haut.

Le pays des Antavarasti ou *Antavarts*, s'étend de la rivière Tangoumbali (Tingbale) qui a son embouchure au fond de la baie d'Antongil, au 17ᵉ parallèle. Les deux établissements français de Madagascar, l'île Sainte-Marie et Tintingue, se trouvent sur cette côte ; au nord, vers le fond de la baie d'Antongil était le *Port-Choiseul*, ancien établissement dont l'ancrage était à l'embouchure de Tangoumbali, entre le rivage et l'île *Marosse*.

Nous parlerons plus loin avec détails de Sainte-Marie et de Tintingue.

Le pays des Betsimsaracs, dans lequel on comprend quelquefois le précédent, s'étend jusqu'à l'Iranga, au midi ; Betsimsarac est formé des trois mots *Bé*, beaucoup, *tsi*, négation, et *missarak*, séparer, c'est-à-dire beaucoup qui ne se séparent pas, ou *confédération*. On désigne en effet sous ce nom l'ancienne association politique d'une foule de petites peuplades individuellement connues sous des noms différents.

L'événement qui donna lieu à cette association remonte à la fin du 17ᵉ siècle. D'après la tradition, un des forbans qui exerçaient alors leur piraterie dans la mer de l'Inde et qui avaient choisi Madagascar pour le lieu de leur refuge, vivait avec la fille d'un chef de l'île Sainte-Marie. Poursuivi un jour par une frégate, il se décida, pour échapper au danger qui le menaçait, à faire côte à l'entrée de la baie d'Antongil, où il se perdit corps et biens. Par suite de cette mort, les armes et les munitions que cet homme avait en dépôt à l'île Sainte-Marie, devinrent la propriété de sa veuve. Celle-ci, loin de chercher à en tirer parti par le commerce, les offrit généreusement à ses compatriotes de la côte opposée alors en guerre contre un puissant ennemi venu du sud pour les asservir (les Tsikouas ou Bétanimènes), et qui résolurent, en reconnaissance d'un tel service, s'ils sortaient vainqueurs de la lutte qu'ils soutenaient, de reconnaître pour chef l'enfant qu'elle portait dans son sein, et de ne plus faire, sous lui, qu'un seul et même peuple, sous la dénomination collective par laquelle ils sont connus aujourd'hui.

Telle serait l'origine des princes malattes, la tige de ceux qui ont régné à Foulepointe jusqu'à nos jours, et dont Tsassé a été le dernier rejeton. Plus tard, les enfants qui naquirent d'un Blanc et d'une Malegache prirent le même titre et usurpèrent insensiblement les prérogatives que la reconnaissance publique y avait attachées. Ces nouveaux chefs, devenus fort nombreux, ne tardèrent pas à faire le malheur du pays. Les Betsimsaracs, élevés dans le respect et la crainte des malattes, supportèrent assez longtemps leur tyrannie; mais, au commencement de 1821, une juste réaction eut lieu contre eux. Les malattes, pris au dépourvu, cédèrent à ce subit et menaçant orage, trop heureux, en restituant ce qui leur fut réclamé, de conserver leurs biens légitimement acquis et le titre dont ils se montraient si fiers.

Les Ambanivoules s'étant, parmi les peuplades Betsimsaracs, fait connaître particulièrement des voyageurs, nous rapporterons ici ce qu'en disent les mieux renseignés.

Les Ambanivoules sont plus grossiers que les habitants des côtes. Mais leurs mœurs sont plus simples, leur caractère plus loyal et plus franc. Ils cultivent peu de riz, quoique leurs terres soient fertiles ; ils plantent du manioc, des patates, et du maïs. C'est dans leur pays que l'on trouve les plus belles bananes de Madagascar. On en voit des régimes qui contiennent plus de soixante fruits et qui ont jusqu'à deux pieds de longueur.

Les pâturages des Ambanivoules sont aussi bons que leur terroir. Ils conviennent d'autant mieux aux troupeaux qu'ils sont ombragés par des arbres touffus qui les préservent de l'ardeur du soleil. C'est dans le pays des Ambanivoules et près de Fidana que l'on voit le plus d'arbres à tanguin. Aussi les Malegaches viennent-ils souvent de fort loin pour chercher en cet endroit l'amande qui sert à leurs épreuves? Le tanguin n'est pas aussi commun à Madagascar que l'ont prétendu les missionnaires : on parcourt souvent dans le nord ou dans l'intérieur un espace de vingt à trente lieues sans en rencontrer un seul, et dans le sud, depuis Tamatave jusqu'au fort Dauphin on en a vainement cherché.

Les Ambanivoules mangent plus de laitage et de fruits que les autres Malegaches ; ils ne tuent des bœufs que rarement ; leurs filles ont plus de retenue et se marient plus volontiers.

La côte des Betsimsaracs présente trois points dont il est souvent question dans l'histoire des établissements français à Madagascar; ce sont la baie de Fénériffe, Foulepointe et Tamatave. Nous avons déjà dit quelques mots de Fénériffe. Quant à Foulepointe, c'est un grand village situé sur un terrain uni, non loin d'une verte plaine de terre rouge et près de la mer dont il est séparé par une plage de sable qu'il faut franchir pour arriver aux établissements des traitants. La demeure du gouverneur hova s'élève sur les ruines de l'ancien fort français. L'établissement est défendu par une forte enceinte de grosses poutres, qui a plus de 20 pieds de hauteur; des parapets appuyés contre la première palissade donnent la facilité de servir un grand nombre de pierriers placés de distance en distance devant des embrasures et soutenus par de forts montants à pivots. La demeure du gouverneur est construite à la manière d'Imerne, mais plus grande et mieux distribuée. Une espèce de donjon, ressemblant à un pigeonnier, s'élève au-dessus du toit. Le village composé d'environ 200 cases, peut contenir 1000 à 1200 habitants; les cases sont plus grandes, plus régulières et mieux alignées que celles des autres points de la côte; les rues sont larges et propres.

Tamatave, qui n'était autrefois qu'un petit village de pêcheurs, était devenu même avant les derniers événements le principal marché de la côte de l'est. L'air y est sain, parce que son territoire est plus sec et moins boisé que celui de Foulepointe. On ne voit à Tamatave aucun édifice remarquable, si ce n'est l'habitation royale, construite en bois comme celles de nos colonies. Les blancs avaient élevé pour leurs établissements de commerce quelques grands magasins bâtis à la manière du pays et entourés de palissades. Les cocotiers sont les seuls arbres que l'on aperçoive sur le plateau aride et de sable mouvant qu'environne Tamatave; mais à peu de distance une végétation vigoureuse déploie toutes ses richesses. Ce village contient de 800 à 1000 habitants. A une petite distance, au nord-est de Tamatave, est l'île aux Prunes, rocailleux îlot couvert d'arbres qui servent d'asile à des milliers de grosses chauves-souris et où l'on ne trouve pas d'eau douce.

Le pays des Bétanimènes, au sud des Betsimsaracs doit son nom à l'aspect rougeâtre de ses terres ferrugineuses; car *Bétanimène*, vient de *Be*, beaucoup, *tani*, terre, *mena*, rouge. La limite australe, rencontre la côte par 19° 40 du pays. Les Bétanimènes se font remarquer entre les Malegaches si hospitaliers par la réception empressée qu'ils font aux voyageurs.

Ce peuple est avec celui des Betsimsaracs, le plus connu des Européens qui fréquentent la côte orientale de Madagascar. Leur territoire est traversé par la route de Tamatave à Tananarive. Nous avons déjà décrit la partie de cette route que l'on fait par les lacs qui commencent à border la côte, depuis Tamatave jusqu'assez loin au midi. Yvondrou, le premier village que l'on traverse, est peu considérable. Puis on s'embarque sur les lagunes et on atteint Fitanou, village d'où en faisant 4 heures de marche au sud-est, on arrive à Andévourante. Ce village considérable, bâti sur la rive gauche et près de l'embouchure de la rivière du même nom (appelé aussi *Iaroka*), contient environ 500 cases. Sa population est de 1800 à 2000 âmes, les étrangers compris. On y remarque plus de gaieté et d'activité qu'ailleurs; les hommes y sont plus propres, les femmes plus jolies et mieux vêtues, les cases plus commodes. Ils doivent cette aisance au grand nombre et à la fertilité de leurs rizières et aux rapports fréquents qu'ils avaient avec les négociants européens de la côte de l'est qui viennent chez eux acheter du riz pour l'île de France et Bourbon. Vis-à-vis d'Andévourante, sur la rive gauche de la rivière, est le village de Maromandia, d'où l'on se rend à

Vobouaze (Ambohibohazo), situé à une demi-journée de marche dans le nord-ouest. Vobouaze est placé sur une haute colline et a plus l'air d'une ville que Tamatave. Des palissades percées de portes l'entourent ; ses maisons sont nombreuses et assez bien alignées, mais il serait assez difficile de trouver des rues plus étroites et plus malpropres. A partir de Vobouaze, quelques journées de marche sur les pentes et les plateaux inférieurs, toujours droit à l'est, à travers le pays des Bezonzons et des Antankayes conduisent à Tananarive. Voici les différentes étapes avec les heures de marche effective pour un voyageur accompagné de quelques hommes.

1ᵉʳ Jour.	*Manamboundre*,	30 cases.	6 heures.
2ᵉ	*Bou-Zanaar*,	50	8
3ᵉ	*Ampassiombé*,	20	8
	(On traverse Mahéla).		
4ᵉ	*Maramanga*,	10 à 12	12
	(On a traversé les montagnes de Béfourne).		
5ᵉ	*Ma-Inouf*, village assez important.		10
	(Territoire des Bezonzons).		
6ᵉ	*Nossi-Arivo*,	50	10
	(On traverse la forêt de Fanghourou).		
7ᵉ	*Ambatou-Manga*, village.		10
	(On traverse la plaine d'Ankaye).		
8ᵉ	*Tananarive*,		6
		Total :	70 heures.

Ces 70 heures ou 7 journées et demie pourraient être facilement franchies en 6 jours, car il ne s'y rencontre aucun autre obstacle que celui de la montée qui encore n'est pas très-rude là où elle se fait sentir. Il y a de l'eau tout le long de la route et l'on passe même plusieurs fois la rivière d'Andévourante ou Iaroka, que la route cotoie parallèlement.

La vallée des Bezonzons, qui traverse la route, est bornée à l'est par les montagnes de Béfourne et à l'ouest par la forêt d'Ancaye, que les Malegaches nomme *Fangourou*.

Les Bezonzons, que tous les voyageurs, à l'exception de Fressange, ont confondus avec les Antancayes, leurs voisins, n'ont avec eux aucuns rapports physiques. Séparés qu'ils sont par une forêt, ils diffèrent de ceux-ci autant par les traits que par les habitudes. Les Bezonzons sont grands et robustes, les Antancayes petits et délicats. Les premiers ont les cheveux crépus, la peau fortement cuivrée, le nez aplati, et les lèvres grosses comme celles des Africains. Leurs yeux ont une expression de douceur et de bonté qui plaît à tous les étrangers. Les autres au contraire ont les cheveux droits et longs comme ceux des Malais, la peau basanée, mais d'une couleur moins foncée que celle des Bezonzons, le nez aplati, la bouche très-grande et la lèvre supérieure rentrée. Leurs yeux sont petits et enfoncés, leur regard est faux et leur sourire féroce. Cet ensemble n'est guère propre à inspirer de la confiance aux Européens.

Les habitants du pays disent que leurs ancêtres sont venus de l'ouest. Ils ressemblent en effet un peu aux Sakalaves; mais plus encore aux Antscianacs dont ils ne sont pas très-éloignés. Il est même probable que la vallée des Bezonzons a été peuplée par une colonie venue de cette contrée. On doit convenir, cependant, que l'esprit belliqueux des Antscianacs ne se trouve plus chez les Bezonzons, quoique la tradition parle de guerres que leurs ancêtres ont soutenues avec courage. Aujourd'hui ils vivent en paix et sans ambition dans un pays fertile, et ne s'occupent que de la culture de leurs terres. Ils sont exempts du service militaire, mais les Hovas les ont assujettis à des corvées qui sont au moins aussi pénibles. Ils sont toujours en route à transporter de Tananarive à la côte et de la côte à Tananarive les fardeaux du souverain d'Imerne dont ils sont les porte-faix ou maromites. Ce métier paraît du reste leur convenir mieux que celui des armes.

Le principal endroit de la côte au sud d'Andévourante est *Vatou-Madré*, ville frontière des Bétanimènes qui doit son nom, *rocher dormant*, à un énorme rocher noir près duquel elle est bâtie. Ses campagnes sont moins fertiles que celles de Mitinandre, mais ses cases sont plus jolies, ses habitants plus affables. Son port formé par l'embouchure de la rivière du même nom, serait commode pour l'embarquement, si la passe n'était pas obstruée une partie de l'année par les sables.

Au midi des Bétanimènes, au nord de l'embouchure du Mangourou, sont les *Affravarts*, qui sont en général grands et bien faits et dont les traits sont fortement prononcés et la physionomie pleine de franchise. Ils ont les cheveux droits et la peau cuivrée comme les Betsimsaracs. Plus guerriers que les Bétanimènes, ils les ont souvent vaincus, bien que leur peuplade soit beaucoup moins nombreuse. Leurs vastes pâturages sont riches en troupeaux et leurs rizières fertiles, mais les rats y causent de grands dommages et les Affravarts ont les chats en horreur. Maroussic est la résidence du chef.

En quittant Maroussic, la contrée change d'aspect, on entre dans le pays des Antatschimes et, après une journée de marche au S.-O. on est à Manourou situé sur un rocher escarpé, et où le riz était autrefois l'objet d'un grand commerce.

Après avoir passé le Mangourou, on aperçoit sur la rive droite Amboudéhar (**Amboudiharo**) qui ne diffère pas des autres villages malegaches; ses vastes magasins à riz et la maison du chef sont seuls remarquables.

Mananzari, ancien établissement français, est à 28 lieues de là au midi. Il est situé sur la rive droite et à deux portées de fusil dans le N.-E. de la rivière.

Dans le pays des Anta'ymours (ce dernier mot signifie, Maures, Arabes), Namour est du côté du nord le premier de leurs villages. Il est bâti sur une montagne de terre rouge au pied de laquelle coule une rivière. Faraon, qui en est à une journée de marche, est situé dans une île de la rivière du même nom. Il est fortifié et compte environ 800 cases; c'est le plus considérable du pays, mais le chef réside à Matatane où les Français eurent jadis un établissement. Ce dernier village est à une heure et demie de navigation de l'embouchure de la Matatane, dans une île. Sa population est moins forte que celle de Faraon, bien qu'il compte le même nombre d'habitations. Quoique les chefs des Anta'ymours soient élus par le peuple, on a pour eux, pendant qu'ils exercent le pouvoir, un respect qui tient de l'adoration, mais si une récolte de riz vient à manquer, ou s'il survient toute autre calamité, on les dépose aussitôt, quelquefois même on les tue, et cependant on choisit toujours leurs successeurs dans leur famille. Les Anta'ymours ont une singulière et monstrueuse coutume qui leur a, disent-ils, été transmise par leurs ancêtres et qui leur a valu des autres Malegaches le nom de *Manabadi-aombé*, épouseurs de vaches.

Les Tsavouaï et les Tsafati, *Chavoaïes* et *Chafates*, sont au S.-O. des Anta'ymours, dans un pays de montagnes d'un accès assez difficile. Ces deux tribus paraissent appartenir aux populations primitives de Madagascar. Leur vie est simple comme leurs besoins. Ils habitent de petits villages, ne communiquent jamais avec leurs voisins, et se nourrissent principalement de lait et de maïs.

La Mananghare sépare au midi les Anta'ymours des Antarayes. C'est une peuplade remuante et difficile à gouverner ; l'exercice du pouvoir y est aussi dangereux que chez les Anta'ymours. Chandervinangh est un des lieux les plus remarquables de leur pays.

Mananboundre fait aussi partie du pays des Antarayes, que beaucoup de voyageurs ont appelés Antavars. La peuplade qui l'habite est remarquable par son courage et son amour de l'indépendance. A la couleur foncée de leur peau, à leurs lèvres, à leurs cheveux, on les prendrait pour des Antatschimes. Ils ne diffèrent pas beaucoup, quant au costume et aux usages, de ce peuple qui n'a d'ailleurs rien du caractère des Antanossis, ni des autres peuplades du sud.

Les Anta-manamboundres sont presque tous grands et robustes. Les hommes ont des seidiks et des sim'bous de rabanes rayés. Les femmes des seidiks de la même toile. Les individus des deux sexes sont vêtus et se coiffent à peu près de la même manière. Leur coiffure consiste en petites tresses disposées comme celles des Bourzoas et des femmes d'Imerne ; le ménakil ou huile de palma-christi sert à rendre ces tresses luisantes.

Les hommes et les femmes de Mananboundre ne portent pas de manilles et n'ont pour ornements de cou et aux bras que des grains de verre de Venise ; les guerriers portent, presque tous, comme les Antatschimes, des colliers de dents de caïmans ; leurs fusils et leurs cornes de chasse sont garnies de clous dorés ; ils ne se servent plus de boucliers.

Les *Antanosses* habitent le pays d'Anossy, angle sud-est de l'île dans lequel est situé le fort Dauphin. Ils sont en général plus petits et moins rebustes que les Betsimsaracs et les autres peuplades de la côte ; leurs traits sont d'ailleurs plus réguliers et plus délicats ; leur couleur est le marron clair ; presque tous ont les cheveux fins et bouclés. Ils sont intelligents, dissimulés, inconstants et quelquefois féroces. Ils accueillent toujours bien les blancs, quoiqu'ils ne les aiment pas. Ils sont moins indolents que les habitants des autres ports de l'est, et cependant chez eux la culture n'est guère plus avancée, mais l'industrie y a fait quelques progrès; ils ont des charpentiers et des forgerons qui seraient capables de travailler dans les ateliers d'Europe.

La partie occidentale de l'Anossy comprend la vallée d'Amboule, riche non-seulement des productions communes à toute l'île, mais encore des clous de girofle et d'autres épices, ainsi que des citrons d'espèces diverses.

Le *pays d'Androy* s'étend de la vallée d'Amboule à la rivière Ménérandre et embrasse l'extrémité méridionale de l'île. Ses deux principaux districts sont le pays d'Ampâte, à l'est, et celui des Caremboules dont parle Flacourt, au S.-O.

Le principal village du pays d'Ampâte est Fangahé, composé de cent cases tout au plus; la manière dont il est construit peut donner une idée de l'état de barbarie de ces peuples. C'est la résidence du chef des Ant-Ampâtes. On voit, dans ce village et aux environs, beaucoup de moutons à grosses queues, de l'espèce du Sénégal. Les bœufs y sont plus petits que dans les autres parties de l'île. Les Ant-Ampâtes n'ayant pas d'eau dans leur pays, sont forcés de mettre leurs bestiaux à la ration ; ils vont avec des calebasses chercher à une journée de marche, de l'eau qui leur est nécessaire et qu'ils sont obligés de conserver comme une chose précieuse ; car on ne trouve, dans leur pays, que des mares dont les eaux ne sont pas potables. Cependant la nature qui n'a pas donné d'eau aux Ant-Ampâtes leur a fourni un moyen d'étancher leur soif. En fouillant la terre on trouve une sorte de fruit ou racine dont l'écorce est raboteuse comme celle de la châtaigne et dont la chair ressemble à celle du melon d'eau ; malheureusement cette production n'est pas assez abondante pour suffire aux besoins de tous les habitants.

Le pays des Ant-Ampâtes est plat et boisé, ses meilleurs pâturages sont dans les forêts, où l'on trouve une grande quantité de bœufs sauvages. On y récolte beaucoup de soie, du coton, des écorces précieuses et des pommes. Les Ant-Ampâtes fabriquent avec ces matières primitives des lambas qu'ils allaient autrefois vendre au fort Dauphin, avant qu'il n'eût été pris par les Hovas. On pourrait traiter, à Fangahé, de la cire en abondance. Le village est bien fortifié, quoique sa population ne soit pas de plus de six cents individus. Cette contrée paraît déserte au voyageur. Les villages y sont rares et peu considérables.

Mahatal Ouzou, hameau de huit cases, est la résidence du chef des Caremboules ; ses habitants, presque sauvages, ont la peau cuivrée, les cheveux bouclés, le nez et les lèvres des Africains. Leur territoire n'est pas aussi fertile que le reste du pays ; on n'y trouve que des moutons, des tortues ou des cailles.

Au nord d'Androy se trouve le pays des Machikores appelé par les Hovas Tsiénimbalala, et sur lequel on n'a aucun détail, puis celui des Vourimes qui n'est guère mieux connu. Ce peuple habite les hautes montagnes que l'on aperçoit de Matatane ; leur pays au nord-ouest est couvert par les montagnes des Betsiléos, à l'est par celui des Anta'ymours, à l'ouest par la province de Féérègne. Leur capitale est un grand village appelé Monongabé, composé de 7 à 800 cases solidement construites. Il est fortifié à la manière des Malegaches et traversé par un bras de la rivière Mananghar. Ses environs, de même que tout le pays des Vourimes, offrent de nombreuses traces volcaniques.

Ambatou-mena, capitale des *Betsiléos* ou *Hovas du sud,* est bâtie sur une hauteur et composée de douze à quinze cents cases. Elle n'a pour fortifications qu'un seul rang de palissades qui sont si éloignées les unes des autres qu'elles ne seraient pas un obstacle au passage de l'ennemi, s'il cherchait à entrer.

Les Betsiléos sont en général plus blancs que les Sakalaves. Leur couleur est olivâtre et un peu plus foncée que celle des Hovas du nord ; leurs jambes et leurs bras sont minces et mal conformés. Ils ont des yeux roux, le regard oblique et faux, leur visage est allongé; presque tous ont le nez aquilin comme les Espagnols de l'Inde. Les Betsiléos ont les cheveux bouclés, droits ou laineux; ils n'ont ni la physionomie ni les habitudes des Malais.

On n'oserait hasarder aucune conjecture sur l'origine des Betsiléos, mais la position qu'ils occupent dans l'île étant la même que celle assignée par les anciens voyageurs aux prétendus nains ou Kimoss, il paraît vraisemblable que l'histoire fabuleuse de nains, conservée par la tradition, a pu être appliquée aux Betsiléos, race d'hommes qui, par sa taille, sa couleur, sa structure et ses habitudes, se rapproche le plus du portrait que les poëtes malegaches font des Kimoss.

Les Malegaches, qui racontaient ces histoires du temps de Flacourt et des autres chroniqueurs, ne voyageaient pas alors comme aujourd'hui dans toutes les parties de l'île, plusieurs peuplades indépendantes et sauvages séparaient les Antavarts des Betsiléos, et ils se seraient exposés à l'esclavage ou à la mort, s'ils avaient osé traverser leur territoire. C'était donc très-rarement que quelques Malegaches isolés rencontraient des Betsiléos, dont la petite taille, la couleur et les traits devaient les étonner.

Les Betsiléos voyagent rarement et sont presque sans industrie; leur vie est aussi frugale que celle des prétendus Kimoss. Ils se nourrissent de laitage, de riz et de racines ; ils ne tuent des bœufs que rarement, pour célébrer quelque fête. Leur pays produit de la soie, du coton et du fer. Ils fabriquent quelques toiles de coton et de soie plus grossières que celles des Hovas ; mais leurs métiers sont si imparfaits, qu'il leur faut plus d'un an pour faire un simbou.

Le peuple hova, aujourd'hui le maître de l'île entière, occupe, ainsi que nous l'avons déjà observé en faisant l'*orographie* de Madagascar, une position très-forte au centre même de cette grande terre. Le pays est, ainsi que nous l'avons dit, appelé *Ankova*, de *Any*, là, et *Hova;* là les Hovas, pays des Hovas. Il est divisé en 3 grandes parties, Imerina, à l'est, Imaro à l'ouest, Vonizongo, au nord. — Imerina, qui sert à désigner quelquefois le royaume des Hovas, parce qu'il renferme la capitale, ou ce que les écrivains français ont appelé improprement Emirne, la capitale des Hovas.

Tananarive ne peut en rien être comparée aux capitales européennes. Elle ne diffère des autres villes malegaches que par son étendue; elle est bâtie sur une colline et a pris son nom, sous le règne de Dianampouine, du nombre de cases qu'elle était supposée contenir à cette époque. *Tanan* signifie *village* et *arivo* mille, mots que l'on fait précéder dans la transcription de la particule *an*, là. Antananarive ou les Mille villages, est donc le véritable nom de cette ville ; mais il est d'usage parmi les Malegaches de l'appeler Tananarive ;

c'est pourquoi nous employons toujours ce mot.

La population de Tananarive et des villages environnants est tout au plus de vingt-cinq mille habitants, sans compter l'armée qui occupe presque toujours les provinces voisines. Quand Radama était absent et qu'il ne restait pas assez de troupes pour le service militaire, la ville était gardée par les Bourzoas (Bourgeois); tel est le nom que l'on donne à une milice organisée régulièrement et assujettie à plusieurs revues tous les ans. Ils portent les cheveux longs et tressés; tous les soldats au contraire sont forcés de se les couper assez courts.

Tananarive contient aujourd'hui plus de trois mille cases, et cinq ou six maisons en bois qui ont été construites par un Français nommé Legros, qui a bâti aussi un palais pour Radama. Celui que le souverain d'Imerne habitait, le fameux Tranouvola ou case d'argent, était bien loin cependant d'être une merveille. C'est tout simplement une réunion de plusieurs grandes cases malegaches entourées de fortes palissades comme les villages malegaches qui sont les résidences des grands chefs. Tananarive est entourée de palissades et de fossés ; ces fortifications sont si peu importantes que la moindre pièce de campagne les aurait bientôt détruites. Elles pourraient tout au plus préserver la ville d'un coup de main tenté par des hommes qui ne seraient armés que de zagaies.

La ville est traversée par un grand nombre de petites rivières qui en fertilisent le sol. Sur le bord de ces rivières on voit des quartiers séparés qui paraissent former autant de petits villages, dont les cabanes sont toutes bien construites. Les rues de cette ville sont étroites et les maisons rapprochées ne sont aucunement alignées. Les places sont grandes, mais sans aucun ornement; la description que nous avons faite des habitations malegaches convient entièrement, du reste, à celles des Hovas auxquelles elles ressemblent en tout point.

Le royaume d'Ancôve est aujourd'hui le plus puissant des États de Madagascar, quoique le district d'Imerne proprement dit ne soit pas fort étendu.

Le peuple qui l'habite est évidemment de beaucoup supérieur à tous les autres sous le rapport de l'intelligence et de la civilisation. La tradition porte qu'il n'est point originaire de l'île et qu'il n'y est établi que depuis quelques siècles.

Il y a cinquante ans, il n'était connu que de ses voisins, qui le méprisaient comme une colonie d'étrangers, qui, débarqués sur les côtes de l'ouest où ils n'avaient pu résister longtemps aux influences funestes du climat, s'étaient avancés dans l'intérieur, afin d'y chercher un air plus salutaire.

Ils se fixèrent, disent les Malegaches sur les montagnes d'Ancôve, près de la rivière d'Imerne; leur chef pendant le séjour qu'il avait fait chez les Sakalaves du sud, avait épousé la fille d'un de leurs rois qui régnait alors à Menabé. Plusieurs de ses compagnons l'avaient imité et avaient contracté des alliances avec les filles de cette contrée, qui les conduisirent dans les montagnes où ils trouvèrent un ciel plus pur, un climat plus frais.

Les Hovas, avant qu'ils eussent fait leur conquête, étaient réputés infâmes parmi les autres nations de l'île, qui refusaient d'avoir des communications avec eux. Ils étaient pour ainsi dire les parias de Madagascar et aussi méprisés que les Juifs en Europe, dans les premiers siècles de l'ère chrétienne. S'ils allaient sur la côte pour le trafic des esclaves dont ils étaient les courtiers, ils étaient obligés, contre l'usage du pays, de payer largement leur hôte dans les villages où ils s'arrêtaient, quoiqu'ils ne fussent point admis sur la natte où il prenait ses repas. Ils étaient relégués dans une misérable case que l'on avait toujours soin de laver, lorsqu'ils étaient partis, et l'esclave qui leur apportait du riz ne s'approchait d'eux qu'avec précaution, dans la crainte d'être souillé en touchant leurs vêtements. Ces mêmes hommes sont aujourd'hui les maîtres armés de Madagascar.

Les motifs de l'état d'abjection dans lequel ils vivaient ne peuvent s'expliquer que par la différence des usages nationaux. Les Hovas sont circoncis ainsi que la plupart des Malegaches et soumis rigoureusement comme eux à cette opération religieuse, mais ils ne font pas chaque jour des ablutions, que ceux-ci regardent comme indispensables. Vivant dans un climat plus froid, les Hovas ont une certaine antipathie pour l'eau et de la répugnance pour les bains; aussi les hommes des classes inférieures sont-ils d'une malpropreté extraordinaire et presque tous affectés de maladies cutanées qu'ils parviennent difficilement à guérir.

Le caractère des Hovas est un mélange de férocité et de grandeur. Habiles dans l'art de feindre, il est difficile de surprendre leur pensée, et souvent un sourire gracieux et des politesses empressées sont chez eux les avant-coureurs de quelque mauvais dessein.

L'avarice est le vice dominant de ce peuple. Chez lui les liens d'amitié et de famille sont comptés pour rien s'ils l'empêchent de satisfaire son insatiable cupidité.

C'est au point que pendant que la traite des noirs était permise, les Hovas, quand ils manquaient de prisonniers, enlevaient sans pudeur et sans façon, leurs parents et leurs amis pour les vendre aux blancs. On a vu les habitants de Tananarive venir fort souvent proposer aux marchands européens de leur vendre leurs femmes. Ils employaient aussi diverses ruses pour réduire en servitude leurs concitoyens qu'ils échangeaient ensuite contre des marchandises.

Il paraît certain que les Hovas connaissaient les métaux et savaient les employer avant d'avoir eu aucune relation avec les Européens. Ils exploitent, de temps immémorial, des mines de fer très-abondantes. Ils s'en servent dans les environs de Tananarive pour former des outils propres au défrichement et à la culture, et des ustensiles de ménage à peu près semblables aux nôtres. On trouve même, à Tananarive, des ouvriers capables de faire toutes les pièces de la batterie d'un fusil; ils s'occupent aussi d'orfévrerie et font des plats, des assiettes et des couverts en argent, dans lesquels on remarque le travail et le poli de ceux qui sortent des mains de nos orfèvres. Leurs petites chaînes de sûreté en or et en argent sont faites avec beaucoup de soin et ont une grande solidité. Ces chaînes servaient jadis de monnaie sur la côte de l'ouest où elles étaient très-recherchées.

On fabrique, à Tananarive, des tapis de soie dont le tissu est très-beau et dont les riches couleurs sont admirablement variées. Les étoffes brochées se vendent jusqu'à cent piastres d'Espagne (500 fr.) la pièce, qui est juste de la dimension d'un sim'-bou. Les Hovas achètent la soie dont ils se servent, à Mouzangaye et dans les autres ports de l'ouest, où les Arabes et les Maures du golfe Persique l'apportent tous les ans pendant la mousson du nord-est.

Ils fabriquent aussi des tapis de coton croisé, qu'ils appellent Toutourane (littéralement : rendu dur, serré à l'eau, imperméable); ces tissus sont blancs et ont une bordure à frangé rouge et bleue; ils servent à vêtir le peuple et valent de trois à huit piastres, selon leur largeur et la finesse de la trame.

Les Hovas savent exploiter la canne à sucre depuis fort longtemps. Il est vrai qu'ils emploient, pour faire le sucre, un procédé bien imparfait, par lequel ils n'en obtiennent qu'une très-petite quantité; cependant si l'on compare leur industrie à celle des autres peuples de l'île qui, ne tirant rien d'utile de la canne, se bornent à la piler et à faire fermenter son suc dans des calebasses, on ne peut s'empêcher d'y reconnaître, comme dans tout ce qu'ils font, une activité et une intelligence relativement supérieures.

L'agriculture est presque nulle dans un pays où le riz, qui n'exige aucun soin, est si abondant qu'un sac pesant soixante-quinze à quatre-vingts livres, ne revient pas à un kiroubo (1 franc 25 centimes de notre monnaie).

Sans routes, sans canaux, sans rivières navigables, Imerne n'a aucun moyen de transport. C'est la cause de la non-valeur de ses productions que son peuple est obligé de consommer ou de laisser perdre, parce qu'il ne peut les expédier dans les ports où il trouverait pour elles un débouché facile. Radama, qui sentait l'importance des communications promptes avec les côtes, avait commencé à faire couper deux isthmes qui s'opposaient au transport par eau, à Tamatave, du riz de la province fertile des Bétanimènes. Ces travaux, auxquels plus de quinze cents hommes étaient employés, ont été abandonnés depuis sa mort.

Les denrées sont à si bas prix, à Tananarive, par la difficulté de l'exportation, qu'avec trente francs par mois on peut nourrir dix domestiques et vivre aussi bien qu'à Paris avec deux mille francs.

La rivière d'Imerne n'est pas éloignée du Mangourou, qui se jette sur la côte orientale, à sept lieues au sud de Manourou. Ce fleuve qui, en quelques endroits, est aussi large que la Loire, a un cours beaucoup moins rapide qu'elle. En 1822, le gouvernement de Maurice, sur un rapport de son agent à Madagascar, envoya des ingénieurs à Manourou, et s'il eût été possible d'avoir un port, Tananarive serait peut-être parvenue un jour à établir, avec la côte, des communications faciles et promptes.

On remarque chez le peuple hova une grande finesse dans le commerce de détail. Là, tout le monde est marchand, les soldats eux-mêmes le deviennent, quand ils ne sont pas de service. La piastre coupée en soixante parties remplace le billon, qui n'est point en usage dans ce pays. Les Hovas ont toujours sous leurs toutouranco des trébuchets fabriqués par eux, et pèsent, avec la plus grande attention, la monnaie qu'ils reçoivent, afin de s'assurer si la piastre a été divisée en parties égales. Dans le district de Tananarive, c'est-à-dire dans les bourgs et dans les villages environnants, il y a plusieurs foires par semaine, sans compter le marché qui se tient tous les jours dans la ville.

On voit, dès l'aube du jour, les marchands affluer dans les rues conduisant des bœufs, des moutons, des chevreaux ; les esclaves qui les suivent portent, les uns, dans de grands paniers de bambou, des oies, des canards et des poules, d'autres sont chargés de riz, de fruits et de légumes. Ils crient comme en Europe leurs marchandises. « *Avia lahé! Avia véiavé! Amidi akoho! Amidi vouroun' vasah ghisi! Akoundrou vouangh!* » « Venez, hommes, venez, femmes! achetez des poules, achetez des canards, des oies, des bananes, des oranges! » Ils diffèrent pourtant des marchands européens, en ce qu'ils ne font jamais valoir leurs marchandises ; lorsqu'on leur demande si elles sont de bonne qualité, ils répondent : *voyez-les!* Indépendamment des produits dont nous avons parlé, le maïs, les ignames, la racine de manioc, le tavoulou (espèce de sagou qu'ils donnent aux malades), sont étalés dans les marchés. Les seuls légumes qu'ils aient sont des choux verts et des feuilles de morelle et de citrouille qu'ils font bouillir avec leurs viandes et qu'ils assaisonnent avec un sel végétal tiré d'une espèce de palmier, qu'ils préfèrent au sel minéral et au sel marin, quoiqu'il ait un goût âcre et qu'il incommode ceux qui n'ont pas l'habitude d'en user.

Les boucheries établies dans les marchés sont fort malproprement tenues. Le bœuf, que les Hovas n'écorchent jamais, parce que, de même que tous les Malegaches, ils en mangent la peau, est étendu sur une natte, où ils le coupent en très-petits morceaux. Ils le divisent, pour le vendre en détail, en lots qui ne pèsent pas deux livres : cette viande contient des parties d'intestins qui, n'ayant pas été nettoyées, exhalent une odeur insupportable.

Des officiers hovas, établis dans les foires et marchés, perçoivent pour le fisc un dixième sur toutes les ventes, en sorte que le trésor royal a reçu, le soir, la valeur d'un bœuf ou d'un mouton, si ce bétail a changé dix fois de maître dans la journée.

A l'est, l'Ankova est borné par la province d'Ancaye. Elle s'étend sur le plateau inférieur et est traversée à l'O. par le Mangourou. Les plaines sont couvertes d'excellents pâturages et le bétail y est abondant. Les Antankayes ont plus d'industrie que les Bezonzons; ils fabriquent des lambas de soie et de coton. Cette peuplade a longtemps résisté aux armées d'Imerne. Au physique les Antankayes ressemblent beaucoup aux Hovas.

L'*Antsianaka* ou *Sianaka* (mot à mot les *hommes du lac*, du vaste lac Nossivola), la dernière province centrale de l'île, est au nord de l'Ankova et à l'O. des Betsimsaracs. Elle est riche en troupeaux et produit le plus beau coton de l'île, mais le climat y est très-malsain.

La capitale de l'Antscianac, *Rahidranou* (le père de l'Eau), s'élève dans une île de 3 lieues de tour du grand lac Nossivola. Elle contient au moins trois cents cases assez solides, mais peu soignées et presque sans ouvertures. Cette ville est entourée d'un triple rang de palissades percé de portes en bois et de toubis dans lesquels on a pratiqué des meurtrières.

Avant de parler des Sakalaves qui nécessiteront d'assez longs détails, nous parlerons de deux contrées sur lesquelles nos données sont moins abondantes et qui du reste ne présentent qu'un intérêt moins grand.

Ces deux contrées sont d'une part la province de Féérègne et le pays des Mahafales, le plus austral de la côte de l'ouest.

Le bétail est très-abondant dans le Féérègne; ses autres productions sont les gommes, la cire, l'orseille, l'indigo, le coton, et beaucoup de soie que fournissent plusieurs espèces de vers. La province de Féérègne est la plus riche de Madagascar sous ce dernier rapport. On trouve beaucoup d'écaille sur toute la côte, où abonde aussi le *carque*, coquille dont on commence à utiliser la matière dans notre industrie.

La province de Féérègne est habitée par les Andraïvoulas, peuplade tout à fait distincte de celle des Sakalaves, quoique d'après les traditions de l'ouest celle-ci ait pris naissance dans le Féérègne même.

Les pays occupés par les Sakalaves embrassent toute la partie occidentale de l'île. Ils s'étendent depuis la rivière Sambéranou, qui a son embouchure dans la baie de Passandava, au N., jusqu'à la Mangouki ou rivière Saint-Vincent, au midi. Ce vaste territoire se divise en trois parties principales :

1° Le Bouéni, dont les limites sur la côte sont la Sambéranou, la baie et la rivière Bâli.

2° L'Ambongo, qui embrasse tout l'espace compris entre la rivière Bâli à la rivière Ounara, ayant l'Antsianaka, à l'est, dans l'intérieur.

3° Enfin, le Ménabé qui comprend tout le reste, c'est-à-dire la moitié de la surface totale.

Le Bouéni est la partie des pays sakalaves la mieux disposée pour le commerce, puisque c'est sur sa côte que s'ouvrent la plupart de ces vastes baies qui découpent les côtes nord de Madagascar. C'est aussi l'une des raisons pour lesquelles les Hovas se sont attachés à y dominer; le débouché le plus naturel de leur pays est de ce côté. Aujourd'hui les parties nord-est et celles du centre sont très-dépeuplées, et la population s'est surtout concentrée sur le territoire, renfermé entre la baie de Bombetok et la limite occidentale du pays.

Ambongou, signifie en malegache *là, montagne* ou *là, montagnes,* mais la signification positive et vraie de ce mot est assez douteuse, car le pays n'est nullement élevé, et ne renferme que des plaines.

En 1825, époque à laquelle Tafikandre se réfugia dans l'Ambongou, cette province comprenait quatre divisions indépendantes les unes des autres : Bâli, pays des Tsitampikis, s'étendant de la rivière de ce nom à celle de Manumbo; Milanza, pays des Mivavis, compris entre la Manumbo et la petite rivière de Maroutondro; Mamourouka, pays des Magnéas, situé dans le S.-E. des deux précédents, entre la rivière Bâli au N.-E., et la forêt Magnérinéri au S.-O., pays des Antimarah, compris entre la Maroutondro et la grande rivière Ounara. Depuis, la baie de Bâli et le littoral s'étendant de cette baie à la petite rivière Béara en ont formé une cinquième division.

Outre le fer, le Ménabé est aussi très-riche en bois de construction, résine élémi, indigo, coton, vers, à soie cire et bétail. Les naturels préfèrent au riz le maïs qui leur donne trois récoltes. Le poisson et le caret foisonnent sur les côtes.

Toutes ces ressources naturelles sont annihilées par suite de la dépopulation du pays, résultat de la guerre et des nombreuses invasions qu'il a subies depuis 25 ans. Son commerce est anéanti et c'est à peine si dans toute une année deux ou trois boutres de Mozambique, de Zanzibar et des Comores parvient à Sizoubounghi et à Mangouki.

La partie septentrionale du Ménabé, entre l'Ounara et la rivière Donko n'en fait pas à proprement parler partie, et n'en est qu'une dépendance. Il se compose du pays des Marendrahs, et de ceux de Vouaï, de Beheta, de Manouhazou et d'Ambaliki.

L'origine de Madjonga remonte à 1824, époque à laquelle Radama envahit le pays de Bouéni et força Andrian-Souli à reconnaître sa suzeraineté. Sa position maritime ajoutant à son importance, il devint enfin le poste principal des Hovas dans la partie occidentale de l'île. La ville est située sur une colline qui domine tout le pays environnant et est entourée d'un mur et d'une palissade percée de quatre portes, garnis de quelques pièces de différents calibres, avec glacis et fossés. A environ 200 pas en dehors de l'enceinte, dans un ravin très-profond et d'un aspect extrêmement pittoresque, se trouve une source qui fournit aux besoins de la garnison. Au pied de la colline de la côte du sud, gisent les ruines de l'ancienne et riche ville de *Mouzangaie*, du nom de laquelle Madjonga a pris le sien. En 1824, à l'époque de l'invasion des Hovas, elle comptait au moins 10,000 âmes, dont il ne reste plus que quelques centaines de familles tenues par les Hovas dans la plus pénible sujétion. Une centaine de Sakalaves et une trentaine d'Indous complètent sa population qui est environ d'un millier d'habitants. De ses sept mosquées, il n'y en a plus que trois de fréquentées.

Voici quels sont les points les plus remarquables des trois divisions du pays des Sakalaves.

Mourounsang, est une ville de fondation hôva et date de 1837. Elle est située au fond de la baie du même nom (baie *Rafale* d'Owen) et s'élève sur une montagne, à quelque distance du rivage. Deux enceintes la protégent, l'une en terre revêtue de pierres simplement juxtaposées ; l'autre est formée de deux palissades de pieux séparées par un intervalle d'un peu plus d'un mètre, dans lequel on a creusé de petits fossés. L'habitation du gouverneur, construite en planches, est située au sommet de la montagne, et entourée d'une nouvelle palissade. Mourounsang contient de 100 à 110 cases, toutes en feuilles;

elle est de forme à peu près triangulaire et n'a ni puits ni citernes ; on va prendre l'eau à deux petits ruisseaux voisins. Au bord de la mer se trouve la Douane. Les relations commerciales y sont d'ailleurs très-restreintes. Madjonga entretient avec Tananarive des relations fréquentes. Les communications ont lieu en 8 jours au moyen de courriers, en 16 par les chariots et le train. En voici l'itinéraire. On parvient en un jour à chacune de ces étapes, qui sont Madjonga, Ambatoubetiki, Andranoulava, Androutsi, Tabounzi, Ankouala, Kadzounghi, Andampi, Andouki, (on entre dans l'Antsianaka), Andrami, Ambouasari, Ambari-manchi, Ttarahafatsa, (on entre dans le pays d'Imérina), Manahara, Manharitsou, Tananarive.

Ce qui fait, en tout, seize jours de chemin.

Entre chacun de ces villages se trouve un lieu de halte où l'on peut stationner et prendre du repos.

La partie centrale du Bouéni, à travers laquelle passe la route, offre partout un terrain plat et peu boisé, couvert de prairies, abondant en bétail, gibier à plumes et volatiles. Le pays de Sianaka est également peu boisé, mais il est moins bien pourvu de vivres ; on trouve de l'eau sur toute la route.

Cet itinéraire transporté sur la carte et construit donne pour la distance totale de Madjonga à Tananarive 95 lieues, et, pour la distance entre chaque station de 4 à 7 lieues, 18 à 30 kilomètres.

M. Leguevel de Lacombe a été de Tananarive à la baie de Bombetok, (à Boéna) par une autre route un peu plus occidentale que celle-ci, mais qui lui est parallèle et dont le développement est de 82 lieues, parcourues en onze jours (Voyage aux îles Comores et à Madagascar, tome 11). Il paraît qu'il en existait une troisième plus facile que la première et que Radama, dit M. le capitaine de corvette Guillain, ordonna, à cause de cela même, d'abandonner, de peur d'invasions européennes.

La ville de Ména-bé ou Andréfoutza est située sur la rive gauche du même nom : elle contient environ deux mille cases. L'habitation royale, composée de quinze ou vingt grandes cases, est entourée de palissades et d'un fossé profond. Un quatrième entourage est formé par les feuilles épineuses des raquettes ; l'extrémité supérieure de chacune des palissades est armée d'un large fer de zagaie.

Indépendamment de ces fortifications intérieures, la ville est défendue par un fossé et par un entourage solide fermé par des portes en bois qui n'ont pas moins de quinze pieds de hauteur.

Deux places sont remarquables à Ména-bé. La plus grande est en face de la grande porte du palais du chef. On y trouve des bancs de gazon où le voyageur peut se reposer à l'ombre des orangers qui les entourent. L'autre est dans le sud de la ville. On y voit une belle plantation de tamariniers et de bois noir, sous lesquels se tiennent les Kabars. C'est aussi sur cette place que les exécutions ont lieu. Ména-bé était la résidence du roi Ramitrah.

La partie occidentale de Madagascar comprise

entre la rivière Sambéranou et la rivière Mangouki, est encore partiellement occupée par des groupes plus ou moins considérables de Sakalaves qui n'ont point accepté le joug des Hovas, mais on peut dire qu'ils s'y dérobent bien plus qu'ils ne le repoussent. Leur résistance est toute d'inertie, des obstacles divers s'opposent à ce que cette résistance soit plus active. Ce sont l'anarchie dans laquelle vivent depuis longtemps ces populations et qui rend aujourd'hui impossible à leurs chefs l'exercice régulier de toute espèce d'autorité ; l'incapacité personnelle de quelques-uns de ces chefs, l'inhabileté politique de tous, le caractère turbulent des Sakalaves, leurs querelles intestines, l'insuffisance de leur matériel, en armes et munitions, enfin leur ignorance complète de la stratégie et même des plus simples notions de l'art militaire.

La plus grande partie du royaume de Bouéni, de Mandzaraï à Sambéranou, est actuellement presque inhabitée. De toute la population qui occupait, il y a vingt ans, ce territoire, il reste seulement quelques groupes épars qui ont accepté la domination des Hovas, ou des bandes de Djérikis, dont l'action hostile s'exerce tout aussi bien contre les villages de leurs compatriotes que contre les postes occupés par l'ennemi. Presque tous les Sakalaves des districts du nord ont, depuis cette époque et en diverses circonstances, émigré au pays d'Ankava, à Mayotte, à Nossi-bé, à Nossi-Fâli et dans le Ména-bé du Nord où commande

Tafikandre. Ce dernier groupe peut être de 25,000 âmes. Il doit s'en trouver de 15 à 16,000 sur les deux îles.

Le pays d'Ambongou, est plus peuplé maintenant qu'il ne l'était avant l'invasion du Bouéni et du Ména-bé par les Hovas. Son territoire, entrecoupé de bois et de marécages, en fait un refuge assuré, lors des incursions de l'ennemi qui d'ailleurs ne peut séjourner dans cette province à cause de son insalubrité. Toutefois la population d'Ambongou ne paraît pas dépasser 35,000 âmes. Les provinces sous l'autorité de Tsifalagni, (Ména-bé du nord) n'ont qu'une population très-minime relativement à leur étendue; elle peut s'élever à 15 ou 16,000 âmes. La partie indépendante du Ména-bé ne doit pas compter plus de 70,000 âmes de population. Quoi qu'il en soit, si les groupes dispersés çà et là sur ces grandes divisions du territoire sakalave, se réunissaient pour agir de concert contre l'ennemi commun, ils formeraient dans chacune d'elles une force armée capable d'écraser les garnisons faibles et isolées que le gouvernement hova y entretient. La même force serait aussi incomparablement supérieure aux corps d'expédition qu'il y envoie annuellement.

D'après les calculs de M. le capitaine de corvette Guillain, les pays sakalaves désignés plus haut pourraient mettre sur pied 23,700 guerriers.

Malgré cela, il résulte de la dissémination de ces forces et des diverses causes mentionnées ci-dessus, que 1,100 à 1,200 Hovas peuvent, quoique répartis entre plusieurs postes, se maintenir dans le royaume de Bouéni et exercer paisiblement leur souveraineté, que 1,800 Hovas tiennent sous leur dépendance une partie du royaume de Ména-bé ; qu'enfin des corps de 2,000 à 3,000 hommes peuvent impunément parcourir le pays d'Ambongou, où ils n'ont pas un seul poste, aussi bien que les autres parties encore insoumises du Bouéni et du Ména-bé.

Dans les provinces sakalaves, la culture est aujourd'hui strictement bornée à ce que réclame la consommation des indigènes ; l'exploitation des richesses naturelles du sol est entièrement négligée ; le commerce n'y trouve donc plus d'aliment. Cet état de choses est le résultat forcé de l'invasion et de l'oppression auxquelles sont en proie, depuis vingt ans, ces malheureuses contrées. Le bétail y vit toujours avec un peu de riz, le seul article d'exportation pour des navires européens.

Les voies de communication jadis établies entre les pays sakalaves et les provinces centrales sont depuis longtemps abandonnées. Mais on trouverait encore dans les Antalaots restés à Madjunga, aussi bien qu'en beaucoup d'autres qui habitent Nossi-bé et Mayotte, des guides intelligents pour la navigation des grandes rivières, la Betsibouka et l'Ikoupa, qui viennent de l'Ankôve et pour toute la route qui mène à Tananarive.

Les postes hovas de Madjunga et de Mourounsang, qui sont les plus importants de la côte ouest n'ont chacun qu'une garnison de 300 à 400 hommes. Le système de fortification, au moyen duquel ces postes sont défendus, suffit à les rendre inexpugnables pour les Sakalaves, et les garantit même d'une attaque de leur part; mais ils ne tiendraient pas devant la moindre artillerie dirigée par des Européens et leur garnison serait d'autant plus facilement délogée que tous les bâtiments, dont ils se composent, étant de bois et de feuillages, il suffirait d'y envoyer quelques obus pour les incendier en un instant. Celui de Madjunga, entre autres, est dans des conditions particulièrement favorables à une attaque par mer : les plus grands navires peuvent mouiller devant à portée convenable. Ces postes n'ont ni puits ni citernes et ne sont pas ordinairement approvisionnés de vivres. Leur isolement et leur éloignement d'Imerne les mettraient, en cas de siége, dans l'impossibilité d'en recevoir promptement de l'intérieur; il serait d'ailleurs très-facile de les bloquer.

La lutte engagée entre les Sakalaves et les Hovas doit inévitablement se terminer au désavantage des premiers, s'ils sont abandonnés à leurs seules ressources. Non-seulement en effet les Sakalaves ne cherchent pas à repousser les expéditions hovas ou à s'emparer des postes hovas maintenus dans leur pays, mais ils paraissent n'avoir pas même la volonté de défendre le territoire qu'ils possèdent encore. Ils vivent au jour le jour, en groupes séparés, tantôt sur un point, tantôt sur un autre, souvent errants dans les bois et ne songeant qu'à fuir à l'approche de l'ennemi. Ainsi devant cette immuable politique des Hovas, qui poursuit la conquête de l'île par l'invasion et l'occupation partielle, il n'y a chez les Sakalaves, qu'insouciance et imprévoyance.

Le gouvernement d'Imerne trouve dans le commerce intérieur qu'il entretient la possibilité de pourvoir, tant bien que mal, à ses approvisionnements en armes et en munitions de guerre, et de couvrir ainsi ses pertes et ses consommations en ce genre. Les Sakalaves, déjà bien moins pourvus que leurs adversaires sous ce double rapport, usent et consomment, sans pouvoir remplacer ou réparer.

Chez les Hovas, les chefs sont, pour la plupart, initiés aux idées et aux connaissances pratiques nécessaires à leurs relations avec des étrangers ; un certain nombre de jeunes hommes ont reçu une éducation dans ce sens, et il en est même qui ont montré, dans des circonstances délicates, une intelligence supérieure et un tact politique remarquable. Il n'est pas un chef sakalave qui sache lire, et la transmission de la pensée, au moyen de caractères, est encore une chose si merveilleuse pour eux et leurs sujets, que les uns et les autres les considèrent comme une œuvre de sorcellerie.

L'épuisement de la population hova, l'aversion inspirée contre les dominateurs par la cruelle oppression que le gouvernement de la Reine fait peser sur les populations déjà soumises, prolongeront peut-être la résistance des Sakalaves, mais ne rétabliront pas les chances en leur faveur. Manquant de ressources pour prendre l'offensive au moment convenable, ils ne pourront profiter des embarras temporaires des Hovas, et ceux-ci reprendront fructueusement les hostilités, à mesure que renaîtront leurs moyens d'action.

Ainsi donc et sans aucun doute, l'anéantissement de la nationalité Malegache au profit de la domination hova, n'est plus qu'une affaire de temps, dont malheureusement le terme ne paraît pas devoir être éloigné, si les événements et l'intervention de la puissance française ne vient les arracher à leurs sauvages oppresseurs et remettre les choses à Madagascar, dans l'état où elles étaient, à l'époque où le pavillon national attestait notre présence et nos droits sur la totalité de la grande île Africaine.

FIN DU CHAPITRE TROISIÈME.

CHAPITRE IV.

ANCIENS ÉTABLISSEMENTS FRANÇAIS DE MADAGASCAR.
L'ÎLE SAINTE MARIE.

SOMMAIRE. Anciens établissements français de Madagascar. — Le fort Dauphin. — Sainte-Luce. — Tamatave. — Foulepointe. — Fénériffe. — La Pointe-à-Larrée, — Louisbourg, — Tintingue.— Le Port Choiseul. — L'île Marosse. — L'île SAINTE-MARIE. — Sa situation géographique. — Le Port-Louis. — L'îlot Madame. — L'île aux Forbans. — La baie de Lokensy. — Baies et côtes de Sainte-Marie. — Sa constitution géologique. — Bois, cours d'eau. — Villages. — Climat de Sainte-Marie. — Observations thermométriques. — Pluies d'orage. — Vents généraux. — Brise du sud et du sud-est. — Brises d'ouest. — Brises du large. — Végétation. — Culture. — Bétail. — Industrie des Malegaches de Sainte-Marie. — Pêche. — Commerce de Sainte-Marie. — Sa population.— Son gouvernement et son administration. — Forces militaires. — Finances. — Le mouvement commercial de Sainte-Marie est stationnaire et restreint. — Cause de cet état de choses. — Principe politique consacré depuis les événements de 1815, par la conservation de Sainte-Marie, eu égard à nos droits de souveraineté sur la grande île de Madagascar. — Commerce de la côte orientale de Madagascar. — Exportations et importations. — Transactions par voie d'échanges. — Mouvement de la navigation entre Madagascar et l'île Bourbon. — Vohemar. — Tamatave. — Foulepointe. — Diego Suavez. — Fin du chapitre quatrième.

Nous avons vu par le récit des événements qui ont occupé la première partie de cet ouvrage que ce fut sur la côte orientale de Madagascar que les Français fondèrent les établissements qu'ils ont successivement formés dans l'île de Madagascar.

Il n'est pas inutile de jeter rapidement un coup d'œil d'ensemble sur ce qu'ont été dans le passé ces diverses colonies, et ce qu'est aujourd'hui notre île de Sainte-Marie. Parmi nos anciens comptoirs se plaçaient en première ligne : le fort Dauphin, Manghafia ou Sainte-Luce, Tamatave, Foulepointe, Fénériffe, l'île Sainte-Marie, la Pointe-à-Larrée, Tintingue, Louisbourg et quelques autres comptoirs dans la baie d'Antongil, notamment ceux de Manahar, de Marancette ou Port-Choiseul et de l'île Marosse. Plusieurs autres points, au nombre desquels se trouvent Antsirak, Angontsy et les bords du Fanzahère, ont, en outre, été habités plus ou moins longtemps par les Français.

De ces différents établissements, l'île de Sainte-Marie est, aujourd'hui, le seul que nous occupions, le seul où flotte encore le pavillon français. Ne fût-ce que par sa position politique, elle mérite que nous consacrions à sa géographie un chapitre particulier[1].

La Pointe-à-Larrée est située à une lieue environ de la côte occidentale de Sainte-Marie. La mer est très-calme en cet endroit. La grande quantité de riz que produisait autrefois le territoire de la Pointe-à-Larrée y attirait beaucoup de navigateurs; mais, depuis la guerre de 1829, toute la partie de la côte avoisinant Sainte-Marie est presque déserte.

[1] Nous empruntons toutes les données de ce Chapitre, en les abrégeant sans les tronquer, à la quatrième partie de l'excellente Publication faite par le Ministère de la marine, sous le titre général : *Notices statistiques sur les Colonies françaises*, 4 v. in-8, *Imp. roy.*, 1840.

Foulepointe est une petite ville commerçante, à dix lieues de Sainte-Marie. Le port de Foulepointe est formé par des récifs qui rompent la mer et mettent les vaisseaux à l'abri des grosses lames. Il peut contenir dix vaisseaux, mouillés à la suite les uns des autres, par un fond de dix à douze mètres. Nous en avons déjà parlé plus haut.

La ville de Tamatave est encore de nos jours le siége d'un commerce assez considérable en riz et en bœufs, que l'on y échange contre des marchandises d'Europe. Son port offre aux navires un abri assez sûr, lorsque les vents de sud et de sud-est règnent. Nous en avons également parlé déjà.

De tous les points de la côte orientale de Madagascar, Fénériffe est celui qui produit la meilleure qualité de riz, et un de ceux où on le récolte en plus grande abondance. Quoique la rade de Fénériffe soit ouverte et peu sûre, elle est cependant fréquentée par les navires du commerce, parce que les transactions s'y font plus facilement qu'à Foulepointe.

Le fort Dauphin est situé, ainsi que la baie de Manghafia ou Sainte-Luce, dans la province d'Anossy. La rade du fort Dauphin, quoique moins belle que celle de Tintingue, est d'un facile accès, et pourrait être mise à l'abri de tous les vents au moyen d'une jetée, dont la construction serait peu dispendieuse. Sur ce point de la côte, la mousson étant presque constamment du nord-est, les communications avec Bourbon sont toujours favorisées par le vent le plus propice; c'est ce qui n'a pas lieu sur le reste de la même côte, en remontant jusqu'à Sainte-Marie [1].

L'établissement français formé en 1774, dans la baie d'Antongil, par le comte Benyowski, comprenait le port de Manahar, Marancette ou Port-Choiseul, Louisbourg et l'île Marosse. Le port de Manahar se trouve à l'entrée de la baie d'Antongil, au nord du cap Bellone. Le Port-Choiseul ou Marancette est situé au fond de la même baie. C'est en cet endroit que s'élevait Louisbourg, siége principal de l'établissement. Le Port-Choiseul est sûr et commode, et peut recevoir plusieurs vaisseaux. L'île Marosse est située à environ deux lieues de Marancette; elle a deux à trois lieues de circuit et possède deux excellents mouillages. Le sol en est très-fertile, et ses communications avec le Port-Choiseul sont très-faciles, au moyen de chaloupes et de canots.

Quant à Tintingue, nous n'en dirons rien qui n'ait été exposé, déjà, lors des explorations qui en furent faites et dont nous avons traité en détail.

L'île Sainte-Marie, que les Malegaches nomment Nossi-Ibrahim, est, ainsi qu'on l'a déjà vu également, séparée de la côte orientale de Madagascar par un canal large d'une lieue et un quart dans sa

[1] Pour se rendre de Bourbon à Sainte-Marie, il faut, d'avril en novembre, douze à quinze jours, parce qu'alors la mousson est sud-est; mais, de novembre en avril, les vents et la mer reversant du nord-est, les traversées sont beaucoup plus courtes.

partie la plus étroite, vis-à-vis de la Pointe-à-Larrée, et de 4 lieues vis-à-vis de Tintingue. Le milieu de l'île se trouve par 16° 45' de latitude sud, et 48° 15' de longitude est. Sainte-Marie a environ 12 lieues de long sur 2 à 3 lieues de large; son périmètre est d'à peu près 25 lieues. On évalue sa superficie à 90,975 hectares. Un bras de mer traverse l'île dans sa partie méridionale et la divise en deux îles, dont la plus petite, appelée l'Ilet, peut avoir 2 lieues de tour. Deux chaînes de récifs enveloppent l'île de toutes parts et la protégent contre les flots de la grosse mer. Ces chaînes de récifs sont interrompues par diverses passes, dont trois sont praticables pour les vaisseaux. Le canal qui sépare Sainte-Marie de la Grande-Terre n'est, à proprement parler, qu'une rade continue, vaste, sûre, et dont la tenue est excellente. Au sud de la Pointe-à-Larrée, on peut y mouiller partout; et, comme les récifs qui bordent l'île sont accores, les navires peuvent s'en approcher de fort près. Il est facile d'y appareiller en tout temps.

La principale baie de l'île Sainte-Marie est le Port-Louis. Au milieu de l'entrée, se trouve un îlot qui est appelé par les Français îlot Madame, et par les naturels Louquez, et qui peut avoir 300 mètres dans sa plus grande longueur et 125 mètres dans sa plus grande largeur. Cet îlot, défendu par quelques fortifications et armé de batteries, renferme les casernes, les magasins de l'artillerie et les chantiers du gouvernement. Au milieu même du Port-

Louis, au sud-est de l'îlot Madame, s'élève un îlot rocheux et stérile appelé l'île aux Forbans ; une jetée en pierres sèches, construite en 1832, le réunit à la côte de Sainte-Marie. L'îlot Madame est entouré d'un chenal profond qui forme, de chaque côté, une passe par laquelle on entre dans la baie. La passe du sud-ouest, nommée passe des Pêcheurs, n'ayant que très-peu de largeur et deux ou trois mètres de profondeur, ne peut servir qu'à des embarcations. La passe du nord-est, étant plus large et plus profonde, peut donner entrée à des frégates. C'est ce chenal qui forme le petit Port-Louis. Plusieurs navires peuvent y mouiller en sûreté pendant presque toute l'année, en prenant quelques précautions, lorsque les vents soufflent avec force, ce qui est peu commun. Il existe du reste dans le port une aiguade commode qui fournit de l'eau assez bonne.

On trouve encore de bons mouillages sur plusieurs autres points de la côte ouest de Sainte-Marie, notamment dans la baie de Lokensy, laquelle est située vis-à-vis du port de Tintingue et peut recevoir les plus gros vaisseaux. Cette baie a seulement l'inconvénient d'être ouverte aux vents du nord et du nord-est. On y trouve de l'eau douce d'excellente qualité et en grande abondance.

Le sol de Sainte-Marie a été reconnu pour être, en général, de mauvaise qualité, à l'exception d'une zone étroite qui se trouve au milieu de l'île, et qui forme environ le cinquième de la totalité de sa superficie. C'est la seule portion du territoire que les naturels cultivent régulièrement, et elle leur appartient en propre. Il ne serait guère possible d'y former plus de quinze à vingt habitations. La chaleur et l'humidité du climat de Sainte-Marie paraissent très-favorables à toutes les cultures coloniales, excepté peut-être à celle du cotonnier. Le sol de l'île renferme, du reste, beaucoup de fer, et l'on y trouve en abondance les matériaux propres aux constructions, tels que pierres, chaux, terre à brique, etc. Les bois de Sainte-Marie occupent une surface de 20 à 30,000 hectares. Ils se trouvent, en grande partie, situés vers le centre de l'île, dans la partie la plus large, et suivent deux zones longitudinales, courant dans la même direction que l'île. Le terrain où ils croissent est ferrugineux ou quartzeux, et, par conséquent, de très-mauvaise qualité. D'autres portions de bois, composées de nattes, de takamakas, de filaos, de porchers, de badaniers et de quelques autres arbres moins précieux, entremêlés à une foule d'arbrisseaux, bordent le rivage de la mer, partout où il offre une plage de sable.

L'île de Sainte-Marie est trop peu étendue pour qu'il s'y rencontre des rivières, et, si quelques ruisseaux y portent ce nom, ils le doivent uniquement à l'élargissement de leur lit vers leur embouchure, élargissement formé, en grande partie, par les eaux de la mer. Le sol de l'île étant très-montueux, les sources y sont fort abondantes, et les eaux de bonne qualité. La rivière du Port, qui est le plus important de ces cours d'eau, éprouve, assez loin de son embouchure, l'effet de la marée ; une lieue plus haut, elle a une vitesse dont la moyenne peut être évaluée à près d'une lieue à l'heure.

Les Malegaches de Sainte-Marie habitent, comme les blancs établis dans l'île, des cases en bois, couvertes en feuilles de ravinala ; ces cases sont petites, mais proprement construites. Les villages de l'île, dont le nombre est de trente-deux, sont répandus sur le bord de la mer et dans l'intérieur.

Les indigènes de Sainte-Marie bâtissent, en outre, dans l'intérieur, où se trouvent leurs plantations de vivres, des cases dont le nombre augmente beaucoup à l'époque de la récolte ; il arrive parfois, alors, que la population tout entière s'y trouve concentrée.

Le climat de l'île Sainte-Marie est, à peu de chose près, le même que celui de la côte orientale de Madagascar dont elle est si voisine. Le thermomètre monte en janvier et en février à 37° 1/2 centigrades, au milieu du jour, et se maintient généralement durant les autres parties de la journée, entre 31° et 33° ; pendant la nuit et le matin au lever du soleil, il descend quelquefois à 21° et même à 20°. C'est à cette époque que les pluies d'orage font déborder les ruisseaux et les rivières qui inondent tout le pays.

A Sainte-Marie en particulier, pendant la saison pluvieuse, les vents généraux soufflent du sud-ouest au sud-est, quelquefois d'est et de nord-est, surtout en février et mars ; mais assez rarement. Pendant la saison sèche, ils soufflent du sud-est, de l'est, du nord et du nord-est ; quelquefois, la brise vient de la partie du sud et du sud-ouest. Quant à la brise d'ouest, c'est-à-dire celle qui vient de la Grande-Terre, elle souffle presque toutes les nuits et le matin ; la brise du large ne prend qu'à midi.

Pendant la saison sèche les brises sont assez généralement faibles dans l'île ; le ciel est serein ou légèrement nuageux, tandis que dans la saison pluvieuse les brises sont presque toujours très-fortes.

La végétation est très-vigoureuse à Sainte-Marie. Le climat chaud et humide de l'île y favorise également le développement des plantes, sur les montagnes et dans les vallées : dans celles-ci, cependant, la production est ordinairement plus active ; et la terre végétale, que les pluies ne cessent d'y apporter des sommités voisines, en maintient le sol longtemps fertile. Si leur peu de largeur ne rendait pas les vallées de Sainte-Marie trop humides, elles mériteraient la préférence sur toutes les autres localités ; mais cet inconvénient fait qu'elles ne sont guère propres qu'à la culture du riz et du bananier.

Diverses espèces d'arbres propres aux constructions navales et aux constructions civiles croissent en abondance dans les forêts de l'intérieur de Sainte-Marie. Les autres végétaux de l'île sont du reste semblables à ceux de Madagascar.

Les premiers essais de culture tentés, à Sainte-Marie, par les Européens, depuis la dernière reprise de possession, remontent à 1819. A cette époque, diverses personnes se réunirent pour y entreprendre la culture en grand du café, du girofle, et de quelques autres denrées coloniales. Plusieurs habitations s'élevèrent alors dans l'île; mais, en 1829, l'essor qu'avait pris la formation de ces établissements s'arrêta, et il n'existe plus aujourd'hui, à Sainte-Marie, que quelques habitations et quelques plantations produisant un peu de girofle, de café, de sucre et des vivres.

Tant qu'ils ont pu librement communiquer avec la Grande-Terre, les naturels de Sainte-Marie se sont peu occupés de plantations. Adonnés par goût à la pêche, ils y trouvaient une partie de leur nourriture, et ils se procuraient le reste en boucanant le poisson qu'ils ne consommaient pas, et en l'échangeant à la Grande-Terre contre le riz nécessaire à leurs besoins. Leurs cultures se réduisaient alors à un petit nombre de rizières humides établies dans le fond des vallées. Mais, depuis que le commerce avec la côte orientale de la Grande-Terre leur est interdit par les Hovas, et que leur nombre s'est doublé par l'arrivée des réfugiés de cette partie de Madagascar, la nécessité les a contraints de se livrer à la culture des terres, et leurs plantations se sont rapidement accrues. Ils cultivent le riz, le manioc, les ambrevades, diverses faséoles, les patates, plusieurs espèces d'ignames et quelques autres racines nutritives, qui forment la base de leur nourriture. Leurs récoltes en riz excèdent même de beaucoup leurs besoins.

Le bétail, très-rare autrefois, à Sainte-Marie, commence à y devenir plus commun. Les chefs et les principaux Malegaches possèdent de petits troupeaux de bœufs, qui leur sont très-utiles pour la préparation de leurs rizières. Néanmoins, quelle que puisse être, par la suite, la propagation de l'espèce bovine à Sainte-Marie, le peu d'étendue des bons pâturages s'opposera toujours à ce que cette espèce se multiplie assez pour fournir à l'établissement le nombre de bœufs nécessaire à son approvisionnement, et l'on sera toujours forcé d'acheter le surplus à la Grande-Terre. Les bœufs qu'élèvent les Malegaches appartiennent à l'espèce appelée zébu (*bos indicus*). Ils ressemblent aux bœufs de France par la taille, et par la forme de leurs cornes; mais ils en diffèrent par une loupe graisseuse qu'ils portent sur le cou, et par la saveur un peu musquée de leur chair. Dans les bons pâturages, il y a de ces bœufs qui pèsent jusqu'à 450 kilogr. On en fait une très-grande consommation à la Grande-Terre. Cette espèce paraît peu propre aux travaux de l'agriculture : cependant on s'en sert à Bourbon pour les charrois des sucreries.

L'industrie des indigènes de Sainte-Marie ne diffère pas de celle des Malegaches en général; la presque totalité des objets nécessaires à la consommation et aux besoins journaliers de ses habitants y est apportée des îles Bourbon et Maurice.

Tout le commerce que l'île Sainte-Marie fait avec Bourbon, Maurice et Madagascar, est entre les mains de cinq des principaux négociants qui y sont établis. Les autres traitants ne trafiquent qu'avec la population indigène.

Les objets importés à Sainte-Marie sont des toileries de toute espèce d'origine française, des rhums de Bourbon et de Maurice, du sel, des marmites de fonte, de la faïence, de la verroterie, de la mercerie et des objets de consommation et d'habillement pour les blancs. Une partie de ces articles se vend sur les lieux; le reste est porté à la Grande-Terre, pour y être échangé contre les productions du sol ou de l'industrie malegache. La valeur de ces importations varie, chaque année, suivant le degré de facilité que présentent les relations commerciales avec la côte orientale de Madagascar.

Il en est de même des exportations de Sainte-Marie, lesquelles se composent de riz et de bœufs provenant de la Grande-Terre, de volailles, de poisson, de peaux de bœuf, d'écaille de tortue, de pagnes, de rabanes, de nattes, de bois divers en petite quantité, d'huile de baleine, de girofle, de quelques objets d'histoire naturelle, surtout de coquilles très-recherchées par les marins, et de divers ustensiles, armes, etc., fabriqués par les Malegaches. Ces objets sont expédiés à Bourbon, et vendus aux capitaines des navires qui viennent y commercer. Sauf le riz et les bœufs provenant de Madagascar, et quelques articles achetés sur les lieux aux habitants et aux navires marchands, c'est Bourbon qui fournit les approvisionnements en vivres, liqueurs, habillements, etc., nécessaires à l'établissement de Sainte-Marie.

Le commerce de Sainte-Marie se faisant presque entièrement par échange, les importations et les exportations se balancent ordinairement.

L'île Sainte-Marie de Madagascar est une des dépendances de l'île Bourbon. L'administration de ces dépendances est réglée par l'ordonnance royale du 21 août 1825, relative au gouvernement de l'île Bourbon.

Le commandement en chef de Sainte-Marie est confié à un commandant particulier, placé sous l'autorité du gouverneur de Bourbon. Un conseil d'administration, composé du commis de marine chargé du service, d'un chirurgien de la marine et du maître de port, assiste le commandant de Sainte-Marie dans l'exercice de ses fonctions. Le commis de marine faisant partie de ce conseil est particulièrement chargé des revues, des fonds, de l'état civil et des fonctions de notaire. Le conseil privé de Bourbon connaît de toutes les affaires de sa compétence qui concernent les possessions françaises de Madagascar.

Sous le rapport de la législation et de l'administration de la justice, l'île Sainte-Marie de Madagascar est également soumise aux lois et ordonnances qui régissent l'île Bourbon. Les forces militaires de Sainte-Marie présentaient, au 1.er novembre 1839, un effectif de 144 hommes.

Une somme annuelle de 60,000 francs est allouée pour les dépenses de Sainte-Marie de Madagascar (qui n'a aucun revenu local), sur les fonds compris dans le Budget du département de la marine sous le titre : Subvention au service intérieur des colonies.

Jusqu'à présent le mouvement commercial de Sainte-Marie, ainsi qu'on vient de le voir, a été très-restreint, ce qu'il faut attribuer surtout à l'état violent, à la perturbation profonde dans lesquels la guerre a tenu sans cesse Madagascar. Toutefois, il n'en faut pas moins considérer Sainte-Marie comme un comptoir commercial important par sa situation voisine de la grande île Malegache où nos autorités, ainsi que nos commerçants, peuvent de là étendre en toute sécurité leur influence et leurs relations avec bien plus de suite et de succès que si notre pavillon marchand était réduit à s'y livrer, de baie en baie, de mouillage en mouillage, à des échanges toujours incertains et dépourvus de centre et de protection permanente. C'est cette destination essentielle, mais limitée qui, n'exigeant que l'entretien d'un faible détachement et permettant ainsi de consacrer quelques dépenses de plus aux travaux d'assainissement, rend possible à toujours la conservation par la France de ce poste si important par le principe politique qu'il a consacré depuis les événements de 1815, à l'égard de nos droits de souveraineté sur la grande île de Madagascar.

Le commerce du sud et de l'est de Madagascar est presque tout entier aujourd'hui entre les mains des armateurs de Bourbon et de Maurice, et de quelques traitants fixés à Madagascar. Il a pour principal objet l'approvisionnement de Bourbon et de Maurice, en riz et en bestiaux, articles qui forment à eux seuls les sept huitièmes, au moins, des exportations de la Grande-Terre. On sait que Madagascar fournit la presque totalité de la viande de bœuf nécessaire à la consommation de Bourbon.

Les exportations de Madagascar consistent surtout en taureaux, vaches, bœufs de trait et bœufs pour la boucherie, porcs, moutons et chèvres; salaisons préparées par les blancs, suif, peaux de bœuf en petit nombre, tortues de terre, volailles, riz blanc et riz en paille (ce dernier en petite quantité), nattes et rabanes, gomme copal, écaille de tortue, ambre gris et cire : ces quatre derniers articles sont particulièrement exportés par les *Arabes* de Bombetok.

Les importations dans l'île consistent en toiles bleues et blanches de l'Inde, mouchoirs, indiennes et autres toiles imprimées, de manufacture française et anglaise; articles provenant des distilleries des îles Bourbon et Maurice; sel, savon, bijouterie commune, verroterie et corail ouvré, quincaillerie et mercerie, armes et munitions de guerre et de chasse, marmites en fonte, poterie et faïence; enfin, en une petite quantité d'armes de luxe, d'habits, d'épaulettes, de galons, de soieries, etc., destinés aux Hovas.

Pendant longtemps, le commerce de Madagascar s'est fait par voie d'échange et presque sans frais : il offrait alors des bénéfices considérables et assurés; mais, depuis que les Hovas sont les maîtres de la côte orientale, il n'en est plus de même. Ils s'y sont emparés du commerce, en forçant les naturels à leur livrer à bas prix leurs denrées, qu'ils revendent ensuite fort cher aux traitants, en exigeant de ces derniers, tantôt de l'argent, tantôt de la poudre ou des fusils pour l'acquittement des droits d'entrée et de sortie qu'ils ont fixés à dix pour cent. Quelquefois il plaît à tel ou tel chef de suspendre l'exportation ou de changer brusquement la nature du payement des droits de douanes; et des navires se voient ainsi forcés de revenir sans chargement. Aussi, rebuté de tant de tracasseries et de vexations, le commerce de Bourbon tire-t-il maintenant de l'Inde les dix-neuf vingtièmes du riz nécessaire à la consommation de l'île, et le vingtième restant seulement de Madagascar.

A la côte orientale de Madagascar, les transactions commerciales se font encore, sur quelques points, par voie d'échange ; mais, comme les importations sont le plus souvent inférieures aux exportations, surtout quand on traite avec les Hovas, la balance se rétablit avec des piastres d'Espagne à colonnes, qui, une fois dans les mains de ces derniers, sortent rarement de l'île.

Le mouvement de la navigation et du commerce entre la côte orientale de Madagascar et l'île Bourbon, depuis 1830 jusqu'à 1838, c'est-à-dire dans un espace de neuf années, a présenté, selon les documents officiels et en moyenne, les résultats suivants : Le mouvement de la navigation, entrées et sorties, a employé 33 navires français jaugeant 5,074 tonneaux, montés par 436 hommes d'équipages. Les importations à Madagascar se sont élevées à 154,990 francs, savoir : 128,110 francs de marchandises françaises et 26,880 francs de marchandises étrangères. Les exportations de Madagascar à Bourbon ont été de 636,917 francs, dans la même période.

Le dernier point de la côte nord-est de Madagascar, où les Hovas permettent le commerce avec les blancs, est Vohémar. Ils y perçoivent les mêmes droits de douane qu'à Tamatave, Foulepointe et autres lieux de la côte orientale. Le commerce de Vohémar ne consiste en ce moment qu'en bœufs, dont il existe de très-grands troupeaux dans le pays; les navires qui viennent les acheter, les salent sur les lieux. Le riz, le maïs, le manioc et autres plantes nutritives, ne sont cultivés à Vohémar que pour la consommation des naturels. Il en est de même à Diégo-Suarez, où les Hovas ont d'ailleurs interdit depuis longtemps tout commerce avec les blancs. Deux ou trois petits navires de

Bourbon et de Maurice, et quelques *daws* arabes, se montrent seuls de temps à autre sur cette côte, pour y acheter de l'écaille de caret, dont la pêche se fait pendant l'hivernage.

Sous le règne de Radama, ainsi que nous l'avons vu, les Hovas ont été mis en contact direct avec les Européens, dont ils ont adopté jusqu'à un certain point les usages et le goût. Les besoins actuels des diverses populations de Madagascar, qui attendent leur satisfaction du commerce français, sont, pour les Hovas, drap écarlate, satins rouge, pourpre et vert, soie jaune, velours de soie, mouchoirs de soie, calicots fins, toiles imprimées, galons d'or de diverses largeurs, gants, modes, bonneterie, chapellerie, fil et soie à coudre, épaulettes d'or, boucles d'oreilles, colliers, bagues, montres, papier à écrire et à tapisser, quelques meubles. Pour tous les habitants de Madagascar, ces articles sont : armes à feu, poudre, grosse vaisselle, grosse verrerie, verroterie, boîtes à musique, hachots, coutellerie, toiles bleues, cotonnades, rhum et eau-de-vie.

Les invasions et le despotisme des Hovas ont désorganisé l'industrie de ces contrées, mais elle renaîtrait sous l'empire d'un état de choses plus tranquille. La présence des Français apporterait de la sécurité chez ces malheureuses populations que la guerre a dispersées, et leur inspirerait le besoin de reprendre les travaux fructueux auxquels elles devaient jadis leur prospérité.

FIN DU CHAPITRE QUATRIÈME.

CHAPITRE V.

Mayotte et Nossi-Bé.

Sommaire. — Considérations préliminaires. — Nossi-Bé. — Situation géographique. — Topographie. — Aspect du pays. — Hellville. — Climat, température. — Baies, anses et mouillages. — Ressources de l'île. — Bois de construction. — Productions végétales et animales. — Nossi-Cumba. Nossi-Mitsiou. Nossi-Fali. — Description de ces îles. — Mayotte. — Situation géographique et topographique. — Configuration physique de l'île. — Son aspect général. — Montagnes. — Cours d'eau. — Bois et forêts. — Marées. — Villages de Choa et de Zaoudzi. — Récifs et passes. — Iles Pamanzi, Zaoudzi, Bouzi et Zambourou. — Rades. — Baies. — Mouillages. — Population. — Religion des habitants. — Climat. Température. Salubrité. — Hivernage. — Cultures. Productions. Pâturages. — Troupeaux. — Pêches. — Ressources de l'île. — Communication par la vapeur entre la France et les îles de l'Océan Indien. — Discussion d'un projet formulé par M. Dejean de la Bâtie. — Vœux exprimés à ce sujet. — Fin du chapitre cinquième.

Les partisans de l'occupation et de la colonisation de Madagascar n'ont pu que voir avec satisfaction le système politique dans lequel la France semble être entrée spontanément par l'occupation successive des îles principales qui avoisinent et qui dominent la grande île malegache. En effet, ainsi que nous l'avons dit plus haut, par l'occupation de Mayotte, de Nossi-Bé, de Nossi-Cumba, de Nossi-

Fali et de Nossi-Mitsiou, le réseau de l'influence française enveloppe désormais une partie importante du canal de Mozambique, et, si les droits de la France ne sont pas compromis par quelque faute grave, cette influence est destinée peut-être plus encore que la voie des armes et des conquêtes à préparer, dans un temps donné, la réalisation des vœux formés par les amis du pays pour la reprise de possession définitive de l'île de Madagascar.

Malgré l'ordre donné en 1830 d'évacuer tous les comptoirs et postes français à Madagascar, pendant les premières années qui ont suivi la révolution de Juillet, l'idée d'occuper cette île et de combiner avec cette occupation militaire une œuvre de colonisation, semble avoir été reprise par le gouvernement, et c'est à cette tendance que se rattachent les différentes missions données à plusieurs des bâtiments de la marine royale, à l'effet de reconnaître la baie de Diego-Suarez. Les préoccupations politiques et les sacrifices faits pour l'Algérie avaient fait perdre momentanément de vue cette haute question de la création de ports français dans les mers au delà du cap de Bonne-Espérance [1].

Le gouvernement français avait cru d'abord trouver dans la possession de Nossi-Bé les éléments du port à la fois militaire et marchand, de la station maritime et de l'arsenal naval dont nous avions besoin,

[1] Voir à ce sujet les *Annales Maritimes*, recueil officiel publié par le Ministère de la marine, année 1843, tome 88 de la Collection, 2ᵉ partie, vol. 1, p. 125 et suiv.

à l'entrée de la mer des Indes. L'étude approfondie des localités n'a pas tardé à faire reconnaître qu'avec des travaux très-dispendieux, on ne parviendrait jamais que fort imparfaitement à fermer la rade principale d'Hellville et qu'il serait, en outre, difficile de prévenir la possibilité d'un débarquement sur les autres points de l'île, dont toutes les côtes sont facilement abordables. Aussi, dès l'année même qui a suivi l'occupation de Nossi-Bé, le besoin de trouver mieux a été signalé à tous les commandants des bâtiments de l'État qui étaient envoyés en mission dans ces parages. C'est ainsi qu'en 1841, M. Jehenne, aujourd'hui capitaine de corvette, explorant le groupe des Comores, visita Mayotte et fut frappé des avantages remarquables et jusqu'alors ignorés que présentait cette île, comme siége futur d'un établissement. Peu de temps après, M. Passot, capitaine d'infanterie de marine, envoyé en mission par M. le contre-amiral de Hell auprès du souverain de Mayotte, concluait avec ce dernier un traité de cession de tous ses droits de souveraineté, traité ratifié par le roi, en février 1843.

Nous allons donner sur ces deux îles, désormais françaises, une monographie aussi complète que possible, quoique sommaire, le plan de cet ouvrage n'en comprenant que d'une manière indirecte l'étude historique et géographique[1].

---

[1] Les renseignements scientifiques que nous donnons sur les deux îles de Mayotte et de Nossi-Bé sont extraits des *Annales maritimes*. Ces documents se trouvent, pour Nossi-Bé, dans le volume

Nossi-Bé ou *Variou-Bé,* dénomination adoptée récemment par les Sakalaves, signifie en malegache *l'île grande.* Nossi-Bé est en effet la plus grande des îles situées à la côte nord-ouest de Madagascar. Elle est comprise entre les parallèles de 13° 10'44" et 13° 24'47" à l'est de Paris.

Le point culminant de Nossi-Bé placé dans sa partie méridionale est élevé de 453 mètres au-dessus du niveau de la mer. Ce sommet est couvert d'une vaste forêt dont les arbres semblent d'autant plus épais et plus beaux qu'ils sont à une plus grande élévation. Le centre de l'île est dominé par d'autres masses de moindre hauteur et d'origine évidemment volcanique. Les lieux les mieux cultivés sont ceux qui avoisinent la mer. En général, l'aspect de l'île est agréable par sa verdure riante, par ses baies variées et par ses vallons fertiles. L'île ne possède pas de rivières, mais seulement quelques ruisseaux dont la source réside dans les lacs que renferment les hauteurs de l'île. Un des principaux ruisseaux passe au pied du plateau sur lequel a été fondé le chef-lieu de l'île qui a pris la dénomination d'Hellville, du nom de l'amiral de Hell, qui gouvernait Bourbon, lorsqu'eut lieu la prise de possession de Nossi-Bé. Il y a plusieurs aiguades

---

81 de la collection, 2ᵉ partie, vol. 1, p. 369; et pour Mayotte, dans le tome 82 de la collection, 2ᵉ partie, vol. 2, page 43. Voir aussi un mémoire excellent de M. Vincent Noël, inséré dans le Bulletin de la Société de géographie. Juillet 1843.

dans l'île, où les bâtiments peuvent s'approvisionner d'une eau fraîche et limpide.

La température et le climat de Nossi-Bé sont, à peu de chose près, le climat et la température de la côte nord de Madagascar.

Si l'on examine l'île au point de vue des abris et des ressources qu'il peut offrir à la navigation, on y trouve de bons mouillages. L'espace compris entre la partie méridionale de Nossi-Bé, la côte nord-ouest de Nossi-Cumba et la petite île de Tani-Keli est considéré comme une rade capable de contenir, au dire de nos officiers, tous les bâtiments que peut armer la France. Partout ou presque partout, la profondeur de l'eau est de 12 à 25 brasses et la mer constamment belle. L'anse d'Hellville, quoique peu étendue, est un mouillage sûr, abrité des vents du large, et la mer y est constamment belle. L'eau douce des environs ne s'y rencontre malheureusement pas en assez grande quantité pour suffire aux besoins des bâtiments. Le mouillage du plateau est encore plus resserré que celui de l'anse d'Hellville et peut contenir tout au plus deux ou trois bâtiments ; la tenue y est bonne. Au fond de cette anse se trouve un bras de mer qui conduit au pied du village d'Hellville.

Les autres mouillages de l'île sont ceux de la pointe Ambournerou, de l'île Sakatia, de Bé-Foutaka, de la baie Vatou-Zavavi, de la baie Fassine ou Linta, et enfin celui de l'île Tandraka.

Quant aux ressources que l'île de Nossi-Bé peut

offrir aux bâtiments en relâche, outre toutes les facilités qui y ont été installées depuis la prise de possession, la grande forêt peut fournir aisément toutes les pièces nécessaires à un bâtiment de deux à trois cents tonneaux. L'île est bien pourvue de riz, de maïs, de patates, de bananes, de manioc. La terre y est fertile et peut produire le double et le triple de ce qu'on lui a demandé jusqu'à ce moment.

Avant de nous occuper de Mayotte, disons quelques mots des îles de Nossi-Cumba, Nossi-Mitsiou et Nossi-Fali, qui avoisinent la côte de Madagascar et qui appartiennent maintenant à la France.

Nossi-Cumba est séparée de Nossi-Bé par un canal d'une demi-lieue de largeur, praticable pour toute espèce de bâtiments et d'un assez bon mouillage. On peut encore mouiller dans toute la partie sud-est et est, à un peu plus d'un mille de la côte. Toute la côte septentrionale est accore et on peut en approcher sans crainte jusqu'à deux encablures. Nossi-Cumba est un pâté presque entièrement rond à sa base et qui a deux sommets. L'un de ces sommets, placé dans la partie sud-est, est formé par un massif de roches. L'autre, situé à peu près au centre de l'île, est moins saillant quoique d'une élévation, à peu de chose près, égale au premier. La végétation est magnifique dans les vallons qui bordent la côte. Les plus grands villages se trouvent dans la partie méridionale de l'île.

L'île de Nossi-Mitsiou, dans la langue du pays, *l'île du milieu*, a exactement la forme d'un V, mais dont le côté de droite ou de l'est a presque le double en longueur du côté gauche ou ouest. L'ouverture qui fait face au nord a, dans son milieu, un énorme îlot de forme ronde, presque carré par son sommet qui est le point le plus élevé de l'île. On le nomme Ancaréa. Ancaréa et l'îlot divisent l'entrée de la rade en trois parties inégales qui peuvent prendre toutes le nom de passes. La plus large, la plus profonde et en même temps la plus sûre est la Grande-Passe qui se trouve entre Ancaréa et la côte ouest.

Nossi-Fali, l'île Chimpaykee d'Owen, est située à huit milles dans l'est de Nossi-Bé. Elle est peu élevée comparativement à cette dernière île et à Nossi-Cumba ; mais elle l'est cependant un peu plus que la pointe de la Grande-Terre, de laquelle elle est séparée par un petit canal. La partie du nord est montueuse, assez fertile et couverte d'arbres de toute espèce. Nossi-Fali produit du riz en assez grande quantité et paraît susceptible de culture. A présent qu'elle appartient à la France, elle pourra être facilement et avantageusement exploitée.

L'île Mayotte, l'une des Comores, est située entre Madagascar et la côte orientale d'Afrique, à l'entrée nord du canal de Mozambique, entre les 12° 34' et 12° 02' de latitude du sud et les 42° 43' et 43° 03' de longitude est. Elle se trouve placée à 54 lieues marines nord-ouest de Nossi-Bé et à 300 lieues environ de Bourbon. La route de Bourbon à Mayotte peut se faire en six ou sept jours pendant la mousson de sud-est ; mais le retour, pendant cette même mousson, ne demande pas moins de trente jours et réciproquement.

L'île Mayotte a une forme allongée. Elle est de formation volcanique et, en grande partie, composée de laves. Elle compte vingt et un milles marins de long et de deux à huit milles de large. L'aire qu'elle représente est de plus de 30,000 hectares, sans y comprendre les îles Pamanzi, Zambourou et plusieurs autres îlots. Observée dans son périmètre, elle est d'une grande irrégularité de formes, ce qui provient du développement inégal de ses contre-forts qui divergent des points culminants en s'abaissant vers la mer. Ces contre-forts se terminent par des caps abrupts, et c'est entre eux que se sont accumulées avec le temps les terres d'alluvion dont les plages décrivent un grand nombre de baies favorables au mouillage des navires.

Mayotte est traversée, dans toute sa longueur, par une chaîne de montagnes dont les sommets paraissent atteindre jusqu'à six cents mètres. Le reste de l'île est montagneux, coupé de ravins profonds et ne présente point de plateaux. Il y a seulement des vallons, et, dans le pourtour de quelques baies, des terrains d'une pente assez douce. Dans les uns et dans les autres, on trouve d'excellentes terres végétales. La pointe de Choa, située en face de l'île de Zaoudzi, est jointe à Mayotte par un isthme élevé de cinq à six mètres au-dessus des plus hautes marées.

Son sol est formé d'une couche végétale assez épaisse et paraît être d'une grande fertilité. Le terrain compris dans un rayon de deux à trois mille mètres autour de Choa est parfaitement disposé pour un établissement. Il est très-fertile, très-sain, heureusement accidenté, et renferme des sources, des ruisseaux, et une anse convenablement abritée.

On peut obtenir presque partout à Mayotte des aiguades abondantes et commodes, en réunissant des filets d'eau, qui n'assèchent d'ailleurs jamais, au moyen de quelques travaux faciles et peu dispendieux.

Mayotte est assez bien boisée, et parmi les arbres qui s'y trouvent, il y en a qui sont propres aux constructions particulières et maritimes, principalement dans la baie de Boéni et dans la partie méridionale de l'île, à l'extrémité de la baie Lapani, au pied du pic Ouchongui. Il y existe une petite forêt exploitée par les indigènes pour la construction de leurs pirogues et de leurs boutres, et qui fournit des bois d'une grande élévation.

Il existait à Mayotte, en 1841, deux villages dans la partie orientale, sur le point le mieux exposé aux brises du large, le village de Choa sur un promontoire assez élevé, en face de l'île de Zaoudzi, et le village de Zaoudzi, sur l'île même de ce nom. Ce dernier village, résidence de l'ancien sultan Andrian Souli, est retranché derrière une muraille en maçonnerie à demi ruinée. Les cases dont il se compose sont faites en bois de rafia et couvertes en feuilles de palmier tressées. La ville de Chingouni était située dans la partie occidentale, sur un petit plateau entre deux baies. On y voit les vestiges d'un mur d'enceinte, une mosquée et quelques masures.

Une ceinture de récifs entoure l'île Mayotte dans presque toute sa circonférence et la fait paraître d'abord inaccessible. Mais il existe, dans un petit nombre d'endroits, des ouvertures qui, quoique assez étroites, sont suffisantes pour le passage des plus grands bâtiments. Cette ceinture de récifs dont les sommités se découvrent à marée basse est située à la distance de deux à six milles, et laisse entre elle et la plage un vaste chenal dans lequel il y a partout abri contre la tempête et contre l'ennemi, et où la navigation du cabotage peut s'effectuer sans péril.

L'espace compris entre la ceinture de récifs et l'île Mayotte renferme plusieurs petites îles, notamment les îlots Pamanzi, Zaoudzi, Bouzi et Zambourou.

Parmi ces îlots, celui de Pamanzi, situé à l'est, est le plus important et le plus grand. Il représente un losange dont les quatre angles sont, à peu de chose près, tournés vers les quatre points cardinaux. A l'angle occidental se trouve la presqu'île Zaoudzi. Elle fait face à une presqu'île semblable, celle de Choa, attenante à la terre de Mayotte dont elle forme un des caps orientaux. Ces deux presqu'îles sont élevées et ne tiennent à la terre que par un isthme étroit et court, d'un mille de large environ. A l'exception de la partie méridionale, qui est basse, l'île Pamanzi est parsemée de monticules, et même de hauts mornes entièrement dépourvus de végétation. Le point culminant de la chaîne principale s'élève de 208 mètres au-dessus du niveau de la mer.

Entre Pamanzi et Mayotte, est l'île Zaoudzi, jointe à la première par une petite langue de sable qui se découvre à la basse mer. Zaoudzi n'est séparée de Mayotte que par un faible bras de mer d'un quart de lieue environ.

L'île Bouzi, également à l'est, entre Mayotte et Pamanzi, mais au sud-ouest de cette dernière, est haute et boisée jusqu'à son sommet, dans la partie méridionale et occidentale. L'île Zambourou, au nord de Mayotte, est très-escarpée et n'a point de terre végétale.

Les mouillages les mieux situés, les plus vastes et les plus sûrs, sont ceux que forment entre elles, depuis le nord-est jusqu'à l'est-sud-est, les îles Mayotte, Pamanzi et Zaoudzi. La mer qui entoure Zaoudzi présente une rade susceptible de recevoir une escadre. C'est la meilleure de celles qui environnent l'île. On peut diviser ces mouillages en deux parties distinctes, l'une au nord du parallèle de Choa, qui est la plus petite; l'autre au sud, qui est la plus grande et la plus avantageuse. L'abri est complet dans ces rades. La tenue y est excellente et la profondeur des eaux ne laisse rien à désirer. Cependant la rade du sud doit être regardée comme préférable pendant la mousson du nord, et celle du nord l'est peut-être pendant la mousson du sud.

Malgré les grains de pluie et les orages qui sont fréquents pendant l'hivernage, le vent n'est presque jamais assez fort dans ces rades pour empêcher les navires de tenir le travers, les huniers hauts. La mer reste toujours si belle, au dire des témoignages officiels, que non-seulement les trois mâts, mais encore les petits bâtiments arabes, qui viennent là passer la mauvaise saison, ne bougent pas plus que sur un lac.

La crique Longoni, derrière la presqu'île de ce nom, à l'abri des vents généraux de S.-E. et de S.-O., renferme un petit port naturel pour le carénage des bâtiments de toutes dimensions. Il est tellement fermé qu'on peut passer devant sans l'apercevoir.

La plus vaste de toutes les baies de Mayotte est celle de Boéni, sur la côte occidentale. Elle est entourée de hautes montagnes qui la dérobent à tous les vents ; les terres y sont excellentes ; il s'y trouve de très-bonne eau, des pierres, du bois de construction. Les madrépores y fournissent de la chaux. Le seul inconvénient qu'on y signale est sa trop grande profondeur, qui permet difficilement l'accès des brises de la journée. Aussi y fait-il très-chaud et les calmes y règnent souvent. Cette baie, près de laquelle se trouvait l'ancienne capitale Chingouni, paraît néanmoins, à cause de sa grande fertilité, l'un des emplacements les plus convenables pour un établissement.

L'île Mayotte est fort peu peuplée, eu égard à son étendue et au terrain susceptible d'être cultivé. Le nombre de ses habitants s'élevait, en juin 1843, à environ deux mille individus. La population primitive de l'île a dû être beaucoup plus considérable. Il est présumable qu'elle a été très-réduite par les guerres, par la misère qui les a suivies, par l'émigration à Anjouan, à Mohéli, à la côte d'Afrique, et en dernier lieu, à Maurice, où des bâtiments anglais ont transporté un certain nombre d'habitants de Mayotte, comme travailleurs, à raison de trois piastres par mois et la nourriture.

Les indigènes des îles Comores sont tous mahométans. Les habitants de Mayotte, en particulier, sont d'un caractère doux et facile, quoique soupçonneux, mais ils témoignent une grande sympathie pour la nation française et non moins de confiance dans l'avenir de notre occupation. Ils sont en général indolents, mous et paresseux. Ils vivaient dans la plus affreuse misère, avant que la présence des bâtiments français eût fait cesser les guerres et permis de donner aux cultures des soins un peu suivis.

L'hivernage à Mayotte est déterminé, comme à Bourbon, par les lunes de décembre et de mars. Les grains donnent généralement plus de pluie que de vent. Les coups de vent sont très-rares. Mayotte passe pour la plus saine des Comores, et elle est en effet d'une admirable salubrité, ainsi que le constate l'absence totale de maladies dans les équipages qui y ont successivement séjourné dans les conditions les moins favorables. L'encaissement jusqu'à leur embouchure de quelques ravines, qui deviennent des torrents pendant l'hivernage, complète la salubrité de la côte orientale.

Il y a de nombreux pâturages à Mayotte, dans la partie O. et S.-O., mais les meilleurs paraissent être à Pamanzi. Toute la partie montagneuse de cet îlot est couverte d'herbes excellentes, et serait susceptible de recevoir de cinq à six mille têtes de bétail.

Les îles de Mayotte, Nossi-Bé et dépendances, ont été placées depuis peu sous l'autorité spéciale d'un commandant supérieur, qui est aujourd'hui M. le chef de bataillon d'infanterie de marine Passot.

Nous ne terminerons pas le chapitre relatif aux nouvelles possessions françaises du canal de Mozambique, sans dire quelques mots d'une espérance formulée ailleurs par un éloquent interprète des vœux et des besoins de ces contrées, sur la nécessité qu'il y aurait d'établir un service régulier de bateaux à vapeur par Suez et Aden, entre la France et ses colonies de l'Océan Indien [1].

Personne ne conteste l'utilité de ces communications, et de cette célérité dans les relations internationales, dont l'Angleterre se sert comme d'un des

---

[1] *De la communication à établir par la vapeur entre la France et les îles de l'Océan Indien*, par M. Dejean de la Bâtie. In-8°. Paris, 1844.

plus puissants moyens de prépondérance politique. Des objections sont cependant opposées au vœu que nous renouvelons ici. Pour y répondre nous allons donner un résumé textuel des vues exprimées dans la brochure de M. Dejean de la Bâtie.

« Les principaux inconvénients signalés consistent : 1° dans la longueur des traversées, qui rend nécessaire l'affectation de toute la capacité du navire au transport du charbon ; 2° dans les grandes dimensions des bateaux destinés à ces longs voyages, dimensions qui rendent plus sensibles et plus périlleux certains vices de construction ou plutôt de façons nécessités par l'établissement d'une puissante machine, et par la place qu'il a fallu ménager aux deux ailes du bâtiment. »

« On voit que les inconvénients signalés tiennent à des circonstances dont les unes sont soumises à la volonté de l'homme, et les autres ne se présentent pas en tous lieux. »

« Ainsi, au lieu de construire pour le service de Suez à Bourbon et aux îles du canal de Mozambique, des paquebots ayant les vastes et dangereuses dimensions du *Regent* et du *British-Queen,* on peut n'employer que des bateaux de la force de 100 à 150 chevaux. Quant à la longueur de la traversée de Suez à Bourbon, les conditions en sont totalement différentes de celles qui caractérisent le trajet de l'Atlantique. Pour aller des ports de la France à Rio-Janeiro, à New-York et dans le golfe du Mexique, qui sont les aboutissants des lignes des paquebots à vapeur transatlantiques, il faut s'éloigner de toutes les côtes, sans pouvoir visiter les ports semés entre les points de départ et celui d'arrivée qu'au moyen de longs et onéreux détours. Au contraire, en partant de Suez pour aller à Bourbon, le paquebot peut ne pas perdre la terre de vue plus d'un jour, et prendre sur la route, à des points déterminés de la côte d'Abyssinie, d'Adel, d'Ajan, de Zanguebar ou de Madagascar, le combustible qu'on y tiendrait en dépôt..... »

« ..... La célérité de la correspondance entre la France et ses colonies de l'Inde est devenue indispensable : elle n'intéresse pas seulement le succès des opérations commerciales, mais leur sûreté ; il s'agit moins aujourd'hui de préparer le bénéfice et le progrès que de prévenir la chute et la ruine. Depuis que la malle anglaise de l'Inde transmet en trente ou quarante jours à l'Europe les nouvelles de l'Océan Indien, les opérations qui n'ont pas à leur service cette correspondance régulière et accélérée sont incessamment menacées des plus graves mécomptes ; les assurances même cessent d'être une garantie, puisque la nouvelle des sinistres arrivés au Cap et dans tous les parages de l'Inde et de la Chine parvient presque toujours aux assureurs en France avant la commission expédiée de Bourbon..... »

« ..... Les obstacles opposés jusqu'à ce jour à la réalisation du projet, soit comme compensant les avantages de la célérité, soit comme créant une véritable impossibilité, peuvent être surmontés sans de grandes difficultés, et cette victoire du génie gouvernemental ou industriel aura pour conséquence des avantages spéciaux féconds en résultats durables, tant politiques que commerciaux.... »

« ..... Où prendra-t-on la houille nécessaire à l'approvisionnement des stations ? Quelles ressources serait-il possible de se préparer dans les stations pour le ravitaillement et les réparations ?..... »

« ..... L'approvisionnement de ces stations en combustible, en vivres, en munitions et en matériaux de toutes sortes, peut se lier au complément du système de colonisation et de commerce que l'importance de l'île Bourbon appelle, et dont elle est le germe..... »

« ..... Fixons d'abord les points de la côte d'Afrique propres à la station des paquebots. Sans doute, le choix de ces stations est à peu près arbitraire ; mais cependant il est déterminé d'avance par certaines convenances, si la ligne est établie en vue des développements ultérieurs que promet le noyau d'intérêts politiques, industriels et commerciaux, qui s'est formé à l'île Bourbon..... »

« ..... Ce serait se faire illusion que de compter sur les grands armements de Nantes, du Havre, de Bordeaux et de Marseille, pour faire aux côtes d'Asie et d'Afrique, et aux îles qui en dépendent, la distribution des cargaisons qu'ils apporteraient à Bourbon. Le placement ne peut s'en faire, que par des caboteurs naviguant à peu de frais dans la belle saison, connaissant les côtes, les abordant facilement, et pouvant proportionner les cargaisons et l'armement aux faibles ressources des localités qu'ils ont à approvisionner ; le caboteur seul peut espérer de faire des bénéfices là où un grand armement européen ne saurait manquer de se ruiner. »

« Le cabotage de Bourbon aura donc nécessairement et dès à présent à choisir sur les côtes d'Afrique et de Madagascar les centres de consommation et de commerce les plus sûrs et les plus fréquentés, les plus faciles à atteindre avec les vents et les courants, et les mieux protégés contre toute espèce d'agression. »

« Ces points sont ceux qu'il faudra préférer pour les stations des paquebots à vapeur ; et la raison en est si simple, qu'il semblerait peut-être puéril de chercher à le démontrer. Nous avons dit plus haut qu'à certaines époques de l'année les Arabes, les Abyssins, et même quelques peuplades nègres et sauvages de la côte d'Afrique, font par mer, sur leurs côtes respectives, un commerce important; faible reste de l'ancien commerce de l'Inde et de l'Egypte. La tradition ranime encore par intervalles ces côtes que la barbarie a désolées et frappées de mort. Il se fait, à certains mois qui ne sont pas les mêmes pour toutes ces localités, une espèce de résurrection commerciale ; alors apparaît le fantôme de l'antique civilisation de l'Orient, qui semble aspirer à reprendre une nouvelle vie au contact de la civilisation européenne. »

« Cette œuvre paraît être réservée à la France, si elle ne perd pas la position que lui ont faite dans l'Océan Indien ses droits sur Madagascar, et si elle ne répudie pas cet héritage précieux de notre ancienne politique..... »

« ..... Elle pourra restituer aux côtes désolées de l'Afrique quelque chose de l'antique splendeur dont le souvenir subsiste encore, en reprenant elle-même quelque chose de l'esprit colonisateur qui la distinguait au dix-septième siècle. »

« C'est en vain qu'on reproche à notre nation de n'avoir jamais rien fondé de durable. Ce n'est pas à la race franque et normande que l'on peut imputer cette honteuse impuissance. Elle répondrait à ses détracteurs du haut des trônes où elle est assise, et elle les défierait de prouver que ceux qui ont régné par les armes et par l'intelligence durant les phases guerrière et littéraire de l'humanité ne peuvent pas régner par les arts et le commerce durant la phase pacifique et industrielle qui semble s'annoncer..... »

« .... Les stations de la ligne dont nous parlons devront être Zanzibar et Barbara..... »

« Zanzibar est une île de la côte de Zanguebar soumise à la domination des Arabes... Barbara est une ville sur la côte d'Adel, dépendante du royaume de Choa en Abyssinie. Les paquebots relâcheront toujours à Maurice, à Diego-Suarez ou à Mayotte, à Aden, à Djedda, à Moka. Outre Diego-Suarez ou Mayotte, la France devra occuper militairement un point fortifié sur la côte d'Adel. En temps de paix les stations de Zanzibar et de Barbara sont sûres ; en temps de guerre les paquebots stationneront aux points fortifiés et occupés par la France, s'il est possible de tenir la mer. »

« Le choix de la station ne saurait être arbitraire. Diego-Suarez ou Mayotte, et le point fortifié de la côte d'Adel, ne peuvent remplacer Zanzibar et Barbara ; ces deux ports sont des centres dans lesquels il se fait un assez grand commerce, et où le droit des gens trouve des garanties suffisantes. Ils méritent donc la préférence sur tous les autres, parce que les caboteurs français de Bourbon peuvent y placer et y trouver plus aisément des marchandises. »

« Ils s'y rendraient directement et y déposeraient le charbon qu'ils auraient pris pour lest, avec les marchandises dont ils trouveraient le débit, se réservant de toucher dans leur traversée de retour à quelques points connus de la côte d'Afrique, et en dernier lieu à Mayotte ou à Nossi-Bé, ou à Diego-Suarez, suivant les avantages que pourront leur offrir les marchés et entrepôts de ces pays. »

« Les cargaisons que le grand cabotage rapporterait à Bourbon consisteraient sans doute, en grande partie, en grains et animaux destinés à la consommation de la colonie, mais aussi en objets d'encombrement qui pourraient servir à compléter les cargaisons destinées à la France. Le fret léger est si rare à Bourbon, et si important pour la navigation que les navires français trouveront un double avantage dans ce commerce : celui de pouvoir arriver à Bourbon avec un chargement complet, et celui de ne pas composer uniquement de sucre leur cargaison de retour. »

« Voici l'amélioration qui en résultera : »

« 1° Tous les navires partant de France pour Bourbon pourront prendre de la houille pour lest. »

« 2° Après avoir chargé, comme ils le font aujourd'hui, tous les objets nécessaires à la consommation de Bourbon et au cabotage de Maurice, ils compléteraient leur cargaison en marchandises peu variées et d'un prix peu élevé, mais d'un débit sûr dans les marchés de Zanzibar et de Barbara, et sur divers points de Madagascar, de la côte d'Afrique, et de celle de l'Asie et de ses îles. Ce sont les outils, les toiles blanches, les cotonnades, les étoffes grossières, les meubles massifs et communs en noyer et en chêne, la bijouterie fausse, l'horlogerie commune, la quincaillerie, les vins, eaux-de-vie et liqueurs, les armes et les munitions de guerre, la serrurerie, les clous, quelques effets confectionnés, la verroterie et la poterie communes, enfin quelques objets d'art de peu de valeur, tels que tableaux, statues et moulures, gravures et portraits. »

« 3° Le prix du fret d'aller et celui du fret de retour se rapprocheraient et tendraient à s'équilibrer, et tous deux seraient suffisants, quoique modérés, tandis qu'aujourd'hui le fret de retour est à peine suffisant à 120 francs, parce que la plupart des navires s'expédient avec des cargaisons tout à fait incomplètes, qui laissent l'armement à découvert et renchérissent par conséquent la navigation. »

« 4° Au lieu de cent navires nécessaires à l'exportation des sucres de l'île Bourbon, cent cinquante seraient à peine suffisants, parce que les cargaisons ne se composeraient plus uniquement de sucre, mais de deux tiers de sucre et d'un tiers de marchandises légères apportées à Bourbon de Zanzibar, de Barbara et autres lieux, par les caboteurs, en échange des marchandises françaises qu'ils y auraient vendues. »

« 5° Le cabotage de Bourbon formerait des matelots à la marine et deviendrait une ressource pour les jeunes créoles sans fortune. Ils n'auraient plus alors aucune répugnance pour la mer, parce que le cabotage ne les expatrierait pas tout d'abord, comme le font les voyages de long cours. »

« 6° Enfin le mouvement qui naîtrait sur toute la ligne des paquebots de l'Océan Indien, et principalement aux stations et aux points de relâche, développerait le goût du confortable européen, y créerait peu à peu le travail, faciliterait plus que toute autre combinaison la colonisation de Madagascar, et préparerait la solution de toutes les questions coloniales. »

« Les stations seraient donc approvisionnées de charbon et de tout ce qui est nécessaire à la navigation des paquebots à vapeur, sans aucun déplacement dispendieux, et uniquement par le fait du commerce qui s'établirait sur les points indiqués, ou qui s'y fait déjà. »

« On objectera peut-être que les stations sont trop éloignées, et que la provision de charbon que le paquebot pourra faire dans la première station sera épuisée avant son arrivée à la deuxième, ou bien que les importations de charbon dans les stations par le moyen indiqué ne seront pas assez considérables ; c'est ici une simple affaire de calcul. De Bourbon à la première station (Zanzibar), qui est la plus éloignée, en tenant compte des angles nécessités par les relâches, la traversée est de 675 lieues ; elle prendra donc neuf jours. Or, un paquebot de 150 chevaux consomme en neuf jours environ 70 tonneaux de houille ; il peut en porter plus de 250. Il n'est donc point exposé à manquer de combustible entre une station et l'autre. Il reste à examiner si la houille importée dans les stations par les caboteurs suffira aux besoins des paquebots. Nous supposons que les paquebots se succèdent de quinze jours en quinze jours. Ils consommeront donc dans le mois, à chaque station, 140 tonneaux de houille, et, dans l'année, 1,680 tonneaux. Il est évident que, pour approvisionner l'île Bourbon, il suffirait que chacun des cent navires qui arrivent annuellement de France apportât 33 tonneaux de lest. »

« Quant aux caboteurs qui doivent approvisionner les stations de la même manière que les grands navires auront approvisionné Bourbon, ils devront, si le lest ne suffit pas, consacrer à ce transport une partie de leur tonnage libre ; leur navigation, n'ayant lieu que dans la belle saison, sera sûre et peu coûteuse, et le prix du fret ne sera jamais assez élevé pour rendre impossible le transport de la houille. On oublie d'ailleurs que les bâtiments de la station de Madagascar, dans leurs relations fréquentes avec Bourbon, peuvent faire sans frais un dépôt de houille à Mayotte, d'où le transport à Zanzibar serait facile. Mais, ce qui est encore plus rassurant, c'est qu'il existe à Madagascar même des houillères très-riches dont l'exploitation coûterait peu et rendrait l'approvisionnement de nos stations extrêmement aisé. »

« Là n'est donc point la difficulté. »

« Abordons des objections plus sérieuses. »

« Nous avons parlé de deux points à fortifier et à occuper militairement par la France, indépendamment des deux stations commerciales où les paquebots doivent se rendre. »

« La Société Orientale de Paris, qui a traité ces questions, veut que ce soient les stations elles-mêmes qui soient fortifiées et qu'elles soient dans la dépendance de la France. Certes, rien ne serait plus désirable ; mais il y a là plusieurs difficultés dont une seule suffirait pour faire échouer le projet. »

« On échappe à toutes ces difficultés en ne fortifiant que des points dont l'occupation militaire par la France ne peut soulever aucune réclamation. »

« Ce serait Mayotte ou Diego-Suarez, puis un autre point à trouver sur la côte d'Adel. Provisoirement, Mayotte pourrait suffire..... »

« ..... Le port militaire de Diégo-Suarez ou de Mayotte défendrait mieux les stations commerciales de Zanzibar et de Barbara que les établissements qu'on pourrait avoir dans ces stations mêmes, sans ceux de Diego-Suarez ou de Mayotte. »

« Enfin, il faut ajouter qu'une ligne de paquebots à vapeur de Suez à Bourbon est essentiellement pacifique ; pour naviguer en temps de guerre, il faut être maître de la mer ; et prévoir qu'on ne le sera pas, n'est pas une raison pour ne rien faire en temps de paix..... »

« ..... L'imagination se plaît à contempler dans l'avenir les progrès pacifiques du commerce qui va naître sur cette ligne de la mer Erythrée. Mes calculs ressuscitent Ophir et ses merveilles. L'industrie parisienne, qui grandit et qui a besoin de grandir tous les jours, saura trouver dans ces parages un nouvel aliment à sa glorieuse et féconde activité. C'est elle qui est appelée à conquérir tant de contrées barbares à la civilisation, et à les rendre tributaires, non par la violence, mais par les plus douces séductions. »

« Tels sont les fruits promis au génie des grandes entreprises, tels sont les avantages dont nous n'avons pu qu'esquisser le tableau. »

« Si l'on objectait que ces avantages tiennent plutôt au système de cabotage dont le commerce de l'île Bourbon peut devenir le centre qu'à la ligne projetée, je répondrais que, s'ils peuvent être obtenus partiellement par le simple cabotage de Bourbon sans la ligne, ils ne le peuvent pas être complétement faute d'un moyen régulier, prompt et sûr, de correspondance, que la ligne des paquebots peut seule donner. Ils tiennent encore à cette ligne en ce que, s'il est vrai qu'on peut avoir l'espérance de les réaliser en partie sans elle, il est vrai aussi que l'exécution de la ligne donne certitude de les réaliser d'une manière plus complète en faisant disparaître les distances. »

Nous avons cru devoir donner notre appui moral à un projet qui paraît renfermer tant d'espérances et qui ouvrirait un avenir nouveau à notre commerce et à notre marine. Nous ne saurions trop engager les Chambres et le Gouvernement à consacrer à l'étude de cette question la sérieuse attention qu'elle mérite.

FIN DU CHAPITRE CINQUIÈME.

CHAPITRE VI.

ADRESSES DES CHAMBRES DE COMMERCE DE FRANCE ET DU CONSEIL
COLONIAL DE BOURBON.

SOMMAIRE. — Vœux exprimés par les corps constitués en faveur de l'occupation de Madagascar par la France. — Adresses votées à ce sujet par les Chambres de commerce des principales villes maritimes de France, Bordeaux, Marseille, le Havre, Nantes et Saint-Malo. — Mémoires lithographiés de la chambre du commerce de Nantes distribués aux Chambres, dans le but d'appeler leur attention sur cette question. — Analyse des mémoires lithographiés de la Chambre de commerce de Nantes. — Adresse au Roi du Conseil colonial de l'île Bourbon, sur la colonisation de Madagascar. — Le conseil colonial de Bourbon commence par exposer au Roi la position où cette colonie se trouve par suite de la rupture de ses rapports avec la grande île africaine. — Historique fait par le Conseil de la question de Madagascar. — Édit d'août 1664, de juillet 1666 et juin 1686. — M. de Flacourt. — Le comte de Benyowski. — La Convention. — Le général Decaen. — Capitulation de Sylvain Roux. — Traité de Paris de mai 1814. — Expédition de Sylvain Roux. — Expédition Gourbeyre. — Reconnaissance tacite et universelle de nos droits de souveraineté sur Madagascar. — Des Hovas et de leur domination. — Radama et Ranavalo. — Examen de la situation actuelle de Madagascar. — Résumé des causes qui ont empêché la réussite des premières tentatives de colonisation. — Disposition à notre égard des peuplades de Madagascar. — C'est sur Tananarive qu'il faut marcher. — Route de la côte ouest à Tananarive. — Cette route est praticable à l'artillerie. — Réfutation des objections tirées de l'insalubrité du climat. — Salubrité des plateaux du centre. — L'occupation de Madagascar est d'une exécution facile. — Composition des troupes pour une expédition. — Importance de la situation militaire et commerciale de Madagascar. — Nécessité de cette occupation. — *Postscriptum.* — Fin de l'Adresse au Roi votée par le Conseil colonial de Bourbon. — Conclusion.

Les vœux formulés en faveur de l'occupation de Madagascar par les publicistes et les écrivains de la presse française ont trouvé de l'écho parmi les corps constitués du pays. Les Chambres de commerce de nos principales villes maritimes ont fait parvenir des adresses en ce sens à M. le ministre de l'agriculture et du commerce. Ces villes sont Bordeaux, Marseille, Nantes, le Havre et Saint-Malo. La chambre de commerce de Nantes a fait répandre et distribuer aux Chambres les mémoires intéressants [1], qu'elle a votés à l'unanimité et présentés sur cet objet à M. le ministre de l'agriculture et du commerce.

La Chambre de commerce de Nantes commence par appeler l'attention toute particulière du Gouvernement du roi sur l'état de dépérissement dans lequel languit notre marine marchande si utile, si indispensable au recrutement et au bon armement de la flotte. Après avoir traité à fond cette question générale d'un si grand intérêt, la Chambre de Nan-

[1] *Mémoire* touchant la décadence du commerce maritime de la France et l'affaiblissement de la puissance politique du pays, présenté au gouvernement par la Chambre de commerce de Nantes, en date du 10 janvier 1843.
Nossi-Bé. — Examen général par la Chambre de commerce de Nantes des colonisations nécessaires à la France, en date du 14 février 1844. (Ces deux mémoires sont lithographiés.)

tes déclare qu'à ses yeux le salut des villes maritimes de France, réside tout entier dans la colonisation par la France de régions lointaines et fertiles. A tous ces titres, elle demande que le Gouvernement français, usant de ses droits qu'il a reconnus incontestables, se décide enfin à occuper de nouveau son ancienne colonie de Madagascar.

Nous croyons, disent les armateurs nantais, que des relations lointaines avec de grands pays peuvent seules donner à la France l'ancienne splendeur de son commerce maritime. La Chambre de commerce de Nantes conclut en établissant, que, pour de grandes relations et par son éloignement, Madagascar paraît offrir à la France les plus précieuses ressources, si le Gouvernement du roi veut sincèrement atteindre le grand but du développement commercial du pays. Nous souhaitons, pour notre compte, que des plaintes aussi légitimes soient entendues et prises en considération définitive par ceux qui tiennent dans leurs mains les destinées de la France.

L'adresse du Conseil colonial de l'île Bourbon, publiée récemment à Paris [1], et votée à l'unanimité dans la séance du Conseil colonial du 1er juillet 1845, est, sans contredit, le document le plus important et le plus complet qui ait paru depuis longtemps, sur la reprise de possession par la France de son

---

[1] Adresse au Roi du Conseil colonial de l'île Bourbon sur la colonisation de Madagascar — In-8°. Paris, 1845.

ancienne colonie de Madagascar. Nous ne pouvons mieux faire que de donner en entier à nos lecteurs ces pages remarquables qui résument avec une grande force de logique et une rare élévation de vues tous les aspects de la haute question de politique générale qui nous occupe :

« Sire,—Au milieu des maux présents et des inquiétudes de l'avenir, nos regards se portent avec confiance vers le trône d'où sont descendues tant de fois les paroles les plus rassurantes pour les colonies.

« La loi du 24 avril 1833 autorise les conseils coloniaux à présenter des Adresses au Roi sur toutes les questions qui intéressent les populations dont ils sont les organes. La prompte et complète organisation de Madagascar importe si essentiellement à l'avenir et au salut de l'île Bourbon, que, malgré notre réserve extrême dans toutes les questions qui sont plus particulièrement du domaine des pouvoirs métropolitains, il nous est impossible de garder plus longtemps le silence. »

« Une disette récente vient de nous révéler plus profondément tout le danger de notre situation : notre sol se refuse à la culture des céréales ; la fréquence des ouragans ne nous permet plus de compter sur les plantations de vivres ; l'industrie sucrière, véritable aliment du commerce métropolitain, a d'ailleurs envahi nos campagnes ; les riz de l'Inde peuvent, d'un moment à l'autre, être frappés de taxes prohibitives et nous échapper. »

« L'occupation de Madagascar peut seule assurer notre approvisionnement en grains et en bœufs. Sans les troupeaux que nous tirons de cette grande île, la viande manquerait absolument à nos troupes, à nos marins, et à la population de nos villes. Il est vrai que jusqu'ici le gouvernement des Hovas a laissé une sorte de liberté à notre commerce ; mais cette tolérance incomplète est accompagnée de tant d'exigences, d'injustices et de vexations, de tant de symptômes d'une haine mal déguisée, qu'il est facile d'en prévoir le terme. Et cependant, si les ressources alimentaires que nous fournit Madagascar venaient à nous être enlevées, notre existence même serait en péril ! »

« Sous un autre rapport, notre population prend un grand développement. Une jeunesse nombreuse et intelligente remplit nos écoles ; mais il nous est impossible de ne pas être inquiets sur le sort qui lui est réservé : l'espace lui manquera bientôt ; les fonctions judiciaires et administratives, d'ailleurs si restreintes, sont en général réservées aux métropolitains ; toutes les carrières industrielles sont encombrées. Dans une telle situation, les pères de famille ne peuvent être trop alarmés sur l'avenir de leurs enfants. C'est donc sous l'empire des plus vives perplexités que nous vous demandons, Sire, la réalisation d'un projet que la France entretient depuis plus de deux cents ans. Aucun gouvernement n'aura été plus digne que le vôtre de l'exécuter ; et ce qui redouble l'ardeur de nos vœux à cet égard, c'est que la conquête de Madagascar peut seule assurer notre nationalité. Nous sommes ici au centre de la domination anglaise; ses vaisseaux et ses armes nous enveloppent de toutes parts. Isolés et sans aucun point d'appui, que deviendrons-nous au milieu de la guerre? Oui, les colons de Bourbon sont dévoués à la France et au Roi! Oui, le drapeau français sera défendu ici avec autant d'intrépidité que sur aucun autre point de l'empire. Mais la nécessité nous accablera. Les vaisseaux français, endommagés par la tempête ou le feu de l'ennemi, s'éloigneront de nos côtes, qui ne peuvent leur offrir aucun abri, et, à défaut du fer, la faim nous subjuguera. Mais avec Madagascar nous sommes inexpugnables; notre dévouement ne sera plus stérile; nous sommes assurés de transmettre le pavillon de la France aux générations qui nous suivront. »

« Au milieu de tant et de si graves préoccupations, notre respectueuse intervention vous paraîtra, Sire, suffisamment justifiée. Nous n'avons plus qu'à entrer dans le développement des grands intérêts qui sollicitent de vous la colonisation de Madagascar; mais, auparavant, il ne sera peut-être pas sans utilité de rappeler sommairement les titres de la France à la souveraineté de cette île, successivement appelée île Dauphine et France orientale. »

« La souveraineté de la France sur Madagascar ressort avec éclat du simple récit du passé. La grande île africaine nous appartient au même titre que Java à la Hollande, la Nouvelle-Zélande et l'Australie à l'Angleterre. Et, en effet, c'est un principe fondamental du droit international européen que toute terre nouvelle appartient à la première puissance qui y plante son pavillon ; et ce principe a été tellement fécond en conséquences heureuses pour les principaux Etats de l'Europe qu'aucune de ces puissances n'oserait sérieusement le mettre en question. Voyons donc, en fait, quelle est la situation de la France vis-à-vis de Madagascar. »

« A peine Vasco de Gama avait-il franchi le Cap de Bonne-Espérance, que les navigateurs français dans la mer des Indes montrent leur pavillon sur les côtes de Madagascar, s'abritent dans ses ports et entrent en relation avec ses habitants. Le 24 juin 1642, des lettres patentes de Louis XIII, confirmées le 20 septembre 1643 par Louis XIV, accordent la concession de l'île et le droit exclusif d'y commercer pendant dix années à la Compagnie française de Lorient, dont le fondateur fut le capitaine de marine Rigaut. »

« Cette compagnie ne tarde pas à se dissoudre, et ses priviléges sont transmis à la Compagnie des Indes orientales par un édit du mois d'août 1664, dont nous transcrivons ici littéralement l'article 29 : *Nous avons donné, concédé et octroyé, donnons, concédons et octroyons à la Compagnie des Indes orientales l'île de Madagascar ou Saint-Laurent, avec les îles circonvoisines, forts et habitations qui peuvent y avoir été construits par nos sujets, et, en tant que besoin est, nous avons subrogé ladite Compagnie à celle ci-devant établie pour ladite île de Madagascar, pour en jouir par ladite Compagnie à perpétuité, en toute propriété, seigneurie et justice, etc.* » Le 1ᵉʳ juillet 1665, nouvel édit confirmatif. On y remarque ces expressions : « *L'île de Madagascar, que nous avons concédée à la Compagnie des Indes orientales par notre déclaration du mois d'août 1664, aux conditions y mentionnées, comme nous étant le seul souverain qui y ait présentement des forteresses et des habitations, etc.* » Enfin, l'île de Madagascar a été définitivement réunie à la couronne de France par un arrêt du Conseil d'État, sous la date du 4 juin 1686. En voici les termes : « *Tout considéré, Sa Majesté étant en son conseil, en conséquence de la renonciation faite par la Compagnie des Indes orientales à la propriété et seigneurie de l'île de Madagascar, que Sa Majesté a agréée et approuvée, se réserve et réunit à son domaine ladite île de Madagascar, forts et habitations en dépendant, pour par Sa Majesté en disposer en toute propriété, seigneurie et justice.* » Certes, il est impossible d'imaginer des actes de souveraineté plus positifs, plus solennels et plus conformes aux principes du droit international. Sans doute, il y a eu des intervalles dans l'occupation; les vicissitudes politiques, les révolutions que nous avons traversées, en ont été la cause; mais l'intention de conserver Madagascar, de ne pas laisser périmer notre droit, est écrite à chaque page de notre histoire. Sur ce seul point peut-être, et en ce qui touche nos relations extérieures, la politique de la France a toujours été constante et ne s'est jamais démentie. »

« Un administrateur d'un mérite éminent, M. de Flacourt, qui prit le gouvernement de l'île en 1648, disait, en son vieux langage, aux Malegaches qui voulaient le faire roi (*Relation de l'île de Madagascar*, page 304) : « Je leur fis entendre à tous que ce n'étoit pas moi qu'il falloit qu'ils reconnussent pour roi, n'en étant pas digne, mais Louis de Bourbon, roi de France, mon seigneur et maître, que je servois en ce pays, et pour qui j'avois conquis leur terre sans les avoir attaqués, et moi, pour celui qui étoit pour représenter sa personne, et que, quand il viendroit un navire, il viendroit un autre gouverneur en ma place, qu'ils reconnoîtroient comme moi, dont ils furent tous contents. »

« Au massacre des Français, au fort Dauphin, en 1672, il est répondu par la déclaration énergique du 4 juin 1686. En 1774, le comte de Benyowski conduit une expédition française sur les côtes de Madagascar ; des établissements importants se forment dans la baie d'Antongil. La jalousie du gouvernement de l'île de France fait seule avorter cette entreprise, conduite avec courage et habileté. La Convention, au milieu de ses terribles préoccupations, ne perd pas de vue Madagascar ; Lescalier y est envoyé et déclare la facilité et l'importance de la colonisation. En 1801, M. Bory de Saint-Vincent est chargé d'une nouvelle exploration. Son rapport établit que Madagascar seule peut nous donner, dans la mer des Indes, la prépondérance à laquelle nous avons droit. En 1804, le capitaine général Decaen relève notre pavillon à Tamatave, et en fait le siége des possessions françaises à Madagascar. En 1811, notre commandant à Tamatave est obligé de céder à une force supérieure. Sommé, le 18 février 1811, par une division navale du roi d'Angleterre, il capitule. Les Anglais détruisent les forts, abandonnent le pays aux naturels, et n'y forment aucun établissement; seulement ils maintiennent leur pavillon sur quelques points de la côte. »

« Le traité de Paris, du 30 mai 1814, rendit à la France ses anciens droits sur Madagascar. L'article 3 stipule en effet la restitution de tous les établissements que nous possédions hors de l'Europe avant 1792, à l'exception de certaines possessions, au nombre desquelles ne figure pas Madagascar. Il est vrai que sir Robert Farquhar, gouverneur de Maurice, prétendit que les établissements malegaches se trouvaient implicitement compris dans la cession de l'île de France; mais cette interprétation erronée fut combattue avec fermeté par la cour de France. La discussion fut vidée contre l'Angleterre, et, en vertu d'un ordre émané du gouvernement anglais, le 18 octobre 1816 sir Robert remit à l'administration de Bourbon tous nos anciens établissements, et le signe de notre souveraineté, le pavillon français, flotta de nouveau sur le littoral de l'est, du fort Dauphin à Fénériffe. De ce moment la politique française relativement à Madagascar reprend son cours, avec trop de circonspection et de ménagement sans doute, mais avec persévérance ; les plans se succèdent ; les projets les plus divers sont étudiés ; l'intention de rétablir tôt ou tard notre autorité sur Madagascar ne se dément pas un seul instant. En 1818, une commission est chargée d'explorer de nouveau la côte orientale. Cette exploration, à laquelle concourut M. le baron de Mackau, alors capitaine de frégate, aujourd'hui ministre de la marine, affermit le gouvernement dans ses projets de colonisation. »

« A la fin d'octobre 1821, une expédition commandée par M. Sylvain Roux s'établit sur la petite île Sainte-Marie, qui, placée vis-à-vis Tintingue, parut un préliminaire indispensable pour l'occupation de la Grande-Terre. Depuis, la France a manifesté sa volonté par l'expédition de 1829, commandée par M. Gourbeyre, qui n'a échoué que par l'insuffisance des moyens, et l'inexpérience de l'officier qui commandait les troupes de débarquement. Tout récemment encore, l'occupation de Nossi-Bé en est un nouveau et éclatant témoignage. Et même les considérants de l'arrêté de prise de possession, promulgué à Bourbon, et publié dans les journaux de Maurice, ont rappelé explicitement la souveraineté de la France sur la grande île, sans aucune réclamation de la part du gouvernement anglais. »

« Dans cette tâche, que notre gouvernement a remplie, de prévenir toute prescription contre nous, le concours individuel ne lui a pas fait défaut. Des négociants aux vues étendues, et qui ont pressenti l'avenir, ont constamment maintenu leurs établissements particuliers dans un pays où ils étaient journellement menacés; par là, ils ont contribué à empêcher la désuétude, et, en ramenant constamment l'attention de votre gouvernement sur Madagascar, ils ont rendu un véritable service public. Ce qu'il y a de plus remarquable, c'est qu'au milieu de cette œuvre de colonisation de Madagascar, si souvent interrompue, mais toujours reprise, aucune contradiction formelle n'a jamais été produite par aucun cabinet européen. Pendant deux cents ans, les flottes espagnoles, portugaises, hollandaises, anglaises, ont côtoyé Madagascar sans jamais élever aucune prétention ou rivalité. »

« Depuis 1642, c'est-à-dire depuis notre déclaration de souveraineté, les nations de l'Europe, les plus jalouses de former des établissements à l'est du cap de Bonne-Espérance ont respecté nos droits. Dans le siècle précédent, on s'est disputé avec acharnement chaque point du littoral de l'Inde et de l'archipel de l'Asie; le sang européen, versé par des Européens, a coulé sur tous les rivages de l'océan Indien. Madagascar seule n'a été la cause, l'objet ou le prétexte d'aucune de ces luttes opiniâtres. Sur ce théâtre, d'ailleurs trop souvent témoin de nos revers, nous n'avons jamais eu à combattre que les indigènes. »

« Une reconnaissance tacite, universelle, de notre souveraineté, de la part de toutes les puissances de l'Europe, résulte évidemment d'une abstention aussi remarquable et aussi prolongée. Notre droit, ainsi demeuré intact, semble un fait providentiel. Cette grande île nous a été conservée, afin que, sous votre règne, Sire, la perte du Canada, de l'Inde, de Saint-Domingue, de la Louisiane, de l'île de France, soit enfin réparée, et notre ascendant maritime reconquis ! »

« Sous un autre rapport la question de Madagascar engage au plus haut point l'honneur national, qui, placé sous votre sauvegarde, ne recevra jamais aucune atteinte ; et, nous ne craignons pas de le dire, il serait gravement compromis si jamais une autre domination que la nôtre s'établissait définitivement sur cette île, appelée autrefois la France orientale. Ce serait là pour notre puissance un échec encore plus déplorable que le funeste traité de 1763, qui nous enleva l'Inde et le Canada et nous fit décheoir de notre rang maritime ; parce que, dans l'état actuel du monde, Madagascar perdue, aucune autre compensation n'est possible. Mais nous ne saurions nous arrêter à de pareilles craintes. La volonté de tous les gouvernements qui vous ont précédé est manifeste ; la vôtre ne l'est pas moins. Chaque année, nos établissements malegaches figurent au budget de l'État ; mais ces établissements n'ont par eux-mêmes aucune valeur; ils ne sont réservés que comme protestation de notre droit sur la Grande-Terre. L'occupation de ces différents points n'est qu'une confirmation répétée, et à laquelle les Chambres s'associent annuellement, des édits de 1664, 1666 et 1686. Ce n'est pas sous votre règne, Sire, que la France peut perdre une souveraineté fondée par vos prédécesseurs, confirmée par tant d'actes législatifs que le temps a consacrés, et que la France s'est ménagés constamment au milieu de toutes les vicissitudes de notre politique et de nos plus affligeants revers. »

« Nous croyons superflu d'insister davantage sur une question si évidente. Cette discussion même était sans doute inutile ; mais, témoins par nous ou par nos pères de tous les faits relatifs à Madagascar, nous avons cru devoir vous apporter un témoignage qui est le fruit d'une étude locale et de l'examen le plus approfondi et le plus consciencieux. En outre, indépendamment de nos droits incontestables sur Madagascar, les sujets de guerre les plus légitimes et les plus nombreux y appellent nos armes, et en consacrent d'avance la conquête aux yeux même de la politique la plus scrupuleuse. Nous ne serons pas les agresseurs. Depuis 1813, une peuplade a surgi qui aujourd'hui opprime toutes les autres. Descendue des hauteurs d'Imerne, secondée originairement, il faut le dire, par l'influence anglaise, elle a successivement étendu sa domination sur toutes les parties de la côte orientale. Le premier de ses rois, Radama, était entré avec fermeté et générosité dans les voies de la civilisation. — Mais depuis sa mort, en 1828, les plus effroyables scènes de barbarie se succèdent sans interruption à Imerne. Le massacre, l'incendie, le tanguin, sont les seuls moyens de gouvernement de la reine Ranavalo, ou plutôt de ceux qui gouvernent en son nom. Les tribus qui nous étaient le plus anciennement dévouées gémissent toutes maintenant sous le joug le plus tyrannique : les Antavarts, les Betsimsaracs, les Bétanimènes, les Anossy, n'ont recueilli de notre alliance qu'une servitude plus dure et une haine plus violente de la part de leurs oppresseurs. Mais les Hovas ne se bornent pas à appesantir leur tyrannie sur nos anciens alliés; nous sommes particulièrement l'objet de leur dédain et de leur haine ; ils n'ont cessé de nous harceler sur ces portions du territoire, auxquelles une occupation constante avait définitivement imprimé le cachet de notre nationalité. Cette horde barbare nous chasse devant elle. Notre pavillon a successivement disparu de tous les points de la côte orientale, du Fort-Dauphin, de Tamatave, de Foulepointe, de Fénériffe; et maintenant, en attendant des jours plus heureux, il est réduit à se cacher dans les îlots qui, à l'E. et à l'O., ceignent Madagascar. Le drapeau de ses nouveaux conquérants a été élevé en triomphe là où ont flotté si longtemps les nobles couleurs de la France ! »

« Nous ne craignons pas de l'affirmer, si leur insolence n'est enfin réprimée, non contents d'accabler de leurs outrages les Français que le commerce conduit à la Grande-Terre, ils viendront bientôt nous attaquer jusque sur les rochers de Sainte-Marie et de Nossi-Bé. Leur audace ne connaît plus de bornes. Le drapeau français foulé à leurs pieds lors de la prise de fort Dauphin en 1824, les dépouilles de nos soldats égorgés à Foulepointe en 1829, conservées et dérisoirement exposées dans les palais improvisés de Tananarive, les remplissent d'une folle présomption. La force seule peut désormais les ramener à une attitude convenable. La voie des négociations est épuisée ; toutes les propositions de la France ne peuvent dorénavant qu'exciter leur dédain et exaspérer leur orgueil. »

« Tel est l'état des choses, Sire ; nous vous l'exposons avec vérité. Vous trouverez d'ailleurs tous ces faits consignés dans les rapports officiels de votre gouvernement. Ainsi donc jamais sujet plus légitime de combattre ne fut donné à aucun peuple. »

« Examinons maintenant si, poussés à bout par les injustices et la violence des Hovas, nous avons l'espérance fondée de créer à Madagascar une grande et importante colonie. Il ne serait certes pas raisonnable de chercher dans le passé des arguments contre l'avenir. Toutes les tentatives qui ont été faites jusqu'à ce jour sur Madagascar n'ont été que partielles, et, par l'insuffisance des moyens employés, elles étaient en dehors de toutes les conditions de succès. En outre une fatalité politique, qui ne se renouvellera pas toujours, s'est attachée jusque aujourd'hui à toutes nos entreprises. A peine Louis XIII a-t-il déclaré sa souveraineté sur Madagascar qu'il descend dans la tombe, où le cardinal de Richelieu l'avait précédé de quelques mois. Les agitations de la Fronde et les troubles d'une minorité orageuse paralysent ensuite toute action gouvernementale. Louis XIV, sans perdre un seul instant de vue Madagascar, porte cependant sa principale attention sur l'Amérique du Nord et sur l'Inde, où l'antagonisme de l'Angleterre l'oblige à concentrer ses efforts. La faiblesse de Louis XV ne l'empêche pas de préparer un armement considérable pour Madagascar. Il en confie le commandement au comte de Benyowski; mais ce prince expirait dans son château de Versailles au moment même où Benyowski atteignait les rivages du fort Dauphin. Néanmoins la colonisation allait s'accomplir sous ce chef intelligent et hardi, lorsque la jalousie odieuse du gouvernement de l'île de France vint tout entraver. Benyowski contrarié, traversé, poussé en quelque sorte à la révolte, périt le 23 mai 1784 atteint par des balles françaises. »

« Depuis, la Révolution a éclaté, et les préoccupations violentes de la Convention, du Directoire et de l'Empire, ne permirent pas de mener à fin les projets de la politique française sur Madagascar. La

Restauration elle-même a succombé au moment où, par l'expédition Gourbeyre, elle venait de témoigner sa volonté bien arrêtée d'ajouter cette colonie à nos possessions. »

« Il semble, Sire, que la Providence ait réservé à votre règne l'honneur de consommer cette œuvre si glorieuse, tant de fois ébauchée, tant de fois interrompue, et que l'instinct national n'a jamais pu se résoudre à abandonner. Jamais circonstances ne furent plus favorables. Les Sakalaves, nos alliés, maintiennent leur indépendance sur toute la côte ouest, où ils ont été refoulés. Ils n'attendent que notre apparition pour se porter en avant. Toutes les tribus de l'est, du sud et du nord, impatientes du joug odieux que leur ont imposé les Hovas, n'aspirent qu'à le briser. »

« Ces dispositions morales des peuplades de Madagascar nous sont connues par des rapports journaliers et dont la véracité ne saurait être douteuse. Nous avons l'intime conviction que vous trouverez les mêmes renseignements consignés dans les documents officiels de l'Administration de la marine. Et non-seulement les Hovas sont environnés de tribus secrètement ennemies, mais la peuplade conquérante elle-même, profondément divisée, est à la veille de se disjoindre; la reine Ranavalo, portée au pouvoir par le peuple et l'armée, a contre elle le parti des princes, réfugiés sur les côtes, à Nossi-Bé, ou aux îles Comores; l'héritière du prétendant Ramanétack est en ce moment à Anjouan, environnée de chefs coalisés qui n'attendent que le moment favorable pour rentrer dans la Grande-Terre. On assure que, pleine d'appréhensions, et fatiguée d'une situation aussi violente, la reine elle-même se propose d'abdiquer. Quels nombreux et puissants éléments de succès ! »

« Et d'ailleurs il ne s'agit plus, comme autrefois, d'attaquer un point unique de la côte et d'y attendre fatalement les ravages de la fièvre. Par les soins de votre gouvernement, les études les plus sérieuses, les plus approfondies, ont été faites. Un ancien gouverneur de Bourbon, M. le contre-amiral de Hell, peut fournir les renseignements les plus précis. C'est au cœur qu'il faut frapper le gouvernement des Hovas, c'est sur leur capitale qu'il faut se porter directement ; c'est à Tananarive que doit se résoudre la question qui s'agite depuis deux cents ans dans les Conseils de la France. Les trésors qui s'y trouvent et toutes les ressources financières du pays tomberaient immédiatement en nos mains, et seraient une première indemnité qui allégerait les charges de l'expédition, et pourvoieraient, dans une certaine proportion, aux besoins de l'avenir. Une fois bien établis dans le district d'Imerne, nous rayonnerons du centre à la circonférence. Tous les plateaux de l'intérieur offrent un climat aussi sain que la France. Les documents les plus authentiques, ne peuvent laisser à cet égard aucun doute ; et c'est même ce qui a fait la base de tous les succès obtenus par les Hovas. Malades comme nous sur le littoral, à peine sont-ils atteints par la fièvre, qu'ils regagnent les hauteurs d'Imerne, et se retrempent dans une température européenne. Aussi c'est par les tribus soumises qu'ils occupent en général le littoral, et en transplantant les hommes du sud au nord, et réciproquement. C'est leur exemple qu'il faut suivre. Ils nous ont tracé la route dans laquelle nous devons marcher. Leur gouvernement, à part les expédients affreux tirés de l'emploi du tanguin, est parfaitement constitué ; nous n'aurons qu'à le continuer. Seulement nous substituerions la civilisation à la barbarie, et peu à peu, sous l'influence irrésistible de la persuasion, les plus déplorables superstitions feraient place à cette religion du Christ, qui n'est jamais descendue sur aucun peuple sans l'anoblir et sans le civiliser. »

« De la côte ouest à Tananarive s'ouvre une route praticable à l'artillerie. Les canons de gros calibre donnés par les Anglais, et transportés sur les hauteurs d'Imerne, en sont la preuve. Quant aux troupes que les Hovas pourraient nous opposer, elles sont disséminées en différents postes qui s'étendent depuis le fort Dauphin jusqu'au cap d'Ambre. Il nous est impossible d'en préciser le chiffre ; mais ce que nous pouvons affirmer, c'est que, tremblant devant les Yolofs, les Hovas sont incapables de résister à l'impétuosité française réglée par la discipline européenne. Les peuplades asservies qui font aujourd'hui leur force hâteraient leur défaite dès qu'une intervention sérieuse de notre part aurait donné le signal d'une insurrection générale ; et les Hovas eux-mêmes, frappés journellement par les confiscations, décimés par le tanguin, se rallieraient bientôt à un gouvernement régulier et juste, qui assurerait leur vie et leurs fortunes et garantirait l'avenir de leurs familles. »

« Lorsqu'on sort des généralités et du champ des théories pour entrer dans le domaine des faits précis et positifs, on ne peut assez s'étonner qu'une opinion se soit manifestée à la tribune nationale, où l'on représente Madagascar comme une future Algérie à quatre mille lieues de la métropole. Il nous est impossible de voir entre les deux pays un seul point de comparaison ; mais partout, au contraire, des dissemblances et des oppositions. En Algérie, une nationalité indestructible, un même lien religieux, un fanatisme violent, une incroyable ténacité de volonté. A Madagascar, au contraire, aucun esprit national ; vingt peuplades diverses, pleines de rivalités et de haines, les unes à l'égard des autres ; un culte vague, à peine caractérisé et n'exerçant aucune autorité sur les esprits ; une tendance prononcée de la part d'un grand nombre de tribus à s'abandonner aveuglément à la direction que la France voudra leur imprimer. Madagascar offre donc par sa constitution morale, politique et religieuse, autant de chances favorables à la conquête, que l'Algérie offre de chances contraires. Peut-on raisonnablement s'arrêter devant des objections de cette nature ? »

« Et d'ailleurs, malgré les sacrifices considérables que l'Algérie impose à la France en hommes et en argent, nous n'en considérons pas moins la colonisation de cette vaste contrée comme éminemment utile à la France, et comme une des plus grandes gloires de votre règne. »

« Nous devons aborder maintenant, Sire, une objection beaucoup plus grave : c'est celle qui est fondée sur l'insalubrité du climat. On ne peut nier qu'on ne soit exposé sur le littoral à des fièvres intermittentes. La cause en est facile à découvrir. Les rivières, obstruées à leur embouchure par le refoulement des sables, répandent leurs eaux le long du rivage et y forment d'immenses marécages ; là se décomposent toutes sortes de débris, et cette abondante végétation intertropicale qui croît, se développe, et périt avec tant de rapidité. Des vapeurs pestilentielles s'en exhalent ; de là la fièvre et ses ravages. Mais la cause peut en être facilement amoindrie ou paralysée ; les forêts abattues, les terres défrichées, l'écoulement artificiel des eaux, rendraient bientôt les côtes de Madagascar aussi saines que celles de Bourbon. Et d'ailleurs est-ce que le génie de la civilisation a jamais reculé devant la fièvre ? L'insalubrité des Antilles est bien autrement meurtrière, et vingt colonies remplissent le golfe du Mexique. Aucune île n'a atteint un degré plus élevé de richesse que Saint-Domingue avant sa fatale révolution, et cependant une peste redoutable semait incessamment la mort parmi les habitants. Cayenne et la Guyane ne restent pas fermées à notre industrie, par cela seul que la fièvre y règne. Ces établissements, au contraire, se développent chaque jour, et devant eux s'ouvre le plus brillant avenir. Java, sous un climat funeste aux Européens, grandit sans mesure; avec Java, la Hollande se console de toutes ses pertes, et même du démembrement de la Belgique. Grâce à l'admirable persévérance des Hollandais, Batavia est aujourd'hui le centre du commerce et de la civilisation dans l'archipel d'Asie. Pour aucun peuple du monde l'insalubrité du climat n'a été une cause de découragement et de retraite. Le génie de l'homme s'attaque au climat lui-même, et, par la persévérance de ses efforts, par une heureuse combinaison de travaux, il parvient à le modifier et à l'assainir. Ainsi des fièvres, endémiques dans plusieurs départements de la France, et notamment dans le département de la Charente-Inférieure, sont devenues plus rares ou ont disparu sous l'influence des défrichements ou des irrigations qui préviennent la stagnation des eaux. »

« D'ailleurs votre gouvernement, Sire, l'a déjà constaté : tous les plateaux du centre jouissent d'un climat parfaitement sain et d'une admirable température. Eh bien, nous l'avons dit, c'est là qu'il faut d'abord s'établir pour rayonner ensuite jusqu'au littoral; et, à l'exception des postes les plus importants, qu'il faut occuper immédiatement, la conquête et la culture doivent descendre simultanément au fur et à mesure de l'assainissement. »

« Oui, Sire, l'occupation de Madagascar nous paraît d'une exécution facile, si on l'entreprend avec des forces convenables. Nous n'entrons dans aucun détail; nous avons la conviction que des documents complets existent à cet égard au ministère de la Marine. Nous dirons seulement que c'est de l'armée d'Afrique, accoutumée à la guerre dans l'Atlas, qu'il faudrait tirer la force militaire destinée pour Madagascar ; une ou deux compagnies des tirailleurs d'Orléans, et un régiment d'Yolofs, devraient en faire partie. Nous croyons que cinq ou six mille hommes, qu'appuieraient certainement un grand nombre de volontaires de Bourbon suffiraient pour l'expédition. »

« Il nous reste à examiner maintenant si la colonisation de Madagascar est véritablement d'une haute importance pour la France. »

« Madagascar a 285 lieues du nord au sud, et 80 lieues dans sa plus grande largeur de l'est à l'ouest; sa superficie est à peu près égale à celle de la France. Les terres s'y élèvent en amphithéâtre jusqu'aux plateaux de l'intérieur, et offrent successivement toutes les températures. Les cultures intertropicales, et celles même d'Europe, s'y trouvent dans les plus admirables conditions. De la baie d'Antongil à celle de Bombetock, en passant par le cap d'Ambre, se rencontrent des ports magnifiques, et par une latitude exempte des coups de vent. La baie de Diego-Suarez et celle de Passandava sont égales ou supérieures à celle de Rio-Janeiro. Des terres prêtes à être ensemencées, des forêts vierges, s'étendent le long de leurs rivages. Nos vaisseaux trouveront là, non-seulement un abri parfaitement sûr, les moyens de défense les plus efficaces, mais encore des bois magnifiques et l'approvisionnement le plus abondant. »

« Jamais M. de La Bourdonnais n'eût fait ses belles campagnes de l'Inde, si glorieuses pour notre pavillon, si Madagascar ne lui eût fourni les incroyables ressources de son territoire. Madagascar est la reine de l'océan Indien. Ce que l'Angleterre est, par sa situation géographique vis-à-vis de l'Europe, Madagascar l'est en Afrique et en Asie. Située à l'entrée de la mer des Indes, cette île domine à la fois le passage du cap de Bonne-Espérance, le canal Mozambique et le détroit de Bab-el-Mandeb ; elle est la clef des deux routes de l'Inde. Quand les Français y seront une fois solidement établis, nulle puissance au monde ne pourra les en chasser ; ils y seront inexpugnables. »

« Le territoire est assez vaste pour recevoir une population de 30 millions d'habitants. Madagascar, dans tout son développement industriel, commercial, agricole, est préférable à l'Inde. Défendue de tous côtés par la mer, elle est à l'abri de ces irruptions soudaines qui ont tant de fois attaqué l'Inde par la frontière de terre, et l'ont fait passer sous le joug. Les expéditions récentes des Anglais dans l'Afghanistan, témoignent assez avec quelle vive sollicitude le gouvernement de l'Inde tourne constamment ses regards vers la frontière du Nord. »

« Madagascar, par sa position insulaire, est à jamais à l'abri de pareilles appréhensions. »

« Depuis le traité de Paris de 1814, le rôle de la France est nul du cap de Bonne-Espérance au cap Horn; le pavillon anglais règne souverainement dans la mer des Indes, le golfe Arabique, la mer d'Oman, le golfe Persique, le golfe du Bengale, la mer de Java, la mer de Chine et le grand Océan. »

« Dans la Micronésie, l'archipel d'Asie et la Polynésie, il n'est plus une seule île importante où quelque puissance de l'Europe n'ait planté son pavillon. Java ne suffit plus à l'admirable activité de la Hollande. Bornéo et Sumatra sont progressivement envahis; il n'y a plus de terres nouvelles que Madagascar. Du reste, cette île, la plus importante du monde, après Bornéo et l'Angleterre, pour son étendue, peut, par son admirable situation, compenser abondamment tous les accroissements de puissance qui se réalisent au profit de nos rivaux. Mais les moments sont précieux. Aujourd'hui toutes les circonstances militent en notre faveur ; demain peut-être des obstacles insurmontables surgiront, et ne laisseront plus à votre gouvernement que de stériles regrets. Pour exprimer sur ce sujet notre pensée en peu de mots, nous croyons que notre domination, solidement établie à Madagascar, suffit pour nous faire remonter au rang de puissance maritime de premier ordre. Et, quoi qu'en ait dit un homme d'État célèbre, c'est là une noble ambition, c'est l'ambition de la France; et, tant que les trois mers qui l'environnent baigneront ses rivages, elle n'y renoncera pas! »

« Indépendamment de ces grandes considérations politiques, Madagascar ouvre un immense débouché à l'excédant de notre population en France; le travail libre peut y être organisé sur la plus vaste échelle. Notre commerce y trouve immédiatement, et avant toute colonisation, trois millions de consommateurs; nos bâtiments peuvent en exporter de suite du fer de première qualité, du charbon de terre, des gommes de toute nature, la nacre, des cornes, des peaux, de l'orseille, des bois de construction de toute sorte. »

« En vain on objecterait que l'Algérie peut nous tenir lieu de Madagascar. Cette possession, d'ailleurs si importante, est en dehors de la zône torride, et se refuse à la plupart des cultures intertropicales; par ses produits, elle offre même l'inconvénient de faire concurrence à nos départements du midi. D'ailleurs l'Algérie n'a pas de port, n'alimente pas la navigation de long cours, la seule importante au point de vue de la puissance militaire; elle offre en outre tous les inconvénients de la domination sur un continent, qui résiste toujours par quelque endroit, qui engage toujours d'une guerre dans une autre, et qui, n'étant jamais soumis que partiellement, fait toujours redouter de nouvelles invasions. »

« Telles sont les considérations que le conseil colonial a cru devoir porter au pied du trône. »

« Les Français de Bourbon sont les seuls enfants que la France ait conservés dans la mer indo-africaine. Nos yeux sont constamment frappés de la haute importance de l'île qui nous touche; des récits journaliers nous révèlent l'immensité de ses ressources. »

« Notre devoir, Sire, était de vous dire la vérité, nous l'avons accompli; votre haute sagesse et votre patriotisme feront le reste. »

« Sire, vous avez donné au monde un mémorable exemple, celui d'une dynastie nouvelle qui se fonde par la conciliation des partis, la modération et la paix. Vous avez consolidé et étendu la domination de la France en Algérie; donnez-lui Madagascar, et vous aurez plus fait pour l'agrandissement et la gloire de cette patrie, dont vous êtes le père, qu'aucun de vos prédécesseurs, sans en excepter ceux que le génie des conquêtes a le plus favorisés. »

Post-scriptum : « Le conseil colonial ne pouvait se défendre des plus sinistres pressentiments. Il venait de les consigner dans son adresse, lorsqu'une sanglante catastrophe est venue les justifier. Nous savions que la cour d'Imerne n'entretenait son luxe grotesque que par les rapines; que le vol et le brigandage étaient l'unique fondement de sa puissance; mais ses nouveaux excès ont dépassé toutes nos prévisions. Tranquilles sous la garantie du droit des gens, nos compatriotes, que de fausses et perfides démonstrations avaient attirés ou retenus à Madagascar, reçoivent tout à coup l'ordre général de leur expulsion. On leur donne vingt jours pour liquider leurs affaires, c'est-à-dire qu'ils sont chassés et leurs biens confisqués. »

« En vain le commandant de la station navale de Bourbon, le capitaine de vaisseau Desfossés, homme de cœur et d'intelligence, intervient avec promptitude et prudence. En vain votre nom, Sire, celui de la France et de la Grande-Bretagne, dont les pavillons s'unissent, sont invoqués pour obtenir quelque adoucissement à une semblable proscription. Aucune parole de paix n'est écoutée ; toutes les voies de conciliation sont dédaigneusement repoussées. Sans doute, tant de violence n'est pas demeurée impunie. Tamatave porte encore la trace sanglante de la juste indignation de nos soldats et de nos marins, qui n'ont jamais montré plus de dévouement et d'héroïsme. Mais si, à l'aspect d'une poignée de Français et d'Anglais, qui avaient confondu leurs rangs, les Hovas n'ont pas osé un seul instant tenir la campagne et sont demeurés ensevelis dans leurs casemates fortifiées, nous n'en avons pas moins à gémir sur des pertes cruelles : le sang français a coulé ; de nobles victimes de l'honneur national ont succombé et laissent après elles d'inconsolables douleurs. Nos compatriotes, outrageusement chassés, n'en ont pas moins leurs établissements ruinés et leurs fortunes détruites! L'approvisionnement de Bourbon n'en est pas moins paralysé et compromis. »

« Sire, le cri de notre patriotisme ne retentira pas vainement aux pieds de votre trône! Saint-Jean-d'Ulloa foudroyé est un monument glorieux de votre sollicitude active pour les intérêts du commerce national, et, nous ne craignons pas de le dire, jamais au Mexique la dignité de la France n'avait été à ce point méconnue et insultée. Ce ne sont pas d'ailleurs de vaines indemnités qu'il s'agit de réclamer ici. »

« Au milieu des sentiments pénibles qui nous oppressent, permettez-nous, Sire, de vous exprimer toute notre pensée. C'est à Imerne qu'il faut marcher ; c'est sur les ruines du gouvernement tyrannique des Hovas qu'il faut inaugurer notre domination. Partout sur votre passage accourront les tribus opprimées, impatientes de nous seconder et de venger leurs humiliations et leurs défaites ; et, par la conquête de Tananarive, un même jour doit être pour les populations malegaches le signal de leur délivrance, et pour la France une ère nouvelle de grandeur et de puissance maritime. »

L'adresse qu'on vient de lire, écrite avec une supériorité véritable par des hommes politiques placés dans les meilleures conditions pour l'examen de cette grande question extérieure, restera comme le guide le plus sûr, pour le moment où le gouvernement français, secondé par les Chambres mieux informées, se décidera enfin à accomplir quelque résolution définitive et considérable, en faveur d'une reprise de possession si utile à l'avenir maritime du pays. Quant aux adresses votées par les villes maritimes de France, elles sont une manifestation publique très-significative et tout à fait digne d'attention. Les chambres de commerce ont imité, dans cette occasion, de nobles exemples donnés par l'histoire, et suivi la trace de leurs aînées. En effet, au moment où se forma la grande Compagnie de 1664, dont nous avons parlé en détail dans le premier Livre de cet ouvrage, les principales villes commerciales de France, au dire de Charpentier, s'empressèrent d'encourager l'entreprise nouvelle. Lyon contribua pour mille livres en argent, Rouen, Bordeaux et Nantes pour la moitié environ de cette somme, Tours, Saint-Malo, Grenoble et Dijon dans une proportion relativement fort honorable.

Nous avons cru devoir reproduire, dans un chapitre spécial de notre ouvrage, les vœux exprimés par des corps constitués du pays en faveur de la grande île africaine, afin que rien de ce qui la concerne ne parût rester étranger à l'auteur de l'*Histoire et de la Géographie de Madagascar*.

FIN DU CHAPITRE SIXIÈME ET DU LIVRE SECOND.

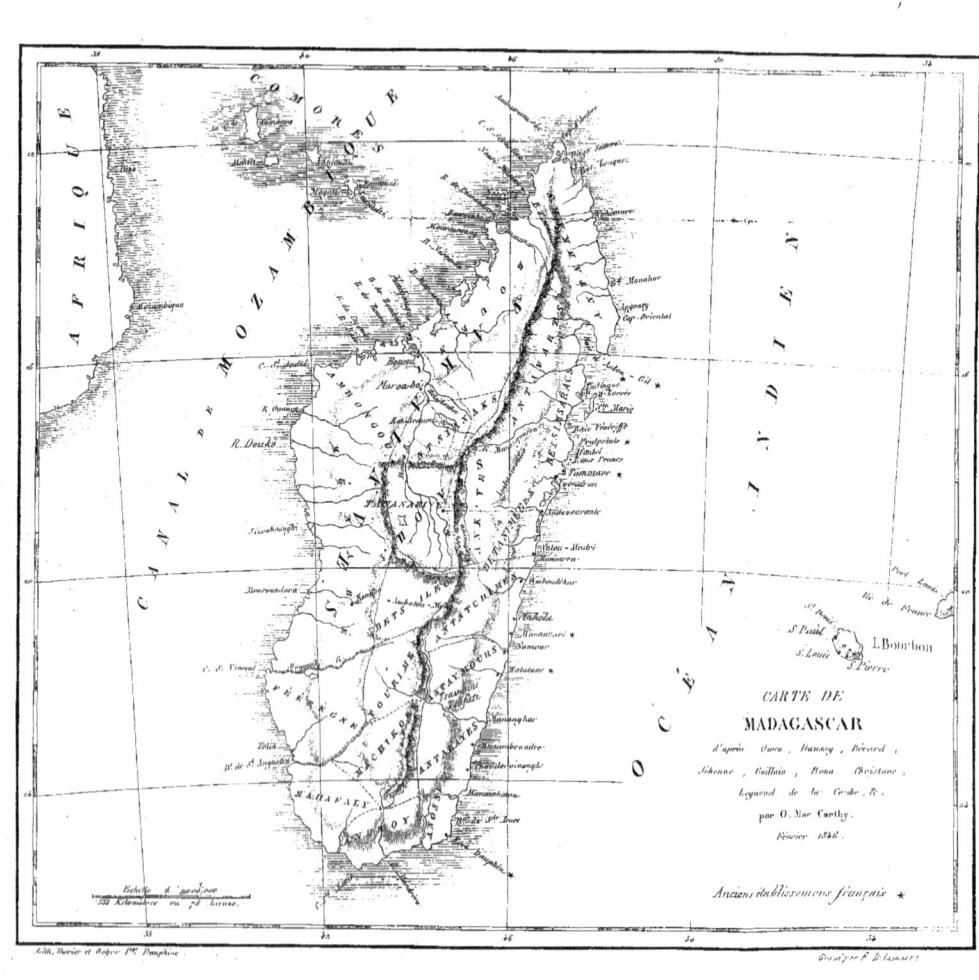

TABLE DES MATIÈRES.

LIVRE PREMIER.

HISTOIRE POLITIQUE DE MADAGASCAR.

CHAPITRE PREMIER.

Découverte de l'île de Madagascar par les Portugais, en 1506. — Fernan Suarez. Dom Ruy Pereira. Tristan d'Acunha. Diégo Lopez de Siqueyra. — Les Arabes, les Portugais, les Français. — Premiers établissements français fondés en 1642. — Formation de la *Société de l'Orient*. — Pronis et Fouquembourg. — Fondation du fort Dauphin. — M. de Flacourt. — Formation de la *Compagnie Orientale*. — L'île prend le nom d'île Dauphine. — Edits constitutifs de 1664 et 1665. — M. de Beausse. — M. de Champmargou.— M. de Mondevergue.— Ruine de la *Compagnie Orientale*. — Causes de cette ruine. — L'île de Madagascar est réunie au domaine de la couronne de France par un arrêt du conseil d'État de juin 1686 et par des édits de mai 1719, juillet 1720 et juin 1725. — L'amiral de La Haye. — Son départ pour Surate.— M. de La Bretesche. — Explorations de M. de Cossigny et de M. de La Bourdonnais. — Cession de l'île Sainte-Marie à la France. — Gouvernement du comte de Maudave. — Il rétablit le fort Dauphin. — Son départ en 1769.   1 à 26

CHAPITRE II.

Gouvernement du comte de Benyowski. — Jalousie du gouvernement de l'île de France. — Le nouveau gouverneur général acquiert une grande influence dans le pays. — Il reste trois années sans recevoir de nouvelles de la métropole. — Son courage et sa fermeté. — Le 16 septembre 1776, les chefs lui offrent la souveraineté de l'île. — Arrivée des commissaires royaux à Madagascar. — Le comte de Benyowski leur remet sa démission. — Il se considère dès lors comme Chef suprême de l'île. — Grand Kabar. — Discussion de la constitution malegache. — Départ de Benyowski pour la France. — Il passe en Amérique. — Son retour à Madagascar. — Expédition dirigée de l'île de France contre lui. — Sa mort. — Son portrait.—Considérations générales.—Abandon des établissements formés par lui.—Explorations de Lescalier de M. Bory Saint-Vincent. — Le général Decaen envoie à Tamatave M. Sylvain Roux avec le titre d'agent général. — Les Anglais s'emparent, en 1810, de Tamatave et de Foulepointe. — Capitulation de M. Sylvain Roux. — Occupation momentanée par les Anglais du port Louquez. — Interprétation du traité de Paris. —Reprise de possession de nos établissements par les administrateurs de l'île Bourbon, en mars 1817. 27 à 54

CHAPITRE III.

M. le comte Molé, ministre de la marine, institue une commission chargée d'explorer la côte orientale de Madagascar. — Reprise de possession officielle de Sainte-Marie et de Tintingue, en 1818. — Opinion de la commission ministérielle au sujet d'un plan de colonisation.—Elle propose de commencer par un établissement à Sainte-Marie.—Ses conclusions à ce sujet sont adoptées.—M. Sylvain Roux est nommé chef de l'expédition. — Instructions qui lui sont remises.—Retards apportés au départ de l'expédition.—Son arrivée à Madagascar. — Ses premiers travaux. — Maladies causées par l'hivernage.—Le *Ménaï*, corvette anglaise, vient demander à quels titres nous sommes à Sainte-Marie. — Réponse de

M. Sylvain Roux. — Déclaration à ce sujet du gouvernement anglais de Maurice. — Les chefs du pays de Tanibey font acte de soumission à la France. — Proclamation de Radama. — Les Hovas s'emparent de Foulepointe. — Conduite prudente de l'administration de Bourbon. — Révocation de M. Sylvain Roux. — Sa mort. — Son remplacement par M. Blévec. — Le nouveau commandant met Sainte-Marie en état de se défendre contre les Hovas. — Radama se présente à Foulepointe. — Protestation de M. Blévec. — Réponse de Radama. — Le roi des Hovas s'éloigne vers le Nord. — État de la colonie et de son personnel. — Il est décidé que l'établissement de Sainte-Marie sera conservé par la France.   55 à 90

CHAPITRE IV.

Les Hovas. — Origine des relations qui s'établissent entre ce peuple et le gouvernement anglais. — Dianampouine. — Radama, son fils. — Le capitaine Lesage. — Séjour de celui-ci à Tamatave. — L'agent anglais séduit par des présents et des promesses Jean René, chef de cette contrée. — Radama, roi des Hovas, le reçoit avec solennité. — Ils arrêtent de concert le projet d'un traité secret. — Les Anglais laissent à Radama des instructeurs chargés d'apprendre aux troupes hovas les manœuvres européennes. — Retour à Maurice du capitaine Lesage. — Radama attaque Jean René et le réduit. — James Hastie, nouvel agent anglais, est reçu par Radama. — Après avoir remis au roi des Hovas de magnifiques présents, l'agent britannique lui propose bientôt un traité pour l'abolition de la traite des esclaves. — Radama se laisse gagner ; mais ses ministres et son peuple s'y opposent. — L'agent anglais triomphe cependant. — Ce traité célèbre est signé le 23 octobre 1817. — Hastie est nommé agent général de la Grande-Bretagne à Madagascar. — Le traité est violé par l'Angleterre. — Indignation de Radama. — Les sentiments publics se retournent entièrement du côté des Français. — L'agent anglais, de retour à Tananarive, triomphe de nouveau, et le traité est renouvelé. — Expédition de Radama contre les Sakalaves du sud. — Le roi des Hovas conclut une paix et épouse Rasilime, fille de Ramitrah, chef des Sakalaves. — Etablissement d'écoles à Imerne. — Les Anglais importent à Tananarive des presses et des caractères d'imprimerie. — Les Hovas s'emparent du fort Dauphin. — Conséquence de l'influence anglaise à Madagascar. — Soulèvement du pays contre les Hovas. — Ils sont cernés dans le fort Dauphin. —Mort de Jean René. — Le prince Coroller. — Mort de James Hastie. —Vexations exercées contre les traitants français par les Hovas. — Mesures préliminaires pour une expédition contre ce peuple.   91 à 129

CHAPITRE V.

Mort de Radama. — La reine Ranavalo est proclamée reine des Hovas. — Funérailles de Radama. — Son tombeau. — Cérémonie funèbre. — Portrait de Radama. — Son caractère public et privé. Ses passions. Son gouvernement. — Changement qui s'opère dans les affaires des missionnaires anglais. — La persécution succède pour eux à la faveur. — Mise à mort de la mère et de la sœur de Radama, du prince Rateffi, de Rafaralah, et de Ramananouloun.—Le traité conclu par Radama avec l'Angleterre est annulé par la reine Ranavalo. — M. Robert Lyall, agent anglais, est fort mal reçu à Tananarive. — La reine lui dénie le titre d'agent britannique accrédité à Madagascar.—Mauvais traitements qui lui sont infligés. — Sa mort. — Convocation à ce sujet d'un grand kabar. — Couronnement de la reine, le 11 juin 1820. — Préparatifs d'agression organisés par Ramanetak. — Sa retraite à Anjouan. — Expédition Gourbeyre. — Elle est décidée le 28 janvier 1829. — Instructions remises à M. Gourbeyre, au moment de son départ de France. — Arrivée de l'expédition à Tamatave. — Elle débarque à Tintingue et fortifie la place. — Le général en chef de l'armée hova envoie des parlementaires à M. Gourbeyre. — Réponse de celui-ci. — Les hostilités commencent. — Combat de Tamatave.—Combat de Foulepointe. — Suspension des hostilités. — La reine fait des ouvertures de paix, puis refuse de les ratifier. — Reprise des hostilités. — Envoi de deux commissaires français à Tananarive. — Nouvelles ouvertures faites par la reine des Hovas.—Ajournement des hostilités.—Départ pour la France de M. Gourbeyre. — Propositions de M. de Polignac. — La révolution de juillet s'accomplit. — Tentatives infructueuses pour conclure un traité de commerce avec les Hovas. — Evacuation de Tintingue. — Sainte-Marie est conservée par la France. 130 à 167

CHAPITRE VI.

Nouvelles tentatives faites en 1832 pour arriver à fonder un établissement à Madagascar. — Exploration de la baie de Diego-Suarez, par ordre de M. le comte de Rigny, ministre de la marine. — Ressources présentées par cette baie. — Moyens proposés pour y former un établissement maritime. — Avis du conseil d'amirauté à ce sujet. — Ce projet est abandonné. — Dispositions relatives à Sainte-Marie. — Cette île est de nouveau conservée par la France.— Situation des missionnaires anglais à Tananarive. — La reine forme le projet de les chasser et de détruire le christianisme. — Sinistres paroles prononcées par elle à ce sujet.—Discours de l'un des Grands Chefs à la reine.— Mesures prises par la reine pour arriver à l'abolition du christianisme à Madagascar. — Elle enjoint d'abord aux missionnaires de respecter les coutumes du pays, de s'abstenir de baptiser les naturels et de célébrer le dimanche. — Doléances adressées à ce sujet à la reine par les missionnaires. — Il est répondu à ces doléances par un édit plus rigoureux encore, à la suite d'un *kabar*. —Texte de cet édit de la reine, sous forme de proclamation adressée aux naturels. — Cet édit reçoit son exécution. — Les missionnaires abandonnent Tananarive, le 18 juin 1835. — Réflexions à ce sujet.—Rébellions vers le Sud réprimées par les Hovas. — Renseignements donnés au ministre de la marine par un capitaine au long cours sur le commerce de Madagascar. — M. l'amiral Duperré envoie un émissaire à la reine. — L'envoyé français est mal reçu. — Deux corvettes anglaises et deux corvettes françaises se présentent à Tamatave, pour demander des explications sur les persécutions infligées aux traitants européens. — Repos momentané. — Émissaires anglais envoyés à la reine pour demander des émigrations à Maurice de travailleurs malegaches. — Leur peu de succès. — Nouvel échec de M. Campbell, agent officiel envoyé à Madagascar dans le même but. — Histoire des acquisitions récentes de la France dans le canal de Mozambique. — Récit des derniers événements de Tamatave, d'après le *Moniteur*. — Rapport de M. Romain Desfossés. — Conclusion.

168 à 210

LIVRE SECOND.

GÉOGRAPHIE DE L'ILE DE MADAGASCAR.

CHAPITRE PREMIER.

GÉOGRAPHIE PROPREMENT DITE DE L'ILE DE MADAGASCAR.

Situation géographique de l'île de Madagascar. — Son étendue. — Sa position comme point maritime. — Sa superficie à peu près égale à celle de la France. — Sa distance de Bourbon et du port de Brest. — Sa division politique et ethnographique. — Orographie ou étude de ses formes extérieures. — Montagnes. — Des théories et des systèmes émis à ce sujet. — Opinion raisonnée de l'auteur. — Des principales chaînes de l'île. — Hydrographie ou étude des eaux. — Description des côtes, baies, havres, ports et mouillages. — Iles de la côte nord-ouest. — Étude des rivières. — Description des principaux cours d'eau. — Lacs de l'île. — Lacs de la côte. — Lacs de l'intérieur. — Route de Tamatave à Andévourante. — Climat de l'île de Madagascar. — Météorologie. — Saison sèche. — Saison pluvieuse ou *hivernage*. Insalubrité de la côte orientale. — Caractère des fièvres. — Traitement de ces maladies. — Vents. — Orages. — Ouragans. — Raz de marée. — Histoire naturelle de l'île de Madagascar. — Productions du sol. — Botanique. — Zoologie. — Ichthyologie. — Minéralogie. — Pierreries. — Cristal de roche. — Mines d'or, de cuivre, d'argent et de fer. — Fin du chapitre premier. 213 à 262.

CHAPITRE II.

ETHNOGRAPHIE, MOEURS ET COUTUMES.

Population de l'île de Madagascar. — Chiffre approximatif de cette population. — Des trois classes principales. — On compte vingt-cinq tribus ou peuplades, à Madagascar. — Distribution de cette population sur la surface de l'île. — Trois zones générales. — Zone orientale. — Les Antankars. — Les Antavarts. — Les Betsimsaracs. — Les Bétanimènes. — Les Ambanivoules. — Les Bezonzons. — Les Antancayes.

TABLE DES MATIÈRES.   449

— Les Affravarts. — Les Antatchimes. — Les Anta'ymours. — Les Tsavouaï. — Les Tsafati. — Les Antarayes et les Antanosses. — Zone occidentale. — Les Sakalaves. — Les Sakalaves du Bouéni, de l'Ambongou, du Ménabé.—Le Féerègne.—Les Mahafales. — Zone centrale. — Les Antscianacs. — Les Hovas. — Les Betsiléos. — Les Vourimes. — Les Machicores. — Les Androuy. — Les Antampates et les Caremboules. — Caractères physiques et moraux des différentes tribus et des Malegaches en général. — Leurs habitudes.—Leur origine. — Leurs préjugés.—Habitations. — Costumes. — Ablutions journalières. — Polygamie. — Naissance. — Funérailles. — Cérémonies qui les accompagnent. — Musique et instruments de musique. — Le Fifanga. — Les Kabars. — Chant, danses et fêtes. — Eloquence des Malegaches. — Le Fattidrah ou Serment du sang.— Hospitalité malegache. — Vie intérieure des naturels. — Religion. — Circoncision. — Devins. — Fanfoudis. — Lois pénales et jugement. — Epreuves judiciaires par l'eau, par le feu, par le tanguin, par les caïmans. — Gouvernement. — Système militaire. — Organisation de l'armée. — Combat. — Retraite. — Retour au foyer. — Le Malagasy.
263 à 325

CHAPITRE III.

TOPOGRAPHIE GÉNÉRALE DE L'ILE.

Le pays des Antankars. Description. — Territoire. — Population. — Habitations. — Villages. — Culture. — Mœurs. — Coutumes. — Religion. — Funérailles. — Diego-Suarez. — Louquez. — Vohémar. — Angoncy. — Antavarts. — Sainte-Marie. — Tintingue. — Baie d'Antongil. — Port-Choiseul. — Ile Marosse. — Description du pays des Betsimsaracs. — Leur origine. — Etymologie de leurs noms. — Les Ambanivoules. — Description de la baie de Fénériffe, de Tamatave et de Foulepointe. — Description du pays des Bétanimènes. — Yvondrou. — Andévourante. — Vobouaze. — Description de la route de Vobouaze à Tananarive. — Les Bezonzons. — Description de cette vallée. — Les Affravarts. — Les Antatschimes. Amboudehar — Mananzari. — Les Anta'ymours. — Faraon. — Matatane. — Les Tsavouaï et Tsafati. — Les Antarayes. — Les Antanosses. — Description des pays d'Androy, de celui d'Am-

29

pate et des Caremboules. — Les Machikores. — Les Vourimes. — Les Betsiléos ou Hovas du sud. — Leur origine. — Les Kimoss. — Les Hovas. — Province d'Ancôve. — Tananarive. — Etymologie de ce mot. — Imerne. — Description de Tananarive. — Origine des Hovas, anciens parias de l'île. — Caractère de cette tribu. — Leur industrie. — Marchés et foires à Tananarive. — Province d'Ancaye. — Les Antscianacs.—Provinces de Féerègne. Pays des Mahafales. — Les Sakalaves. — Le Ménabé. — Madjonga. — Mourounsang. — Moudzangaie. — Itinéraire de Madjonga et de Bombetock à Tananarive. — Le Bouéni. — Situation respective des Hovas et des Sakalaves.—Fin du chapitre troisième.
326 à 366

CHAPiTRE IV.

ANCIENS ÉTABLISSEMENTS FRANÇAIS DE MADAGASCAR.
L'ÎLE SAINTE MARIE.

Anciens établissements français de Madagascar. — Le fort Dauphin. — Sainte-Luce. — Tamatave. — Foulepointe. — Fénériffe. — La Pointe-à-Larrée. — Louisbourg. — Tintingue.— Le Port-Choiseul. — L'île Marosse. — L'île SAINTE-MARIE. — Sa situation géographique. — Le Port-Louis. — L'îlot Madame. — L'île aux Forbans. — La baie de Lokensy. — Baies et côtes de Sainte-Marie. — Sa constitution géologique. — Bois, cours d'eau. — Villages. — Climat de Sainte-Marie. — Observations thermométriques. — Pluies d'orage. — Vents généraux. — Brise du sud et du sud-est. — Brises d'ouest. — Brises du large. — Végétation. — Culture. — Bétail. — Industrie des Malegaches de Sainte-Marie. — Pêche. — Commerce de Sainte-Marie. — Sa population.— Son gouvernement et son administration. — Forces militaires. — Finances. — Le mouvement commercial de Sainte-Marie est stationnaire et restreint. — Cause de cet état de choses. — Principe politique consacré depuis les événements de 1815, par la conservation de Sainte-Marie, eu égard à nos droits de souveraineté sur la grande île de Madagascar. — Commerce de la côte orientale de Madagascar. — Exportations et importations. — Transactions par voie d'échanges. — Mouvement de la navigation entre Madagascar et l'île Bourbon.— Vohemar.— Tamatave. — Foulepointe. —Diego Suarez.— Fin du chapitre quatrième. 367 à 384

CHAPITRE V.

Mayotte et Nossi-Bé.

Considérations préliminaires. — Nossi-Bé. — Situation géographique. — Topographie. — Aspect du pays. — Hellville. — Climat, température. — Baies, anses et mouillages. — Ressources de l'île. — Bois de construction. — Production végétale et animale. — Nossi-Cumba. Nossi-Mitsiou. Nossi-Fali. — Description de ces îles. — Mayotte. — Situation géographique et topographique. — Configuration physique de l'île. — Son aspect général. — Montagnes. — Cours d'eau. — Bois et forêts. — Marées. — Villages de Choa et de Zaoudzi. — Récifs et passes. — Iles Pamanzi, Zaoudzi, Bouzi et Zambourou. — Rades. — Baies. — Mouillages. — Population. — Religion des habitants.— Climat.— Température.— Salubrité.— Hivernage. — Culture. Productions. Pâturages. — Troupeaux. — Pêches. — Ressources de l'île. — Communication par la vapeur entre la France et les îles de l'Océan Indien. — Discussion d'un projet. — Vœux exprimés à ce sujet. — Fin du chapitre cinquième.   385 à 410

CHAPITRE VI.

Adresse des chambres de commerce de France et du conseil colonial de Bourbon.

Vœux exprimés par les corps constitués en faveur de l'occupation de Madagascar par la France. — Adresses votées à ce sujet par les Chambres de commerce des principales villes maritimes de France : Bordeaux, Marseille, le Havre, Nantes et Saint-Malo. — Mémoires lithographiés de la Chambre du commerce de Nantes distribués aux Chambres, dans le but d'appeler leur attention sur cette question. — Analyse des mémoires lithographiés de la Chambre du commerce de Nantes. — Adresse au Roi du Conseil colonial de l'île Bourbon, publiée récemment à Paris sur la colonisation de Madagascar.— Le conseil colonial de Bourbon commence par exposer au Roi la position où cette colonie se trouve par suite de la rupture de ses rapports avec la grande île africaine. — Historique fait par le Conseil de la question de Madagascar. — Édit d'août 1664, de juillet 1665 et de juin 1686. — M. de Flacourt. — Le comte de Benyowski. — La Convention. Le général Decaen. — Capitulation de Sylvain Roux. — Traité de Paris de mai 1814.— Expédition de Sylvain Roux. — Expédition Gourbeyre. — Reconnaissance tacite et universelle de nos droits de souveraineté sur Madagascar. — Des Hovas et de leur domination. — Radama et Ranavalo. — Examen de la situation actuelle de Madagascar. — Résumé des causes qui ont empêché la réussite des premières tentatives de colonisation. — Disposition à notre égard des peuplades de Madagascar. — C'est sur Tananarive qu'il faut marcher. — Route de la côte ouest à Tananarive. — Cette route est praticable à l'artillerie.—Réfutation des objections tirées de l'insalubrité du climat. — Salubrité des plateaux du centre. — L'occupation de Madagascar est d'une exécution facile. — Composition des troupes pour une expédition. — Importance de la situation militaire et commerciale de Madagascar. — Nécessité de cette occupation.— *Postscriptum.*— Fin de l'adresse au Roi par le Conseil colonial de Bourbon. — Conclusion. 411 à 441

FIN DE LA TABLLE ET DE L'HISTOIRE ET DE LA GÉOGRAPHIE
DE MADAGASCAR.

www.ingramcontent.com/pod-product-compliance
Lightning Source LLC
Chambersburg PA
CBHW070204240426
43671CB00007B/546